智库咨询理论、方法与实践

袁曦临 吴 琼 编著

东 南 大 学 出 版 社

·南京·

图书在版编目(CIP)数据

智库咨询理论、方法与实践/袁曦临,吴琼编
著. —南京:东南大学出版社,2018.10
ISBN 978-7-5641-8009-6

Ⅰ.①智… Ⅱ.①袁…②吴… Ⅲ.①咨询机构-研
究 Ⅳ.①C932.82

中国版本图书馆 CIP 数据核字(2018)第 215020 号

智库咨询理论、方法与实践

出版发行:东南大学出版社
社　　址:南京市四牌楼 2 号　邮编:210096
出 版 人:江建中
经　　销:全国各地新华书店
印　　刷:兴化印刷有限责任公司
开　　本:700mm×1000mm　1/16
印　　张:14.5
字　　数:360 千字
版　　次:2018 年 10 月第 1 版
印　　次:2018 年 10 月第 1 次印刷
书　　号:ISBN 978-7-5641-8009-6
定　　价:48.00 元

本社图书若有印装质量问题,请直接与营销部联系。电话(传真):025-83791830

目　　录

第一章 智库概论

　　智库是现代决策链条中不可缺少的一环。作为一种稳定而相对独立的政策研究机构,智库的功能在于组织不同学科背景的研究人员,围绕与政府、企业和公众密切相关的政治、经济、社会等领域的政策问题进行信息分析和决策咨询,运用科学方法,提供学术研究、专业咨询和知识服务,为政府制定发展战略、规划、政策、建设性方案,提供可行性论证与评估,进而为国家和政府部门重大问题的决策提供事实依据、优化方案和风险预警,并最终影响公共政策制定和社会舆论。因此,智库是一种相对稳定的,独立于政治体制之外的政策研究和咨询机构,也称"外脑",是政策制定过程中的重要参与者。

　　智库区别于其他咨询机构的最重要特点在于,智库是以公共利益和社会责任为导向的政策研究中心,以生产公共思想、公共知识等智力产品为己任,其产品多具有全局性、战略性、综合性,尤其强调前瞻性、独立性和非意识形态化。

　　西方智库的发展历程超过百年,已形成了较为成熟和完整的智库研究体系,尤其是在美国,智库已经成为国家行政管理和决策的重要力量之一,并产生了很多国际知名智库,例如兰德公司、布鲁金斯学会、胡佛研究院等。经济全球化的发展,网络技术的日益普及,世界渐趋扁平,国际事务更加复杂,国与国之间的交往和沟通日趋密切,使得智库研究的领域和范畴越来越多地跨越国家的边界,面向国与国之间的政治、军事、社会、经济和文化交往,进而在全球范围内彰显其影响。

　　我国智库虽然起步较晚,但随着政府公共政策决策的科学化与民主化进程的不断加快,"智库"一词开始频繁地出现在各类报刊媒体上。2013 年 11 月十八届三中全会通过的《中共中央关于全面深化改革若干重大问题的决定》,提出加强中国特色新型智库建设,建立健全决策咨询制度。这是在中共中央文件中首次提出"智库"概念。加强中国特色新型思想智库建设,建立健全决策咨询制度,建设中国特色新型智库体系是时代的需求,是顺应中国科学发展的必然选择,也是我国智库未来的发展方向。智库研究和智库建设目前正进入快速发展的历史时期。

借鉴国际经验,结合我国当代实际,弘扬传统文化,建设中国特色新型智库体系成为当前智库建设的主要任务,而要完成这一任务,就必须以中国特色社会主义理论为指导,以建设社会主义市场经济体制和实现中华民族伟大复兴为目标,以服务公共政策、推动科学决策、推进理论创新、提高国际话语权为己任,建立并形成多元的兴办主体,具有多样的组织形式,以及具有自主研究行为、独立思想观念和对社会负责任的研究成果的中国特色新型智库体系。①

第一节　智库的起源

"智库"也称"思想库""外脑"或智囊团。智库并非一个横空出世的现代概念,追溯起源,其雏形可以追溯到很久远的古代。

一、问策于野

我国《文心雕龙》中就有"尧咨四岳"的记载。春秋战国时期(公元前770—前221年),百家争鸣,连横合纵频繁。春秋四公子孟尝君、平原君、春申君、信陵君,均蓄有名为"养士"或"食客"的顾问智囊团,人数可达成百上千。谋略文化在中国历史中有着独特的地位,深刻影响着之后两千年的中国。春秋战国之后,随着封建制度的稳固和确立,国家政体中的咨询决策机构日渐完善。至两汉时期,设立了一种政治咨询机构——"中朝",即皇帝选用身边较低级的官吏和侍从参与朝政形成的以尚书令为首的决策机构。东汉还设置了秘书监,典司图籍。到隋代,秘书省与尚书省、门下省、内史省、殿内省是并列的五大政府部门。皇帝在宫廷中专门设置了"谏臣""谏议大夫"的职位;而各下级官吏则延请各类"师爷";这些谏臣和师爷按照现代的理解,或可定位为向各级管理者提供咨询意见的"内部顾问"。

从古代中国这些顾问从业者的生存形态上看,大致可以概括为 3 种形式:一是春秋战国时期的门客,门客服务的对象是门主;二是战国至五代的幕府,招募名人学士,与参政事;三是五代之后至明清时期,特别是晚清时期的幕府。

幕府制度是指"中国历史上各个时期的地方官员私人聘用参谋人员的制度"。幕府制度可以分为 2 个阶段,划分的标准是幕府身份上的本质区别,表

---

① 陈永杰.八大措施促新型智库体系建设[J].党政视野,2015(2):54.

现为是否被授予正式行政体系中的官职。明清以后的幕府,所聘用者皆为私人身份;而五代以前的幕府,则私人与公家两种身份皆有。如汉代外戚多以大将军、车骑将军职辅政,均设幕府,授予公职,预议军政,处理事务,且这种制度不限于军事机构。五代之前的幕府人员能够纳入公职,说明其时的朝廷或者说各级政府机构还存有接纳个体的有限度的权力,而随着古代中国专制大一统制度的日渐严密,国家的名分不再被允许授予私人,因此明清的幕府多是个体行为,这是这2种幕府制度的根本性区别。①

幕府在中国历史中可谓功绩卓著。事实上,三国时期曹操麾下的郭嘉、荀彧、荀攸等人都是幕府;刘备三顾茅庐之时,诸葛亮所给出的《隆中对》,其实就是一篇见解独到、具有全局眼光的战略咨询报告。

> 亮答曰:"自董卓已来,豪杰并起,跨州连郡者不可胜数。曹操比于袁绍,则名微而众寡。然操遂能克绍,以弱为强者,非惟天时,抑亦人谋也。今操已拥百万之众,挟天子而令诸侯,此诚不可与争锋。孙权据有江东,已历三世,国险而民附,贤能为之用,此可以为援而不可图也。荆州北据汉、沔,利尽南海,东连吴会,西通巴蜀,此用武之国,而其主不能守,此殆天所以资将军,将军岂有意乎? 益州险塞,沃野千里,天府之土,高祖因之以成帝业。刘璋暗弱,张鲁在北,民殷国富而不知存恤,智能之士思得明君。将军既帝室之胄,信义著于四海,总揽英雄,思贤如渴,若跨有荆、益,保其岩阻,西和诸戎,南抚夷越,外结好孙权,内修政理;天下有变,则命一上将将荆州之军以向宛、洛,将军身率益州之众出于秦川,百姓孰敢不箪食壶浆,以迎将军者乎? 诚如是,则霸业可成,汉室可兴矣。"

欧洲智库的雏形可以追溯到公元800年,当时的君主开始讨论天主教会的收税问题。到17世纪,君主雇佣多名独立律师为君主提供政治和经济主张来反制教会已经成为一种传统。在教会与世俗政权的长期法律纷争中,教皇与君主都曾向律师求助,这些律师在提供建议的同时还坚持着一定的思想独立性。

二、国家冲突与公共事务需求

尽管中国古代"问策于野"的历史非常悠久,门客或幕僚制度很发达,但

---

① [美]福尔索姆.朋友·客人·同事:晚清的幕府制度[M].刘悦斌,刘兰芝,译.北京:中国社会科学出版社,2002.

此类顾问和咨询机构并非现代意义上的智库。智库与传统的"智囊""文胆""谋士"相比,最大的区别在于现代智库首先是一种社会组织,而不是个人精英,智库研究也不完全依赖于个人的智慧,而更多的是以科学的理论和方法为手段的团体研究活动,是科学决策和研究的产物。

智库的产生与时代的发展是密切相关的。特别是近现代科学技术的发展,使得知识的总量突飞猛进地增长,学科门类已经超过两千门,且彼此相互渗透、交叉、纵横交错;客观现实世界的发展速度及其复杂性、多变性已经远远超过了任何个人努力所能达到的程度。因此,面对现实社会中存在的复杂问题和具体困难,领导者或决策者无论如何英明智慧、具有怎样丰富的阅历经验,都会存在不同程度的知识盲区,面临决策的困难,不得不需要由不同学科专家提供多学科的研究,分析处理社会、经济、科技、军事、外交等各色问题,并在此基础上提供最佳理论、策略、方法和思想等。当然,智库专家的存在并非是取代领导者,智库所提出的咨询建议和决策意见,仅仅是提供可供决策的备选方案以及选择依据,而非决策本身。

关于现代智库的起源,历史学家和政治学家有着很大的争议。美国的智库研究专家保罗·迪克森(Paul Dickson)认为,早在1832年美国政府就开始依靠研究机构为其提供政策建议。当时的美国财政部长面对汽船蒸汽锅炉爆炸问题,与费城富兰克林研究所签订研究协议寻求解决方案,自此,政府开始越来越多地借助外部的脑力,来解决政府管理过程中的问题和困难。另一位美国智库研究专家詹姆斯·史密斯(James Smiths)则认为,现代智库的起源应追溯到美国国内战争刚刚结束之后的精英议事:1865年10月,有近100位作家、记者、教育家、科学家和政府官员,在波士顿的马萨诸塞州议会大厦聚会,讨论如何改善该州因内战破坏的经济和社会福利问题,知识分子逐渐认识到政府可以从他们的研究和经验中获益,由此开始朝着创立独立研究组织方向迈进。而威廉·多姆霍夫(G. William Domhoff)则认为:专业协会的创立才算是智库的前身,成立于1894年的芝加哥市民联盟和1900年取代它成立的全国市民联盟才是与地方、州和联邦政府部门正式建立的第一批智库研究机构。[①]

在欧洲,一些研究欧洲智库的学者认为,成立于1884年、后隶属于工党

---

① [美]威廉·多姆霍夫.谁统治美国:权力、政治和社会变迁[M].吕鹏,闻翔,译.南京:译林出版社,2009.

的费边社(Fabian Society)是英国最早的智库雏形。费边社是一个社会改良主义研究和宣传团体,下院的工党议员以及许多工党领导人多为费边社成员,团体规模虽不大,但影响较大。第一次世界大战前后,费边社会主义逐渐成为工党的理论和政策基础。费边社编有《费边新闻》《费边季刊》等定期刊物。① 这一时期的早期智库主要由企业家捐助设立,政策立场相对独立,主要依靠出版书籍、研究报告和个人关系网来影响政策。

尽管19世纪的这些研究机构,其研究和社会活动已经被认为具备智库的雏形,但是学界普遍认为智库机构在政策决策中的影响和作用,是在20世纪的前20年才真正得以显现,尤其是第一次世界大战前后。这一点从"Think Tank"这一专有名词也能看出端倪,其最初的形态就来自于美军在战争期间用来讨论作战的保密室。② 第二次世界大战之后,随着世界政治、经济和安全形势日益复杂,智库在国家安全与国际战略研究中发挥的作用日益凸显。如美国的兰德公司就是在第二次世界大战期间由美国空军资助创立的研究机构,战后逐步发展成为大型的智库。

另外,20世纪初公共事务的复杂性也催生了对政策思想产品的市场需求。专业从事政策分析和研究并试图影响公共政策的咨询机构开始涌现。二战结束之后美国一跃成为世界头号超级大国,越来越多地介入国际事务,相应的,对战略和策略咨询产生了巨大需求,因此,在美国,国际战略型智库蓬勃发展,出现了许多政府合同型的智库机构,独立的战略研究和公共政策研究机构也迅猛发展。如1910年成立的卡内基国际和平基金会(Carnegie Endowment for International Peace)、1919年成立的胡佛研究院(Hoover Institution on War,Revolution and Peace)以及1927年成立的布鲁金斯学会(Brookings Institution)等。这一形态的咨询机构被视为现代智库发展的真正起源,智库的发展因此迈上新的台阶。

三、全球性问题的兴起

伴随东西方冷战冲突的结束和经济全球化不断向纵深推进,新科技革命的步伐加快,现代社会系统性特征日益明显,人类发展面临的全球性问题日益凸显,与此同时,各国的国内发展也面临更多的政策挑战。在经济全球化背景下,世界各国之间的各种联系达到了前所未有的深度和广度,以往局限

---

① 中国现代国际关系研究院. 欧洲思想库及其对华研究[M]. 北京:时事出版社,2004.
② 林芯竹. 为谁而谋:美国思想库与公共政策制定[M]. 北京:知识产权出版社,2007.

于特定国家和地区层次的问题开始扩散到全球层面,演变为一系列全球性问题、挑战和威胁。政策问题不再囿于国家和地区的限制,变得不仅复杂,而且范围更为扩大;不仅地区冲突时起时伏,南北差距仍在扩大,大规模杀伤性武器面临扩散的风险,有组织的跨国犯罪日趋普遍,而且还同时承受着一系列全球性的冲击和挑战,诸如资源与能源短缺、人口爆炸与粮食危机、环境污染与生态失衡、恐怖主义盛行、毒品泛滥、艾滋病流行等。"全球化进程使各种经济和社会风险脱离了时间和空间的限制,风险社会成为世界性命题,而危机则是风险积聚的爆发式表现"①。全球性问题不仅在空间上超出了一个国家或地区的范畴,而且大大超出了民族国家的治理能力,不再是某一个国家或地区的力量所能解决。在公共事务日趋繁杂、社会结构急剧变迁、国家发展不均衡的当代社会,世界各国的政治、经济联系日益密切,相互依存度不断加深。所有国家的政府都承受着安全、经济稳定、社会正义与秩序以及生态环境保护等诸多方面的种种压力,全球性问题涉及地球上全人类的共同利益,严重制约着人类社会的生存与发展,并对人类社会构成现实威胁。这些事关人类前途与命运并涉及所有国家和地区利益的问题,客观上要求世界各国集思广益、通力合作。这些问题虽然主要通过世界各国内部解决,但是各个国家在解决这些问题过程中需要开展广泛的国际交流与合作,去探索解决这些问题的有效机制和途径,而要实现各国政策研究领域的资源共享,不可避免地要求各国政府的决策模式更为开放。因此,智库不仅是政府科学决策的基本依据,也是现代民主政治与多元合作共治的必然要求。

全球化时代面临的新形势,客观上需要发挥智库的专业性作用,这在相当程度上为智库的发展提供了更为广阔的国际舞台。智库作为独立的研究机构,在一定程度上具有超越政治分歧、经济利益和意识形态的中立性,对全球性解决方案的形成具有其得天独厚的优势。② 发展中的工业化社会、网络化社会所存在的社会化问题,越来越离不开智库的支持,需要智库将各种创新性解决社会化问题的思路进行汇集、比较和选择。③

因此,在新的时代形势下智库所关注问题的范围大大扩展,智库研究对

---

① 彭希哲. 中国社会转型的复杂性[N]. 文汇报,2010-01-16.

② 李安方,王晓娟,张屹峰,等. 中国智库竞争力建设方略[M]. 上海:上海社会科学院出版社,2010:126.

③ 杨知源. 从全球思想库发展动态中能吸取什么?. http://www.gdass.gov.cn/news_view_test.jsp? cat_id=1005066&news_id=5073.

象和内容的国际化、全球化特征与趋势不断加强。① 智库间的竞争不仅是思想观念的交锋,也关系到智库的生存与发展。参与国际化市场竞争的各类型智库通过竞争,客观上实现了智库发展的优胜劣汰,提升了智库行业的生产效率,改善了智库产业结构,也实现了智库资源的优化配置。与"决策民主化"相比,"权力知识化"其实是智库快速发展更为重要的原因。

第二节 智库概念界定及内涵

智库作为一种咨询研究机构,主要依靠专家的意见和思想,运用科学的研究方法对广泛的政策问题进行跨学科研究,提供决策建议并最终影响政策制定过程。"韦氏大词典"对智库的定义是:致力于跨学科研究的学会、社团或群体,也称为思想工厂(Think Tank: an institute, corporation, or group organized for interdisciplinary research, as in technological and social problems, called also think factory)。一般认为,"智库"是以政策研究为核心,以直接或间接服务于政府政策制定为目的、非营利性的独立研究机构。《大英百科全书》认为:智库是跨学科研究组织的研究所、公司或者团体,通常为政府和商业客户服务。

由于世界各国的具体政治环境不同,智库的发育程度和承担的社会职能也不相同,因此,国际学术界对"智库"一词的概念没有统一的界定,不同国家的学者和专家往往从各自的研究领域和关注的重心,对智库的概念内涵进行不同角度的解读。

耶鲁大学政治学博士安德鲁·里奇(Andrew Rich)认为:智库是"独立的、没有利益倾向的非营利性组织,它们提供专业知识或建议,并以此获得支持,影响决策过程"②。这一概念主要强调智库的机构运作特点,强调智库的"独立性"和"非营利"。独立作家保罗·迪克森(Paul Dickson)1971年出版了第一部介绍美国智库形成与发展的专著——《智库》(Think Tanks),他提出:智库是一个永久性的实体,而非临时为解决问题而组成的研究小组或委

---

① 李安方,王晓娟,张屹峰,等.中国智库竞争力建设方略[M].上海:上海社会科学院出版社,2010:124.

② Rich Andrew. U.S. Think tank and the intersection of ideology, advocacy and influence[J]. NIRA Review,2001(08):54.

员会,其目的是为政策而非技术服务①,强调智库面向的服务对象是政府机构,因此是关于行政的政策研究。也有学者如加拿大学者唐纳德·E.埃布尔森(Donald E. Abelson)等,认为智库的运作方式类似私人企业,但其最终效益不是以利润来衡量,而是看他们对政策思想的影响,其定义更多强调智库的社会制度性,提出了智库是一种"组织"的概念,认为智库是一种组织的安排(arrangement),企业部门、政府机构以及富人,拿出经费,交给特定组织的研究人员,完成研究方案,影响政府决策,体现特定集团的利益。②

美国学者詹姆斯·史密斯(James Smith)在《思想的掮客:智库与新政策精英的崛起》(*The Idea Brokers: Think Tanks and the Rise of the New Policy Elite*)中梳理了政治精英和智库专家在美国的兴起和发展历程,认为智库是"在美国主流政治进程的边缘运行的、私人的、非营利的研究型团体,介于社会科学学术研究和高等教育之间,以及政府和党派政治之间"③,强调智库的社会组织职能,指出智库主要是那些从事于力图影响公共政策的多学科研究的独立组织。

综上,虽然不同学者对于智库的定义和概念描述有所区别,但概念共识还是明确的。

一、机构性质

首先,智库是一个组织,不是自然人。作为专门从事公共政策思想知识生产和交换的组织化主体,智库是思想市场中知识的专业组织者和生产者。也就是说,智库首先是一种相对稳定的社会机构,是通过自主的知识产品对公共政策的制定产生影响的组织。智库是以从业者集体的智慧,通过科学的方法和研究,提出优化方案和决策措施,以此服务于决策的机构。作为一种社会组织,智库具有相对稳定的组织架构,具有固定的工作地点和长期的运作能力,是思想市场中的活动主体,而不是一些临时性的具有研究和咨询功能的组织和机构。

独立性是智库有别于其他政策研究机构的一个重要特征。虽然世界各国几乎所有的智库都具有某种特定背景,或是政府背景,或是党派背景,甚至

---

① Dickson Paul. Think Tanks[M]. New York: Atheneum, 1971.

② 唐纳德·E.埃布尔森. 智库能发挥作用吗? [M]. 扈喜林,译. 上海: 上海社会科学院出版社, 2010.

③ Smith James A. The Idea Brokers: Think Tanks and the Rise of the. New Policy Elite[M]. New York: The Free Press, 1993.

是某些利益集团背景,但是,至少在形式上,大多数智库仍然愿意把不涉意识形态的"独立研究"作为其运作的基本原则,标榜自己是独立的研究机构,并且都以代表社会利益作为其学术研究的基本出发点。无论是财团富豪出资建立的(如卡内基国际和平基金会),还是政府部门资助成立的(如兰德公司、国会研究部),或是社会名流倡议设立的(如布鲁金斯学会、传统基金会、卡特中心、尼克松中心),它们在体制上都是独立的,不受政府或财团的直接控制。智库的最高决策机构一般为理事会或董事会。

但是不可否认,智库并不是完全超然独立的,通常具有一定的利益导向性。在一些涉及公共利益的议题上,智库往往体现出多种利益的博弈。多数智库是介于独立与依附之间,差异只在于偏向于哪一端,完全属于某一极端模式的智库是较少的。

二、业务内容

就智库的业务内容而言,其最重要也是最本质的业务是通过生产智力产品,来满足不同用户不同层次、领域和类型的行政咨询及其对政策思想产品的需求。智库生产出的产品是智力劳动的结果,是具备专业技能的智库从业人员开发创造出来的新的思想产品和自主知识产品。著名经济学家科斯(Ronald H. Coase)1974 年在发表于《美国经济学评论》(AER)的《产品市场和思想市场》一文中,强调思想市场(market for ideas)和产品市场(market for goods)是同等重要的。而具有知识密集优势的智库恰恰反映了思想市场的存在,适应了政策思想产品的市场需求。

在自由开放、多元竞争的思想市场机制作用下,智库的主要业务内容是行政决策支持和政策研究。主要从事对各类公众关心的或者关系国家地位和安全的政策问题的研究,就某些特定公共政策问题提供最优化的理论、策略和方案。一般情况下,不以学术研究、学科建设为己任,而是以解决现实性政策问题为主要的业务重心,强调实用性、时效性、对策性强的"经世致用"式研究。随着国际交流越来越频繁,智库越来越关注全球面临的共同问题,智库的思想不仅仅反映世界,而且会影响和改造世界。"跨太平洋伙伴关系协议""亚投行""金砖国家"等新理念、新框架,都是智库专家提出来的,智库的思想产品不仅越来越具有行动力,而且越来越注重话语权的竞争。戴维·M. 里奇(David M. Ricci)在《美国政治的转变:新华盛顿与智库的兴起》(1993)中,首次将美国政府的巨大变革,归功于外部政策研究专家在政策制定中话语权的提升。①

智库研究的方法呈现跨学科面貌,强调集体合作式的研究,研究的视角可能各不相同,但其最终目的都是为了服务于现实。在研究方法上,注重实证研究和综合分析方法,实证研究所主张的对数据的采集和分析,成为智库报告质量的重要依据。而综合研究可以纵横捭阖,更为全面和相对真实准确地判断全球走势,避免盲人摸象、一叶障目的危险发生。②

三、价值取向

智库以影响政府的决策为首要目标。智库的活动和产品的最终指向是要对公共政策的制定产生影响,这是智库的核心价值所在。因此智库也被称为"思想掮客"(idea brokers),智库通过为决策部门提供"智力产品",假借政府之手,才能发挥其对社会运行的思想影响。因此可以说,智库是依靠其"影响"而生存的。

而为了达到影响政策决策的目的,智库的产品往往在注重质量的同时,更重视成果的推广。一般来说,是否有新思想,是否有合理可行的政策建议,以及能否把研究成果推销出去,是衡量一个智库是否成功的最重要和主要的评判标准。智库的行为目的决定了其价值取向。通常情况下,智库被视作非营利组织、社会公益组织,非营利并不意味着无利润;之所以将智库界定为非营利组织,主要是因为智库服务决策、影响公共方面的主要动机是为了政府公共事务更有效和更合理,至于利润,不过是其中的副产品。美国的绝大多数智库根据当地所得税法注册为非营利组织,从而获得免税资格。

作为一种思想产品,智库在思想市场上追求的利润不同于一般产品,智库从业者在向需求者提供智库产品时所追求的并不是利润的最大化,而是影响力的最大化。换言之,智库的利益来源是通过研究,提出有针对性的智力产品,影响公共决策和国家机构的战略部署,以此实现自身影响力的最大化,而不仅仅是为了获利。影响力对于智库而言,不仅重要,而且是其价值实现的前提和保证。智库的直接影响力,体现在智库产品被决策机构采纳的程度以及对政策形成的影响程度上;智库的间接影响力,表现在智库影响的政策所产生的后续政治、经济、社会效应上。总的说来,智库的影响力并非一蹴而就,而是具有递进性的。

---

① Ricci David M. The Transformation of American Politics: The New Washington and the Rise of Think Tanks[M]. New York: Yale University Press, 1994.

② 沈国麟. 新型智库研究要有全球视野中国关怀[N]. 解放日报, 2016 - 05 - 24:013.

第三节 智库特征与分类

对智库进行合理分类与准确定位是智库发展的必然。美国宾夕法尼亚大学由詹姆斯·G.麦甘(James G. McGann)博士领衔的"智库与公民社会研究"(Think Tanks and Civil Societies Program,TTCSP)项目组从 2006 年开始主持启动了全球智库的调查,并逐步形成了相对稳定的排名机制和流程。2009 年麦甘博士在美国《外交政策》第 1 期上发表了《全球智库报告》。这篇论文的内容受到了极为广泛的引用,成为智库研究者的必读篇目,同时也成为智库研究的最重要文献之一。该文将智库分为 5 种类型:政策制定型智库、政党代言型智库、影子型智库、学者型智库、社会活动家型智库。2011 年出版的《全球智库报告》中,开始用量化和排名的形式分析各国智库的优劣,量化标准包括:智库参与公共政策数量、智库成果被公共政策引用数量等。①

如同对智库的概念界定一样,目前国际学术界对于智库的分类也没有统一的标准。国内外学者大多根据自己的研究目的,从不同的维度对智库进行不同的分类。以其内部因素如功能和需求等作为分类标准,智库在宏观层面可以形成以研究目标和研究领域 2 个维度划分的分类体系,在此基础上又可以形成多样化、分层次的智库类型。

一、基于智库的机构属性

智库作为一种稳定的社会组织形式,其创立与运行体现出不同的机构属性。根据机构属性的不同,可以将智库划分为官方附属的智库机构、半官方的智库机构、社会智库(民间智库)机构 3 大类。

(一)官方智库

官方智库机构是指一国政府通过立法或者行政组织条例组建的存在于政府体系内部,为各级政府部门领导决策层提供决策咨询服务的机构。这些机构的工作主要是通过内部渠道向领导人直接提供决策参考,在政府内发挥着决策"内脑"的职能。

根据官方智库的服务层级不同,官方智库又可划分为中央政府型智库和地方政府型智库。根据中央政府的服务部门不同,官方智库又可划分为不同

---

① McGann James G. The Think Tanks and Civil Societies Program 2011[R]. Philadelphia: University of Pennsylvania,2012.

类别。如美国的官方智库,从服务对象的层次上划分为直接服务于总统的官方智库、服务于中央行政部门的官方智库和服务于国会的官方智库等。

虽然完全独立的智库发展并不一定是最优模式,但保持智库发展的相对独立性,对于智库的研究以及智库委托方的决策参考而言,还是明智的选择。智库一旦依附性过强,则独立研究就很难真正确立起来。智库的过分依附属性既降低了其对公众话语的影响力,削弱智库的公共属性,也会对智库研究的议题选择、话语表述甚至是观点表达带来严重干扰,进而导致智库启迪公众的潜力难以充分发挥,降低了智库对社会发展应有的推动作用。①

目前中国智库发展迅速、数量众多,但发展极不平衡,95%是官方智库。中国智库长期以来的依附属性一直较强,多数智库均有特定的服务对象,依附于党委与政府。

（二）半官方智库

半官方的智库机构是指独立于政府体系之外,对政府政策的制定有重要作用的非政府机构。半官方智库一般通过接受政府资助来进行相关研究和咨询服务活动,往往与政府机构签订长期或短期的研究合同。半官方的智库又可分为2类:

一类是政府资助的智库,指政府通过财政资助或投资的方式建立,通过委托合同形式进行相关研究的政府咨询机构。这类智库并不直接隶属于政府或执政党,服务对象也不只限于政府机构或执政党组织。目前国内的大学附属型智库在某种意义上就可划入半官方智库。这些智库存在于所隶属的大学之中,除了承担着一定的理论研究和教学任务外,还从事研究政策问题、向政府部门汇报研究成果、公开发表文章、出版著作等工作。我国这类高校智库数量众多,在政府的决策中发挥着重要作用,具有自己的独特优势。2016年12月,南京大学中国智库研究与评价中心和光明日报智库研究与发布中心联合发布了我国首个智库垂直搜索引擎和数据管理平台中国智库索引（CTTI）。在CTTI（2017—2018）收录的489家来源智库中,高校智库共有255家,占52%；党政部门智库68家,占14%；社科院智库46家,占9%；党校行政学院智库44家,占9%；社会智库36家,占7%；媒体智库11家,占2%。不难看出,高校智库占据了智库市场的半壁江山。高校智库具有学科齐全、人才济济、对外交流广泛的优势,相较于政府智库、社会智库,高校具有三方

---

① 周仲高.智库的科学分类与准确定位[J].重庆社会科学,2013(3)：116-120.

面不可替代的优势：其一，高校占据很好的智力资源，拥有不同研究领域的学科专家，对于复杂问题的研究，能够整合专家资源，协同完成研究问题；其二，高校具有优良的基础设施条件，比如各类型的实验室、研究基地等；其三，高校具有相对独立性，能够较大程度地保持学术价值中立，进行客观分析和独立思考。

另一类是与政府部门对口服务的各类智库。此类智库因为其研究方向与某些政府部门的工作相对应，往往直接与该部门发生合作关系，由于它们与政府具体部门的关系密切，因此对具体部门的政策影响较大，例如直属于中国国务院的政策研究和咨询机构——国务院发展研究中心。这类智库的主要职能是研究中国国民经济、社会发展和改革开放中的全局性、战略性、前瞻性、长期性以及热点、难点问题，开展对重大政策的独立评估和客观解读，为党中央、国务院提供政策建议和咨询意见。国务院发展研究中心与政府部门、研究机构和企业界有着广泛联系和密切合作，用高水平的研究成果和咨询意见为政府和社会服务。在事关中国经济改革、对外开放和现代化建设的重大方向、目标及战略举措方面，完成了一系列具有重要价值和重大影响的研究成果，提出了大量切实可行的政策建议，为中国经济社会的历史性发展作出了贡献。

（三）社会智库

所谓社会智库，是指与官方智库相对应的，主要由民间出资组织并且体现民间声音或者政策需求的公共政策研究机构。社会智库大多由私人或民间团体创立，在组织上独立于其他任何机构，其经费属于自筹。它们的研究人员主要由专家、学者或者前政府官员组成。这类智库可以自由选择服务对象和研究课题。在美国，社会智库不仅规模庞大，人员众多，而且资金力量雄厚。代表性的如传统基金会、布鲁金斯学会、美国企业研究所、卡内基国际和平基金会、战略与国际问题研究中心、城市研究所等。而在我国，社会智库的生存空间和影响力都较为局限，一直处于不温不火状态，发展上升的空间有限。

此外，国际上还有些智库可能并没有统一的组织机构，主要是由一些观点相近或者兴趣相同的研究人员组织起来的类似俱乐部、沙龙等未进行注册的组织。如罗马俱乐部和布达佩斯俱乐部都不是严格意义上的"组织"，在俱乐部里，具有共同主张的世界精英不定期地聚会，就一些人类发展的重大问题进行探讨研究。这些松散型智库在经历一个阶段的运营之后，也有可能会转化为具有独立法人资格的智库机构。

二、基于政治主张和意识形态

在西方,智库作为参与公共政策研究的重要决策服务机构,其研究活动具有较强的政治功能。尽管智库通常声称其研究是出于客观独立和公正的立场,是非意识形态的政策研究中心,但实际研究过程中,很难或者说不可避免地会参与到国际与国内的政治谱系中去。① 因此,根据智库政治主张的倾向性不同,可以将智库划分为保守型智库、激进派智库和中间派智库。

(一)保守型智库

美国学者约瑟夫·巴斯特(Joseph L. Bast)把保守型智库又按照意识形态划分为 2 大类:古典自由主义智库(classical-liberal think tanks)与主张国家主义的智库(station think tanks)。② 两者的区别在于前者信奉自由哲学,后者信奉集权主义或统制主义。

在美国,保守型智库主要代表有传统基金会、美国企业研究所、胡佛研究所等。在英国众多的智库中,隶属于中左派政党或具有中左派政党倾向的智库主要有公共政策研究会、费边社、新经济基金会、新政策研究所(NPI)、改革中心、史密斯研究所(Smith Institute)、新互助主义(New Mutualism)、外交政策中心以及催化剂(Catalyst),等等。

然而,从历史发展角度来看,特别是最近 30 年,具有明显意识形态倾向的智库数量在激增。四分之三保守主义智库的领导人认为政治和意识形态是招聘过程中应该考量的首要因素,其次才是关注应聘者的专业知识、媒体或公共事务经验以及出版物数量。

对保守主义者而言,所有研究都具有意识形态色彩。即使是所谓立场中立的研究人员,在思想或意识形态范围内,他们所提出的问题也都不可避免地带有意识形态色彩,因此,根本不存在不带一丝意识形态色彩或完全公正的专家。③

与之相反,自由主义智库更注重职员的专业知识和教育背景,其次才是与政府相关的工作经验和政治观点、社会立场。

---

① 转引自朱旭峰. 中国思想库:政策过程中的影响力研究[M]. 北京:清华大学出版社,2009:64 - 65.

② Bast Joseph L. A guide to classical-liberal think tanks[J]. Heartland Institute,2005(106).

③ 安德鲁·里奇,杨敏. 安德鲁·里奇:美国智库专业知识与意识形态的政治[EB/OL]. (2016 -11 - 28). http://www.hnzk.gov.cn/zhikuqianyan/5658.html.

（二）激进派智库

激进派智库包括自由派智库和改革派智库。在对内政治主张上,激进派智库倾向于坚持法制和开放,认为政府及官员应该有高度的责任心,应发展繁荣、公平、持续的经济,并且重视发展环境的持续改善。在政策方面,此类智库主张实施福利政策,扩大福利开支,主张政府介入社会各个领域以克服经济、社会或性别的不平等,注重社会公正、可持续发展、环境保护,而在社会生活领域则主张减少干预。在国际事务中,激进派智库强调国际交流与合作,对外政策信奉理想主义和国际主义,支持温和、宽容的外交政策,主张裁军和军备控制,重视国际合作机制建设等。

（三）中间派智库

中间派智库介于自由与保守之间,强调政策研究的中立性和非党派性。对内,中间派智库强调社会福利,提倡政府干预经济社会事务,强调增加政府的功能,主张进步性、社会正义、保护环境等。对外,除强调国际谈判与合作外,也强调有限的国际干预,认为大国在国际政治经济生活中应该发挥更大的作用,发达国家应该通过官方援助支持发展中国家的发展,同时承担引导国际合作、共建国际秩序的责任。在美国,中间派智库主要有布鲁金斯学会、对外关系委员会、卡内基国际和平基金会等。

三、基于智库的作用和功能

就智库在国家政治经济生活中发挥的作用与功能而言,可以把智库划分为学术研究型智库、政策方案提供型智库和公共利益倡导型智库等三大类。

（一）学术研究型智库

学术研究型智库主要是指那些针对经济、社会重大现实问题进行学术研究,以提供新思想、新思路并且影响公共政策决策为目标的一类智库。这类智库也称"没有学生的大学",特别是一些大学附属的研究型智库,往往既是大学的主要应用型政策研究中心,同时也是大学的重要教学单位。学术研究型智库的主要职能是对当前重大社会、经济、政治问题进行深入研究,提出新的政策思路,撰写学术性研究报告。

与一般性学术研究机构的不同在于,这类智库的研究成果重心不在教学或者学术领域本身,而是更加重视研究成果对政策制定者的影响。例如1994年成立的北京大学中国经济研究中心（China Center for Economic Research, CCER）,作为国家发展研究院的一个开放的、跨学科的平台,得以完成更高水平的综合性知识集结,推动中国经济研究的本土化、规范化和国际化。

（二）政策方案提供型智库

如果说学术研究型智库的主要社会职能是生产和形成新的政策思想，那么政策方案提供型智库则主要是以承担政府部门的委托合同，为政策决策者提供备选政策方案为主要工作。

政策方案提供型智库通常以公共政策为研究对象，以影响政策决策者的政策选择为工作目标。此类智库作为一种咨询系统，提供沟通信息、集中意见、进行表达的系统功能。在提供政策方案方面，此类智库通常各有特色，研究体制有分有合，不断变化，形成了以专业为核心的研究单位和以任务为核心的研究小组交叉运行模式。例如中国经济信息社，作为新华社直属企业和新华社经济信息业务的市场主体，充分发挥运用新华社作为国家通讯社和世界性通讯社的网络和资源优势，依托新华社在国内外的 239 个分支机构、5 000 多名采编人员，以及中国经济信息社近千人的专业团队，努力建设成为与我国经济地位相适应、具有重要国际影响的信息服务机构，引领中国经济信息事业的发展，成为国际权威的经济信息总汇。

（三）公共利益倡导型智库

在西方国家，随着社会民主化进程的不断深化，公民参与政策决策，让处于社会边缘的弱势群体找到合适的利益表达方式和渠道，智库的出现有助于将社会边缘阶层的声音通过自己的渠道向决策层输送，或者通过公开的研究报告向社会各界表达，成为公共利益的代言者、社会边缘层利益的代言人。公共利益倡导型智库为了影响政府决策，扩大公众影响，通常将工作重点放在与媒体的联系上，智库人员频繁地出现在新闻广播和各类政治谈话节目中，通过媒体让大众分享他们关于焦点性政策话题的观点。

与智库相比，媒体缺乏的是专家理性，但更具有把握公众注意力的资源和能力，智库与媒体的结合，可以让媒体获得智库所提供的公正的专家理性观点而更具有说服力，智库则获得研究成果的媒体发布渠道而更具有大众影响力。智库与媒体这种自发的相互依附关系将成为一股强大力量进入政策决策者的视野，推动社会公共利益的政策表述。①

四、基于智库的服务对象

不同的智库，其服务对象也各不相同。早期的智库主要服务于军事战略部门，是国家处理对外关系的主要参谋和助手；目前智库的研究领域与服务

---

① 朱旭峰. 美国思想库对社会思潮的影响[J]. 现代国际关系，2002(8).

对象已经涵盖全部政策决策领域。根据智库的服务对象不同，可分为军事外交型智库、内政型智库和政党型智库三大类。

（一）军事外交型智库

顾名思义，军事外交型智库主要以军事和外交领域作为其研究对象，以影响国家的军事战略和对外关系作为其任务重心。可以说，世界各国早期的智库主要是出于军事和外交的需要而设立或出现的。创立于1948年的美国兰德公司，作为二战期间服务于美国的军事战略咨询机构，目前已经发展为美国最大的智库之一。虽然其研究范围包括政治、军事、经济、科技、社会、文化等各个领域，但还是以研究军事战略和军事尖端技术而著称。兰德公司对美国军事战略思想、防务政策的形成具有很大的影响，例如提出发展中子弹的报告、"第二次打击""灵活反应战略"等主张，因而一直是美国军方最重要的智库之一。目前，兰德公司有1 775名研究人员，每年发表1 000份左右的研究报告。

（二）内政型智库

智库思想市场不同于一般产品市场，其产品的市场需求主要来自政府部门。20世纪90年代冷战结束之后，世界各国的国内发展面临越来越多的政策性挑战，如何解决国内经济社会发展难题，成为智库需要面对的主要问题，传统智库开始逐渐转向国内政策议题的研究。与军事外交型智库不同，内政型智库机构主要关注本国的经济、政治、教育、科技、文化等领域的政策问题，特别是经济议题和社会议题成为内政型智库机构研究的新焦点。

正是政府事务的扩大以及复杂化，促成了对专业政策知识的需求，也激活了政策思想市场。例如日本野村综合研究所，是日本第一家真正意义上的社会智库，也是日本乃至亚洲最大的战略和IT咨询公司。野村综合研究所研究实力雄厚，主要接受政府、国内外各大企业和社会团体委托的重大研究课题，研究领域非常广泛，大到国家的目标战略、能源对策，小到超级市场的设计规划，都是它研究的领域。

随着国际经济竞争格局发生新的变化，环境问题、气候变化问题、科技发展战略等也逐渐成为内政型智库机构的研究热点。著名的罗马俱乐部（Club of Rome）就是1968年成立的一个研讨全球问题的全球智囊组织。罗马俱乐部是关于未来学研究的国际性民间学术团体，其主要创始人是意大利的著名实业家、学者A. 佩切伊和英国科学家A. 金，主要从事有关全球性问题的宣传、预测和研究活动。俱乐部的宗旨是研究未来的科学技术革命对人类发展的影响,阐明人类面临的主要困难以引起政策制定者和舆论的注意。通过对人口、粮食、工业化、污染、资源、贫困、教育等全球性问题的系统研究,提高公众的全球意识,敦促国际组织和各国有关部门改革社会和政治制度,并采取必要的社会和政治行动,以改善全球管理。罗马俱乐部迄今已发布含《增长的极限》在内的 43 份关于人类未来的报告。

（三）政党型智库

西方国家普遍实行多党制和选举制度,提出适应形势发展的、能为选民所接受的政策方案是政党上台执政的最关键因素。因此,各主要政党都设有自己的研究咨询机构,或者拥有在政治倾向上强烈支持自己的智库。

与其他类型的智库不同,政党型智库主要服务于本政党的政策目标,以政党利益作为衡量政策研究的基准,但在资金来源、机构运营上与政党之间还是相互独立的。例如传统上认为企业研究所是美国共和党的智库,而布鲁金斯学会则常常被当作民主党的智囊。

在美国政府的决策过程中,智库其实在政治生活的各个环节都发挥着作用,专业总统竞选团队是其突出表现之一。克林顿竞选总统时期,美国进步中心的专家如波德斯塔等人担任其私人智囊,并因在竞选中的表现进入政府。里根就职总统前,也曾邀请胡佛研究所的 22 名学者参加过渡工作班子,为新政府起草各种政策报告。布鲁金斯学会现任的 200 多名研究员中,有一半的人具有政府工作背景,担任过驻外大使的就有 6 位之多。在日本自民党的决策体系内,有政务调查会(简称政调会)、总务会、国会对策委员会和综合政策研究所等决策和审议机构。德国的政治基金会是接近政党、与官方联系密切的非政府组织,在德国外交政策决策和对外关系发展中发挥着十分独特的作用。在英国,只有隶属于政党或具有党派倾向的智库,才能借助政党的力量在英国政治生活中发挥更大的作用。

归根结底,现代国家的权力普遍建立在一定的知识之上,"知识一方面规范和约束权力的运行,更重要的是另一方面,知识为现代国家权力运行提供正当性证明"。现代国家的发展包含了权力知识化的趋势。所谓权力知识化,就是权力的合法性和合理性的知识建构过程,意味着权力的合法存在及有效运行必须借助知识的确证和支撑。在权力体制的多元分散性和权力运行机制的开放性条件下,政治知识化过程与政治系统内部智力资源不足的矛盾催生和催长了现代智库。[①]

正是在这一背景下,现代智库日益被要求成为衔接权力与知识的中介,换言之,权力的开放性是智库政策研究和发挥影响的前提:一方面开放的权力能够接受外部的研究,使得外部智库能够较全面准确地从体制中获取研究所需信息,从而保证深层次研究得以进行;另一方面,权力运行的开放性也同时增强了政治系统对外部知识等要素流入的接纳程度和包容性,从而使智库的研究成果输入成为可能。[②] 作为国家软实力的重要组成部分,智库的良性发展在一定程度上推动了国家经济社会的发展,对于提升国家软实力和国际话语权,均具有重大现实意义和价值。在我国,为适应以技术为导向的全球化进程,以及"互联网+"时代的新技术革命,实现全领域创新发展,2013年中共中央十八届三中全会首次提出"加强中国特色新型智库建设,建立健全决策咨询制度"的国家战略,至此我国进入了建设特色新型智库的新阶段。

第四节 智库的社会功能

《中国智库发展报告》指出智库的主要职能为:分析解构问题,作出科学预测;提供稳妥议案,辅助政府决策;提供政策舆论思想,引导社会思潮;储备人才资源,成为政学界的"旋转门"。智库的作用主要体现为生产思想、设计政策、引导社会思潮、储备和周转人才。[③] 一般认为,现代智库在国家社会生活中主要承担以下5个方面的社会功能。

一、战略新理念、新思想策源地

兰德公司的创始人弗兰克·科尔博莫(Frank Collbohm)曾经指出:智库就是一个"思想工厂",一个没有学生的大学,一个有着明确目标和坚定追求,同时又无拘无束、异想天开的"头脑风暴中心",一个敢于超越一切现有智慧、敢于挑战和蔑视现有权威的"战略思想中心"。智库之所以被称为"思想库",原因在于从事"思想"生产和提供新的政策主张是智库的核心功能。特别是一些学术性智库,往往更强调其研究成果的学术性和理论性,提出一些理论概念或者政策范式。比如"文明冲突""华盛顿共识""后华盛顿共识",等等。

---

① 强世功. 从"知识/权力"的角度看政治学的重建[J]. 国际政治研究,2013(1):15-19.
② 唐庆鹏. 论现代智库的成长逻辑及其对我国的启示[J]. 社会主义研究,2015(1):139-147.
③ 李建军,崔树义. 世界各国智库研究[M]. 北京:人民出版社,2010:6-8.

　　智库竞争力的重要表现之一来自学术,智库是以知识为媒介的社会性组织,智库发挥科研和服务社会的职能是以知识为媒介的。智库作为社会组织,其生存与发展有赖于同社会的交换,而交换的基础也是学术。智库学术竞争力主要体现在智库思想产品的学术水平和学术成果上。因此,智库的实力在很大程度上也体现在其学术竞争力上。①

　　智库在对重大社会现实问题进行深入系统调查研究的基础上,提出相应的理论观点和政策方案,并通过智库一系列理论产品的传播,影响社会公众对社会现实问题的认知和态度,从而塑造和引导社会舆论的发展方向。换言之,智库主要是通过其政策方案和理论观点的社会吸引力及社会认同实现其对社会生活的影响。智库对社会重大现实问题的理论研究,只有在得到社会公众的认同和支持的基础上,才能够获得相应的社会资源并影响这些社会资源及其配置格局,进而广泛、深刻地影响社会生活。

　　从深层次上看,智库社会影响力的内在基础是智库政策方案、思想主张和理论观点的公益性、前瞻性和独立性,在于智库通过其理论产品所体现的价值理念和社会责任意识。智库社会影响力的大小,取决于智库自身所选择和维护的价值理念和政策方案,及其所代表的社会公共利益的吸引力,即智库理论产品所坚持的价值理念和社会公益能在多大范围及多大程度上整合社会公众群体。简单地说,智库所具有的社会民意基础,决定了智库的社会影响力的广泛程度。

　　如果说智库理论产品的理论性和专业性,构成了智库社会影响力的内在基础和主观要素,那么,社会认同则是构成智库社会影响力的外在依据。社会组织的凝聚力和吸引力实际上就是社会对象对社会组织形成的社会认同,它们直接决定社会影响的有效性。而凝聚力和吸引力产生的前提是客体对主体的认同,社会公众认可智库的观点和主张,智库就能够发挥塑造和引导社会舆论的作用。反之,智库失去社会公众的尊重和信任,其社会声誉一旦受损,智库的社会影响力就将大大削弱。社会公众对智库提出的思想观点、政策主张、规划方案等理论产品的认同程度,是智库发挥社会影响力的主要社会基础,也是智库社会知名度和社会声誉的基础。智库的社会影响力与智库的社会知名度、社会声誉密切相关。

---

　　①　李安方,王晓娟,张屹峰,等.中国智库竞争力建设方略[M].上海:上海社会科学院出版社,2010:87.

二、推动政策问题建构，参与政府决策

世界各国的多数智库大都以承担政府委托的研究课题作为自己的业务重心，并且经常围绕本国政府关注的国家内政外交、政治经济问题提出自己的政策主张，定期或者不定期推出有关具体政策问题的研究报告或书籍。智库参与政府决策的多少，提供的政策建议被政府采购的情况，往往是判断一个智库是否成功的重要标准。

在美国，大多数智库都会在总统就任前后公布其政策思想方案，以期对新政府的政策施加影响。如美国传统基金会在 1980 年推出的《领导人的职责：一个保守派政府的政策管理》对里根政府时期产生了广泛的影响，政府官员曾经人手一册；大西洋理事会在 20 世纪 80 年代初发表的《今后十年的对华政策》，后来成为政府官员和专家学者中"主流派"的意见；进步政策研究所在 20 世纪 90 年代初期提出的《变革方案》，则被克林顿政府奉为圭臬。

政策问题决定着哪些社会公共问题能够进入政策议程并最终形成或转化为公共政策。精准地"拿捏"并筛选出需要优先确定为政策问题的社会问题，是考验和检视政府治理能力和决策水平的重要试金石。所谓政策问题，就是指能够及时准确地发现、提出和定位政策问题。政策问题的建构是公共政策的逻辑起点，然而，政府在政策问题的建构过程中存在着一定的"盲区"，即政府自身难以及时有效地发现并精准地确定政策问题。

因此，通过与智库进行有效的政治沟通，来及时发现和精准地确定政策问题就成为政府规避或弥补这一"盲区"的一种努力或必要手段。在日趋多元化的社会场景中，政府决策的科学化与民主化，需要更多、更具针对性的决策信息，无疑需要社会智库等政治沟通主体的智力支持。各类智库的并存和牵制，为决策者建立了阐释政策、发挥影响、进行劝服的舆论场，一些观点也借此得以共谋和共享。智库为决策者提供了各类观点相互交流、相互借鉴、相互问难的渠道。

在公共政策决策领域，智库的作用越来越重要。智库参与政策决策的过程，也是现代政治学、社会学理论在具体政策决策过程中的具体应用，体现出政治文明发展和决策民主化、科学化的发展趋势。

三、引导舆论，教育公众

塑造和引导社会舆论是智库社会影响力最直观的表现形式，反映了智库对社会思想引导和动员整合的能力。智库作为现代社会的重要社会组织，凭借其专业权威和价值中立的特质，直接或间接地参与社会公共政策的形成和

决策过程,对国家和社会的长远发展具有深远的意义。因此,智库在重大社会现实问题上的立场和见解,不仅对政府决策具有重要影响,而且对社会公众在有关问题上的认识具有特殊的教育作用。

智库对社会重大现实问题的理论反应,作为一种政策思路和选择方案,实际上是政府部门和利益集团之外对社会公众舆论的理性回应。在智库立场和社会舆论交流沟通的互动过程中,一方面有利于社会民意的表达和传递,另一方面也有助于纠正社会公众舆论中存在的短视性和片面性。智库基于专业性、独立性和前瞻性的立场和观点,相对容易获得社会公众的信任和认同,从而实现智库塑造和引导社会舆论的作用。

智库的专家学者大都是研究经济社会问题的精英人物,他们的思想观点和研究成果对于社会思潮的形成与发展趋势具有重要的影响。智库的社会思潮和社会舆论的推动、引导功能主要有下列运作手段与方式:

（一）出版发行出版物

出版发行和传播出版物既是智库扩大其社会影响的主要方式,也是其收入的来源之一。智库通过这些研究成果,宣传自己的思想,影响社会大众对某些政策问题的看法。智库出版物大多已成为各国政界和社会精英决策的思想源泉,并深刻影响着国内国际政策的形成。例如卡内基国际和平基金会出版的《外交》杂志,是最具影响力的国际政治经济期刊。兰德公司的研究成果素来向公众公开,主要读者或对象读者均是政客或对政治感兴趣的学者。企业研究所和布鲁金斯学会的出版物在20世纪90年代就拥有专门的出版发行人员,以推销和赠送相结合的办法,使其研究成果得以迅速传播到社会领域。近年来,伴随新媒体技术的发展,智库的舆论扩散愈加倚重新媒体技术。传统基金会还设立网站和网上书店,以方便读者获取。智库学者通过在媒体上发表见解、文章,解读国内、国际问题和公共政策,客观上承担了舆论领袖引导、影响舆论的功能。

（二）召开研讨会或举办培训活动

智库经常举办一些诸如国际问题研讨会、纪念会、报告会、培训班、讲座、答谢午宴等活动。通过这些活动,在社会公众与专家、政府官员之间构建了一个面对面沟通的平台,达到交流思想、影响社会的目的。美国政府不仅在决策上借助智库,也常主动利用智库进行舆论扩散以营造决策环境,实现舆论目标。在西方社会,媒体与智库是一种相互利用的关系。一般来说,媒体不具备对重大政策问题进行独立分析的能力,因而对于智库的研究成果具有非常强的依赖性,媒体需要借助智库的观点和研究成果,增强其报道的权威性和可信性,抬高其新闻报道和评论的高度。另一方面,智库也需要媒体作为其研究成果的传播载体和沟通平台,智库正通过媒体形成其影响决策的社会氛围,可以说,与媒体的关系如何客观上决定了智库社会影响力的大小。

（三）收集民意,塑造公众舆论

智库专家学者出席研讨会、新闻发布会或在公开场合阐述对内政外交的看法,既是将智库思想转变为公众议程的过程,也是智库思想向社会公众传播并塑造公众舆论的过程。例如,在 20 世纪 60 年代,美国国会对中国问题的听证会上,一些重量级智囊纷纷表示对华实行"遏制而不孤立"政策,这成为上个世纪 70 年代美国对华政策的舆论先锋。民调显示,1971 年支持承认中华人民共和国的美国民众已过半数。民意是指基于不同价值立场和偏好的社会公众,在对某一社会问题的分析与判断基础上所形成的共识或表达出来的看法、建议、态度与诉求。在现代民主社会中,及时地获取和审慎地分析、研判民意,是政府决策的必经程序和步骤,是保障与实现公共政策正义性与合法性的关键环节。而公众则通过"媒介化"了的智库观点,培育并增强其独立分析、判断能力。

四、为政府储存和输送人才

智库的核心是研究人员,可以说人才是决定智库生存与发展的最关键因素。智库专家在决策参与中表现出 4 种角色:技术传播者(technology communicators)、理 论 验 证 者 (theory demonstrators)、思 想 倡 导 者 (idea entrepreneurs)和知识中间人(knowledge brokers)。从这个意义上说,智库也可以称作人才库。一般来说,智库的人才功能主要体现在 3 个方面:

（一）人才培养功能

西方智库十分重视研究人员的培养,将"出人才"与"出成果"列为同等重要的地位,一些智库往往将培养了多少政治家作为其智库影响力的重要方面。许多智库也往往成为年轻人踏入政界的跳板,因为智库可以接触到大量的决策人物以及内部信息,并且可以培养年轻政治家分析问题和解决问题的能力。有的智库如兰德公司甚至设有自己的研究生院,很多智库还为年轻人提供"实习生项目",为初出茅庐的研究人员结交前辈、进行实践、历练才干提供机会。

（二）人才交流功能

这种方式在美国被称为"旋转门"现象,即智库核心成员成名之后,往往会被吸纳到政府决策部门,直接作用于美国的政治决策;而原先政府决策部门的官员在退出政坛后,往往会在智库找到发挥余热的机会。

智囊与政府官员交叉任职,交流互换,是智库影响决策的有效途径,这被称为"旋转门"。通过"旋转门"作用,学界和政界、思想和权力之间得到很通畅的交流,从而有效地保证智库对国家政策施加影响。"旋转门"是美国政治格局中的一个常见特征,其有助于促进政府与非政府部门之间思想和专业知识的交流互动。美国智库成员经常"旋转"出去从事政府工作,而前政府官员也可"旋转"回到智库就职。政府官员在将权威信息引入智库的同时,可将政府信息加以传播。有研究显示,传统基金会、企业研究所、胡佛研究所、外交关系委员会、兰德公司、卡内基国际和平基金会都设有"外交官培训项目",意在让现任外交官与智囊同研究、同演讲、同著述。兰德公司董事会成员中,联邦政府、学术界和企业界人士各占 1/3,高级研究员也在白宫、国务院、国防部、中情局等部门担任要职。这种颇为"精巧"的设置,不仅为政府决策提供精神动力和智力支持,也形成了信息、思想、观点、资源自由竞争的市场,而最终的决策却始终在框架内进行,从而避免了大规模的舆论振荡和舆论冲突。

(三)人才储备功能

这一功能与人才交流功能相互联系,特别是在两党政治的美国,一旦一个政党在选举中下台,其卸任的官员很多会到智库从事政策研究,在各大智库中调养生息,伺机而动,等待自己所认同的政党东山再起。

五、协调外交关系,开展"二轨外交"

由于智库具有独立的组织机构身份,而智库学者又往往与政界保持密切的联系,对政府的政策具有重要的影响,一旦政府在某些议题上难以直接出面解决,智库(特别是一些从事国际外交战略研究的智库)往往充当政府替身,代替政府开展一些协调活动。这种现象也被称为"第二管道"或者"二轨外交"。

(一)"第二管道"

以学者之间交流的面目出现,既可不受政府政策约束,又因同官方有密切交往,而具有半官方性质,在当代国际关系中起着重要的媒介作用。在美国,智库参与国家外交已经非常普遍,许多智库为美国政府在国际上穿针引线,发挥了一些官方外交渠道所发挥不了的作用,甚至成为美国对外政策的一部分。一旦外交关系出现大的波折,政府间谈判不畅通时,往往就会有美国智库的有关人士非常活跃地穿梭于世界各地。

（二）"二轨外交"

"二轨外交"也称"二轨对话"，是从外交行为实践主体的角度对外交进行的分类。如果把政府间的官方渠道定义为"第一轨外交"、官方外交，则"二轨外交"是指运用非官方人物，包括学者、退休官员、公共人物、社会活动家、非政府组织等多种渠道进行交流，通过民间友好往来加强相互信任，待政治氛围成熟后，进一步将民间成果和经验向官方外交的轨道转化，从而推动真正影响大局的"一轨外交"的顺利进行。

例如，亚太地区的一些第二轨道会议就可以为敏感问题的对话提供一个场所和机会。在南海问题上、反恐问题上都是首先在各国研究机构的对话会议上进行讨论和磋商，取得一致意见后，才拿到官方场合认可的。加强这方面的合作和交流，有利于培养各国合作的良好习惯。正如《东盟地区论坛概念文件》中所说，"从长远目标来看，第二轨道的活动，可以在参与者之间创造出一种共同体意识"。通过直接的交流，各国学者和精英阶层之间无疑培养出一种良好的私人关系。有专家认为，它最大的作用不在于其对政府出台政策的影响，更在于双方了解彼此的观念和深入建立私交等。同时，从事"二轨外交"的主体虽然是民间、个人，但影响力是对整个民情发生作用，在整个国家、民族广阔视野里都发挥作用。这在信息化时代表现得更加清楚。简而言之，智库的价值或者说社会功能，可以概括为：首先智库是新思想观点的提出者和倡议者，是解决方案和价值目标的创造者和设计者；其次智库为国家、地区或区划中复杂或重要领域的决策者、领导者提供方案建议、分析报告和政策咨询；此外，智库也扮演了社会公共利益的代言人和社会舆论的引领者，成为政府与公众沟通的桥梁；随着全球化的发展以及网络和通信技术的日益普及，智库正逐渐成为知识精英学术和行政管理和决策的交互平台以及全球合作交流的国际平台之一。

第二章　国际智库发展沿革

第一节　国际智库发展历程

　　智库的雏形自古就有,如著名的亚历山大图书馆和亚历山大大帝的老师亚里士多德等,可被视为早期形态的智库,但早期形态的智库与现代智库的基本特征有本质的差别。现代意义上的西方智库,其发展大体可划分为 3 个阶段:第一阶段,从西方启蒙运动和工业革命开始,到第二次世界大战,是智库产生、发展的时期;第二阶段,从"二战"结束开始,到 20 世纪 90 年代,是智库实现实质性发展的时期;第三阶段,从 20 世纪 90 年代,到目前的发展,是智库改革创新、力求实现新的突破的时期。[①] 也有学者将智库发展划分为四个阶段[②]:

　　第一,早期发展阶段(20 世纪初至 20 世纪 40 年代中期):20 世纪初,全世界智库的数目还寥寥无几,进入 20 世纪三四十年代数目有所增加,一些大型智库在此阶段取得较大的发展,一些小型的智库也逐步涌现。这种局面一方面与西方各国经济、政治的发展状态有关,另一方面也与各国政府对战时策略的需要有关。这一时期,美国的智库主要有拉塞尔·塞奇基金会、卡内基国际和平基金会、政府研究所、胡佛研究所、国家经济研究所、外交关系委员会等。英国于 1920 年 7 月成立英国国防事务研究所。法国于 1936 年成立了"外交政策研究中心",为政府外交政策的制定出谋划策。德国分别于 1914 年、1925 年成立了基尔世界经济研究所和德国经济研究所,至今为德国经济的发展服务。

　　第二,正规化发展及全球扩展阶段(20 世纪 40 年代中期至 60 年代末):由于"二战"后各国经济都受到了重创,恢复并促进经济的发展与维护社会的

---

① 刘宁. 智库的历史演进、基本特征及走向[J]. 重庆社会科学,2013(3):103-109.
② 李建军,崔树义. 世界各国智库研究[M]. 北京:人民出版社,2010.

长期稳定成为各国政府关注的首要任务,尤其是进入 60 年代以后,各国以国内事务研究为导向的智库如雨后春笋般发展起来。

第三,爆炸性发展阶段(20 世纪 70 年代中期至 80 年代末):这一阶段世界智库发展的重头在美国,并呈现出以下趋势:一是政策研究机构的数量迅速增加;二是专业型智库出现;三是智库对公共政策进程的影响越来越大。

第四,深度发展阶段(20 世纪 90 年代至今):伴随着全球化脚步的不断加快,各国之间形成了既存在竞争又存在合作的微妙局面,谋求经济进步已经成为各国之间的共识,经济上的往来极大地推动了国际文化交流。这一阶段的智库作为各国政府的头脑先遣军,其研究视野与范围也不断拓宽,逐步形成了面向国际事务、区域事务和国内事务的多层次体系。

1971 年保罗·迪克森出版的《智库》一书是学术界公认的最早研究美国智库的专著。[①] 经历了 70 年代、80 年代智库研究工作的相对萧条后,20 世纪 90 年代开始,美国和英国的学者先后发表了《美国政治变革:新华盛顿和思想库的兴起》《思考那些不能思考的》《英国思想库和舆论环境》等一系列关于智库研究的专著。以上著作从不同侧面研究了智库的兴起过程和演变历史。

从智库在全球政治经济发展格局中所发挥的作用来看,西方智库大致经历了一个从早期的理想主义智库发展到服务于国家军事外交战略、参与国际关系研究与外交决策的智库,再到全球化时代综合性研究智库的发展演进过程。

一、早期理想主义智库发展阶段

虽然在 19 世纪就有一些研究机构的活动被记录在智库发展的历史中,但学者们普遍认为智库机构在政策研究和决策支持中的影响在 20 世纪的前 20 年才开始发挥作用,尤其是第一次世界大战前后,欧美智库的活动在国际政治舞台上令人印象深刻。

这一时期的智库主要由大企业家捐助设立,政策立场相对独立,都带有某种理想主义的成分,智库研究追求客观、公正、不直接参与政治。它们主要依靠出版书籍、研究报告和个人关系网来影响政策。根据加拿大著名智库研究专家唐纳德·埃贝尔森的评价:"这些机构在各不相同的环境中诞生,但其建立目的都是为提供一种环境来鼓励学者调查社会、家庭,但它们很少把自身投入意识形态的战场。"单独的学者本人有时会明显支持或反对政府的政

---

① Dickson Paul. Think Tanks[M]. New York:Atheneum,1971.

策,但这些机构的首要目标不是介入决策进程,而是作为一个提供政策专业知识的重要来源。比如英国最早具有智库研究特点的组织,是成立于1884年的费边社。当时类似的组织由经济、社会发展涉及的各方面专家组成,产业化经营特征明显,它以专业化知识和经验为依托,以论证报告、研究方案和咨询建议为产品,为各类社会机构服务。

二、军事战略型智库发展阶段

20世纪40到60年代,西方智库迎来大发展,特别是美国,在这一时期出现了许多政府合同型的智库机构。政府对智库研究的大量需求是推进智库大发展的根本性动力。由于科学技术的进步,"二战"的交战双方在先进军事技术的运用上开展了广泛的竞争,美国政府认识到了知识和政治相结合所产生的巨大效益,迫切需要科学家和工程师参与参谋机构的工作和决策过程。政府合同型智库的共同特点是,资金大部分来源于政府合同,主要研究现实的紧迫问题。如美国的兰德公司就是在第二次世界大战期间由美国空军资助创立的研究机构,战后逐步发展成为大型的智库。这一时期的智库影响政策的主要模式依旧是依靠内部关系网络和传统的书籍、报告。

"二战"之后,智库在国家安全与国际战略研究中的作用越来越受到重视,特别是在制定国家的外交政策时,各国政府普遍将智库作为其外交政策选择与决策的重要智慧来源,采用一些智库专家的思想理念指导本国的国家战略方向。"二战"结束之后,美国一跃成为世界头号超级大国,伴随战后美国越来越多地介入国际事务,美国国际战略型智库获得飞快发展:一方面,战争时期创立的智库机构有相当数量被保留下来,由纯粹战略参谋决策研究转向国际国内竞争战略格局研究,这类智库机构的转换身份,主要是为了帮助维持战争年代产生的防务成果。另一方面,新的冷战防备需要,刺激一大批新的防务、情报及核战略方面的智库成立,许多战争时期被征召的经济学家、科学家被政府通过合同研究的方式转移到一些新组建的智库中去。

在这一阶段最具代表性的是美国对外关系委员会。

美国对外关系委员会是美国对政府最有影响力又无明显党派倾向的思想库之一,致力于为美国政府提供政策理念和具体策略,其提出的建立联合国和"全国经济一体化"模式的构想已经在20世纪后半叶和21世纪成为现实。

美国对外关系委员会成立于第一次世界大战结束后,成长于第二次世界大战中,壮大于第二次世界大战结束后。1917 年,爱德华·曼德尔·豪斯与大法官费利克斯·法兰克福特一道去拜访伍德罗·威尔逊总统,建议设立一家主管外交事务的情报机构。1921 年 6 月,"国际事务学会美国支会"和一个名为"对外关系委员会"的组织合并,并沿用后者旧名,成为今天的对外关系委员会。

1922 年,美国对外关系委员会的自创刊物《外交》杂志问世,成为该机构对外宣传政策主张和理念的重要阵地。1945 年,该机构总部签约至纽约东 68 街,办公室设在华盛顿。为与政府保持更加密切的关系,对外关系委员会越来越注重在华盛顿的活动,并将重心向华盛顿转移。

美国对外关系委员会的政策研究工作范围广泛,涉及美国及世界政治、经济、军事和安全等多个领域。按地域划分,美国对外关系委员会下设美洲、欧洲、亚洲、非洲和中东 5 个研究小组,每组都有固定的项目负责人。研究主题包括"经济、金融与贸易""能源、资源与环境""全球化""政府管理与人权问题""媒体与公众意见"等。同时还设有"莫里斯·格林博格地缘经济学研究中心"(从事经济政策与外交政策间的交叉研究,成立于 2001 年)和"预防行动中心"。

对外关系委员会是第二次世界大战期间美国外交政策的主导者。1940 年,委员会专门成立了"战争与和平"研究项目小组,向罗斯福总统提供各种战略和政策建议。在确立战后秩序方面,美国政府接受了委员会提出的"全球经济一体化"理念。其认为,为保证美国主导国际体系,必须积极倡导成立一系列国际政治、经济和金融组织,以及能够使美国行使霸权合法化的联合国机构。今天在世界经济和金融体系中发挥重要作用的国际货币基金组织、世界银行和战后最重要的国际组织联合国,都是委员会全球理念的产物。委员会也是"冷战"战略和"马歇尔计划"的积极鼓励者。"二战"后,主张以"温和"手段对待德国,以"遏制"手段对付苏联,为美国政策定下了基调。20 世纪 60 年代初,委员会开始认真研究中国问题和中美关系的未来前景,并通过民意调查和讨论会等形式,扩大公众对中国问题的关注。

第二次世界大战结束后,美国历届政府中都有对外关系委员会成员占据要职。20 世纪 90 年代后,这种趋势仍无较大变化。委员会甚至被称为美国未来总统及其政府要员的培训机构。不论共和党还是民主党的当权者,都在该委员会的指导下接受过外交关系领域的培训。[①] 到目前为止,该委员会已经培养了 15 位国务卿和 8 位中央情报局局长;大多数美国总统、总统候选人、美国国家安全和外交政策顾问也都是委员会成员。而国防部长一职从1940 年起则几乎被其包揽。

此外,《外交》杂志是美国和世界上公认的最重要的国际政治类杂志,被誉为美国外交政策的“晴雨表”。

三、游说型智库发展阶段

这一时期,由于世界主要国家无论是在内政还是在外交方面都面临越来越复杂的现实政策问题,决策者对独立性政策研究的需求也更加迫切。与“二战”前后的智库阶段不同,此阶段的智库不仅需要能够提供军事战略竞争方面的政策思想,而且需要更多关注如何能将各类复杂的问题统筹考量,给出更为综合的政策解决方案。因此,这一阶段的国际智库发展具有 2 个方面的基本特征:一是智库的研究重心开始从国际战略为主转向内政、外交并重;二是智库研究具有浓重的意识形态与党派色彩。以美国为例,这一时期智库的数量剧增,智库的研究范围也越来越窄,越来越专业化,反映出的意识形态色彩越来越浓厚,出现了相当数量的游说型智库。游说型智库的出现与发展是这一阶段国际智库发展的典型特点。[②] 这一阶段智库的自我推销意识进一步增强。

所谓“政策游说型”智库,主要指智库的研究重心倾向于摆脱早期的理想主义中立观点,基于意识形态或者政治倾向型的政策研究处于智库研究的中心地位,智库研究开始以游说或者接近权力核心、影响决策者的行为为主要目标,学术的可信性与中立退居次席。出现这种倾向主要与当时的国际政治、经济环境的变化有关。20 世纪七八十年代西方国家普遍开始面临许多自身政治经济问题,智库研究重心向国内政策研究回归,必然会在其政策研究上体现不同的政党特色和社会阶层的利益倾向。众所周知,西方政府的政策从本质上可以认为是社会中为数众多的利益集团之间博弈斗争的产物。利益集团是那些具有共同目标的个人为影响公共政策而结成的团体,诸如贸易工会、环保团体等。由于智库具有所谓的独立性和专家性质,使得它们能够站出来,通过专家意见来影响政策决策。这样,随着西方政治民主化进程

---

① 汤姆·伯内特,亚历克斯·盖姆斯. 谁在真正统治世界[M]. 曾贤明,译. 北京:中信出版社,2010.

② 林芯竹. 为谁而谋:美国思想库与公共政策制定[M]. 北京:知识产权出版社,2007:47.

的推进,智库的国内政治经济影响也就越来越大。

与传统的公共政策研究机构不同,游说型智库具有浓厚的意识形态色彩。它们的首要目标是推销政治主张,向政策制定者灌输它们的思想。传统基金会会长爱德温·福尔纳公开宣称:"我们的作用是努力影响华盛顿的公共政策圈子……首先是国会,其次是行政部门,第三是全国性媒体。"这些智库既有鲜明的政策、党派和意识形态倾向,又长于兜售之道,力求影响当前的政治或政策辩论。它们有关政策问题的出版物常刻意追求简短精练,清楚明了,以便迅速抓住其影响对象如国会议员等的注意力。

四、综合型智库发展阶段

虽然西方主要智库各自关注的领域与研究重心存在很大的差异,并力求在各自的研究领域努力保持自己的特色,但作为一个总体,西方智库的研究方向定位还是伴随着国际政治、经济环境的演进以及世界各政策需求的变化发生了一些细微调整。

随着现代社会系统性特征的日益明显,政策问题变得越来越复杂化,而解决这些问题也越来越多地依赖专业性技术力量,政府也逐渐意识到智库在决策咨询过程中的重要作用,政府寻求智库支持的必要性越来越大。这样,智库对一国的政治、经济、外交等决策的渗透也越来越深,在政府政策决策中发挥的作用也就越来越显著。进入 20 世纪 90 年代,伴随冷战结束和经济全球化,人类发展面临的全球性问题日益凸显,支撑政府决策的智库研究不得不重新确定其研究内容和进行组织结构的调整,研究范围不仅仅包括战略、军事、国际关系研究,还包括当代政治、经济、社会等诸多问题,智库成为世界各国政府决策不可或缺的重要力量。全球化时代的国际智库大发展一方面与日益复杂的国际政治、经济局势及人类发展面临的全球性问题有关,另一方面也与世界各国政府的决策机制转型密切相关。一些综合性国际知名智库的研究领域,逐渐从传统的内政、外交、军事扩展到经济、科技、教育、文化、人口、资源、生态、太空等新领域,研究问题呈现出综合性、全面性的趋势。如美国的兰德公司,早期主要为美国军方提供服务,目前其研究领域已经扩展到教育、健康、法律、科技、企业分析等多个领域。兰德公司坚持综合性的发展路线,将"多样性"作为公司发展的一项基本原则,其几乎所有的项目都是由不同学科、不同专长的学者采取各种集体研究的方法来完成。英国的外交政策研究中心建立之初,其研究领域主要集中在国际问题方面,目前这一机构已经将研究扩展到外交、防务、发展、教育、文化与宗教等领域。

"全球化"背景下智库研究的国际化程度呈现出蓬勃发展的态势。跨国性研究活动日益增多,智库研究领域的不断扩展,科研项目的国际化倾向更为突出。许多国家的智库通过不断引入国际资源、加强国际合作,从多个领域、多种角度进行综合性分析,以提高智库研究成果的质量,扩大其对本国政府决策的影响,并提升智库的国际影响力。

第二节　西方智库研究的学术传统

近年来,智库机构的社会知晓度日益提升,在社会中的地位不断上升,带动学术界对智库现象的研究也不断升温,智库现象成为一种重要的学术研究对象。学术界对智库的研究总体呈上升的趋势。以"think tank"(包括thinktank、think tanks、thinktanks、think-tanks 等)为主题词在 Web of Science 数据库进行检索,文献类型限定为 Article 和 Proceedings Paper,共得到智库研究的相关文章 1 144 篇(检索日期为 2017 年 7 月 3 日)。

从智库的概念提出以来,国外对智库的研究并未受到研究者的重视,从表 1 中可以看出:1991 年以前,对智库进行研究的文章一直在 10 篇以内。但 1991 年以后,智库研究的文章开始出现缓慢的增长,2001 年以后对智库的研究开始增多,特别是 2005 年以来,智库研究开始成为热点,文章数量显著增加。

表 1　1989—2017 年"智库"主题文章数量年度变化

年份	记录数	占比	年份	记录数	占比
2017	54	3.37%	2002	28	1.75%
2016	153	9.55%	2001	26	1.62%
2015	142	8.86%	2000	30	1.87%
2014	140	8.74%	1999	27	1.69%
2013	105	6.55%	1998	26	1.62%
2012	113	7.05%	1997	36	2.25%
2011	81	5.06%	1996	14	0.87%
2010	81	5.06%	1995	25	1.56%

年份	记录数	占比	年份	记录数	占比
2009	74	4.62%	1994	23	1.44%
2008	60	3.75%	1993	10	0.62%
2007	61	3.81%	1992	10	0.62%
2006	78	4.87%	1991	10	0.62%
2005	54	3.37%	1990	4	0.25%
2004	30	1.87%	1989	6	0.38%
2003	31	1.94%			

从学科分布来看,有关智库的研究呈现出非常广泛和分散的局面,从表2中能够很清楚地看出,国外的智库研究并不是集中在国际关系或政府管理,而是深入细化到国家治理和社会生活的方方面面,相对集中的领域是工程学、政府法制、生态环境学、商业经济、公共管理、教育研究、国际关系等领域。

表2　国外"智库"主题相关研究论文的学科领域分布

研究方向(英)	研究方向(中)	记录数	占比
ENGINEERING	工程学	145	12.68%
GOVERNMENT LAW	政府法制	117	10.23%
ENVIRONMENTAL SCIENCES ECOLOGY	生态环境学	85	7.43%
BUSINESS ECONOMICS	商业经济	83	7.26%
PUBLIC ADMINISTRATION	公共管理	82	7.17%
EDUCATIONAL RESEARCH	教育研究	69	6.03%
INTERNATIONAL RELATIONS	国际关系	62	5.42%
SOCIAL SCIENCES OTHER TOPICS	社会科学其他专题	61	5.33%
COMPUTER SCIENCE	计算机科学	55	4.81%
CARDIOVASCULAR SYSTEM CARDIOLOGY	心血管系统学	40	3.50%
PUBLIC ENVIRONMENTAL OCCUPATIONAL HEALTH	公共环境与卫生	40	3.50%

研究方向(英)	研究方向(中)	记录数	占比
AREA STUDIES	区域研究	37	3.23%
MATERIALS SCIENCE	材料科学	34	2.97%
SOCIOLOGY	社会学	32	2.80%
NEPHROLOGY	肾脏病学	29	2.54%
FISHERIES	渔业	27	2.36%
HISTORY	历史学	24	2.10%
PSYCHOLOGY	心理学	23	2.01%
……	……	……	……

智库研究不是一种单一的政策研究或纯粹的理论研究,而是直接面向现实问题的研究,因此其研究的重点必须要放在无所不包的社会层面,才能看清楚其纷繁复杂现象背后的真相。多元集成的"跨界"研究模式使智库的研究规范从单一学科研究为主导,诸如国际关系、国际政治学、国际经济学等阶段发展至跨学科整合研究层次,面向研究问题和现实存在,建立和拓展出新的研究领域。

国外的智库研究历来主张将政治学、历史学、国际关系研究、区域研究放到跨学科的背景下进行综合研究,广泛应用历史学方法以外的社会学方法、心理学方法、计量方法和比较方法等,强调政治学、社会学、历史学与现实的联系。举例来说,1955 年成立的哈佛东亚研究中心是美国中国问题研究的大本营,这个研究中心不仅是东亚问题的研究中心,更是中国研究的智库。在研究思想方面,费正清(John King Fairbank)、孔飞力(Philip Alden Kuhn)都深受年鉴学派总体史观的影响,致力于长时段的研究,认为中国历史文化是连续不断、自成一体的,只有对中国传统文化有深刻的认识,才能理解它的近现代变迁。其在方法论上,主张跨学科的研究方法,以历史学为核心整合其他学科,用其他学科的方法建构历史学。费正清认为,中国研究应该是一项综合性、跨学科的研究,仅仅依靠历史学知识是没有充分说服力的。因此他极力促成不同学科、不同领域的学者到东亚研究中心讲学、工作,并成立了"国际与区域性研究委员会",由此,中国研究发展成为一种综合研究。有关中国文化演变、社会流动、经济体制、税收政策、政治制度以及共产主义运动等方面的课题开始融入历史学,跨学科的区域研究模式逐渐在哈佛确立起来。

　　事实上,西方的知名智库不仅是政府的决策支持机构,也是学术研究机构,有相当数量的智库拥有研究院,并招收研究生,与学术研究有着不可分割的紧密关联,具有深厚的学术研究传统,如布鲁金斯学会、美国企业研究所、国际战略研究中心等,他们自行选择部分研究对象,追求冷静客观的科学分析,享有较高的学术声誉。在研究对象与课题的确定上,智库与大学一样,强调科学精神,以学术方法追求客观知识,提供"正确的"政策知识,从而长远地影响决策观念。以布鲁金斯学会来说,其聘用研究人员的标准主要是看其在所研究领域中学术积累是否深厚,是否具有前瞻性思维和广阔视野,并且在公共领域是否具有影响力。美国智库的研究人员总体来说可以自己设定研究题目,在研究选题和研究过程中具有很强的自主性,不需要承担其他行政工作,这也从一个方面保证了研究的质量和水平。

　　西方智库的研究范式和研究方法,大致可以归纳为以下类别:

一、历史分析方法

　　历史分析方法一般致力于通过对历史事件的全景扫描,发掘本质特征,预测未来发展轨迹。因此历史分析法常用于对政治或国际关系的分析,通过对照历史现象和概念背后的关联,判断异同,分析缘由,把握历史发展进程的共同规律和特殊规律等。历史分析法就是将分析对象置于特定的历史条件下进行分析,这一研究方法既适合于历史人物,也适合于历史事件。历史分析的目的,是为了以史为鉴,从而找到未来发展的路径和方向。历史路径研究主要通过对有关研究对象的相关历史资料的收集、甄别、筛选和分析,说明它在历史上是怎样发生的,又是怎样发展到现在状况的。换言之,就是为了弄清楚事物在发生和发展过程中的来龙去脉,分析事物历史和现状的关系,致力于通过对历史事件的全景扫描,发掘本质特征,从中发现问题,启发思考,以便认识现状,预测未来发展轨迹。

　　分析事物演变过程的历史性通常有3个步骤:

　　第一步,寻求历史根源:揭示某种事物产生的最初历史背景,包括历史条件、主客观原因以及问题和矛盾分析。

　　第二步,揭示演化过程:分析事物演变过程和阶段的历史性,包括事件的全貌和细节、事态过程演化的环境和历程分析等。

　　第三步,历史评价和影响分析:通过把对事物的历史考察同现实调查分析结合起来,根据史实,给出历史的结论,判断成败及原因,经验教训或启示,实现古为今用,对事物的未来发展提供警示和预测。这是历史分析法至关重要的步骤。

随着科学的发展和不同学科之间日益增强的相互渗透,在实际的研究活动中,面对实际问题,智库研究者常常需要综合运用多种方法加以分析,以提高认识社会和解释社会的能力;越来越多的西方智库研究者将定量的方法引入历史分析中。从智库研究方法上看,相比于历史分析方法,实证主义方法更重视事实和数据的支撑,重视逻辑推理,因而得出的研究结论和观点更为可靠、客观和中立。近30年来,西方智库的研究范式逐渐从基于历史经验的描述转向基于事实数据的分析挖掘,实证主义方法在国际智库研究中呈主流态势。从某种意义上讲,智库研究已经演化成为一种循证咨询,即通过资料分析和数据挖掘,发现研究对象的内在特征与规律,寻找政府决策的直接或间接证据。

即便是在传统的历史分析领域,也出现计量化的倾向。20世纪50年代计量史学在美国兴起,至70年代末80年代初已经成为历史研究中一种非常具有影响力的研究范式。计量史学方法并不是简单的将数字作为史料,而是运用数学方法、统计学方法和信息技术,通过各种数据关系和创建数学模型来对史料进行处理揭示,论证说明历史现象并揭示其内在联系。简言之,就是运用数学方法对历史资料进行定量分析,通过事实和数据作为论据支撑,完成复杂的社会研究,以避免历史学家基于个人认知和社会意识形态及价值取向,随意抽取一些史料来证明自己的结论,从而促使历史分析走向精密化。

二、实证主义研究法

实证主义是一种哲学思想。实证主义研究可以概括为通过对研究对象大量的观察、实验和调查,获取客观材料,从个别到一般,归纳出事物的本质属性和发展规律的一种研究范式。作为一种研究范式,实证主义产生于培根的经验哲学和牛顿—伽利略的自然科学研究。法国哲学家孔多塞(1743—1794)、圣西门(1760—1825)、孔德(1798—1857)倡导将自然科学实证的精神贯彻于社会现象研究之中。他们主张从经验入手,采用程序化、操作化和定量分析的手段,使社会现象的研究达到精细化和准确化的水平。孔德1830年至1842年《实证哲学教程》六卷本的出版,正式揭开了实证主义运动的序幕,在西方哲学史上形成实证主义思潮。

实证主义研究法的目的在于认识客观事实,研究现象自身的运动规律及内在逻辑。实证主义研究法试图超越或排斥价值判断,揭示客观现象的内在构成因素及因素的普遍联系,归纳概括现象的本质及其运行规律,其重点是研究现象本身"是什么"的问题。实证主义研究的基本原则是强调知识必须建立在观察和实验的经验事实上,通过经验观察的数据和实验研究的手段来揭示一般结论,并且要求这种结论在同一条件下具有可证性。就研究方法而言,实证主义方法重视事实和数据的支撑,重视逻辑推理;强调结论的客观性和普遍性,强调用事实检验其正确与否。

广义实证主义研究方法泛指所有经验型研究方法,重视研究中第一手资料的获得,如调查研究法、实地研究法、统计分析法等。而狭义的实证主义研究方法是指利用数量分析技术,分析和确定有关因素间相互作用方式和数量关系的研究方法。总的说来,实证研究可以分为数理实证研究和案例实证研究两大类型。

(1) 数理实证研究:指利用数理统计和计量分析法对社会活动中的数据信息进行数量分析,对政治、经济、国内外社会活动中的数据信息进行数量分析,考察影响相关研究对象和活动的各有关因素的相互影响及其影响方式,通过对资料的统计分析来定量描述研究对象的现状特征及变化规律。因此,数据是数理实证研究的基本素材,数理实证研究对数据信息具有很强的依赖性。

(2) 案例实证研究:在缺乏数据信息的研究领域,就需要采用有别于数理实证的研究法,通过实地研究积累数据,当数据积累达到一定程度才有可能进行实证研究。获得数据的方法可以有实地研究、原型研究、案例研究和田野调查等,这些方法的共性是通过深入到研究现象的生活环境中,通过对一个案例的具体详实资料进行分析研究,说明观点、诊断问题,以参与观察和非结构访谈的方式收集资料,通过对这些资料的定性分析来理解和解释现象。在智库的实证研究方面,麦甘(McGann)、斯通(Stone)、埃布尔森(Abelson)等学者作出了开创性的贡献。1995 年麦甘在《公共政策研究产业中经费、学者和影响力的竞争》中率先运用定量分析方法来研究智库,他通过问卷调查获取各个智库的第一手数据,对 7 个美国智库的基本数据进行比较分析。斯通在《俘获政治意象:思想库与政策过程》中从中观层面分析思想库在政策制定过程中的影响力,奠定了运用案例实证方法研究思想库的理论基础。2002 年,埃布尔森在《智库能发挥作用吗?——公共政策研究机构影响力之评估》中再次创新了实证分析方法,他通过观点被主要媒体的引用率(通过有关数据库搜索)和出席国会听证会的次数来定量研究不同智库的影响力。2004 年,里奇(Rich)在以博士学位论文为基础的专著《思想库、公共政策和专家政治》中,第一次运用回归分析的定量方法来研究思想库。①

总之,无论何种类型的实证研究,都需要事实和数据作为论据支撑,对于智库研究尤其如此。因为智库研究所面对的研究问题往往直接关照现实,需要运用大量事实数据进行对比分析,或历史数据参照检验,或挖掘异常数据进行风险预警等,仅仅通过理论阐述与历史分析很难得到真正具有指导意义的结论。完成此类研究,无疑需要充分的历史数据和相关资源作为研究基础。

正因如此,美国一流的社会科学学术机构都非常重视对于相关社会科学数据资源的建设,例如芝加哥大学 GSS(General Social Survey)综合社会调查项目,密歇根大学社会研究所 ISR(Institute for Social Research)以及校际政治和社会科学研究联盟 ICPSR(Inter-university Consortium for Political and Social Research),哈佛—麻省理工社会科学数据中心 HMDC(Harvard MIT Data Center)等。其中 ICPSR 收藏了超过 50 万份社会科学研究的数据文档,涵盖了政治学、社会学、人口学、经济学、教育学等 16 个学科。②

三、国际比较研究

国际比较研究是智库研究的一条重要路径,当今世界经济、政治、文化等各个领域里的竞争日益激烈,各国的智库虽然将一部分研究力量用于涉及世界各国以及全人类共同利益的重大战略性问题的研究,但各国智库的研究重心仍然集中于本国核心国家利益的研究课题之上,特别是在涉及重大国际性议题时,国际知名智库的研究内容具有更强的现实性,其研究成果也具有鲜明的国家立场和政治价值取向。例如冷战时期,美国的智库研究大多集中于对苏联的战略研究上;而"9·11"之后,非传统安全问题、反恐问题的研究迅速成为许多国际问题智库的研究重心。在欧洲,智库的核心议题则更多落实在欧洲一体化、中东欧国家的经济转型、北约在欧洲的作用等领域,例如 2004 年英国智库公共政策研究所(IPPR)开展了一项为期 18 个月的低碳规划研究工作,为欧盟及英国国内的能源和气候政策建言献策。

国际比较研究是智库研究的重要范式之一,代表性的英文学术专著主要有:《民主社会中的思想库:另一种声音》《思想库与公民社会:思想与行动的催化剂》《各国思想库：一个比较的路径》《思想库传统：政策研究和思想的政治学》和《信赖知识：全球发展网络的起源》等。①

在经济全球化的今天，智库经常需要进行国家之间经济实力的国际比较，因此研究的路径再次发生转换，日益呈现出多元化、跨学科的面貌，相应地，国际比较研究变得日益普遍。国际比较法是将发展阶段接近的国家分为若干组，然后分析本国属于哪一组，进而分析各国在适应经济、社会发展及教育自身发展方面的状态与问题，找出本国是否存在着其他国家存在的问题，以明了本国发展上的困难与发展趋势。通过国际比较，为国家的发展战略规划提供依据和预测。目前很受关注的国际比较项目法 ICP（International Comparison Program）就是这类研究范式的代表。ICP 是由联合国统计局、世界银行等组织主持的一项旨在提供 GDP 及其组成部分的国际一致价格和物量的跨国比较体系。从 1968 年开始研究，联合国就提出一种能够较准确评价和比较各国国内生产总值规模和结构的途径，即国际比较项目 ICP。ICP 经历了由双边到多边，再到分区域比较（区域内多边比较，再联合成全球性比较）的发展过程，但其研究的基本思路就是通过价格调查并利用支出法计算的 GDP 作为基础，测算不同国家货币购买力之间的真实比率（以 PPP 为货币转换系数），从而取代汇率，把一国的 GDP 转换成以某一基准货币或国际货币表示的 GDP。因此，ICP 也可称为购买力平价法，是以国内商品价格同基准国家同种商品价格比率的加权平均值作为购买力平价计算的。其具体方法是：列出各国人民都需要的 151 类 500 种商品和服务项目，用加权平均法算出各国货币在本国的实际购买力（真实币值），然后按币值（而不是汇率）将各国的国民生产总值换算成美元数。例如：某种数量和质量完全相同的商品，在中国市场购买需 140 元人民币，而在美国市场购买需 40 美元，则人民币与美元对该商品的购买力平价是 3.5：1。

第三节　国际智库发展趋势

刘助仁②在《国际智库的现状与发展趋势》一文中认为，当代智库呈现发展速度快、研究内容广、独立性强、组织结构灵活、人员结构合理、业务国际化

---

① McGann James G. The Think Tanks and Civil Societies Program 2016［R］. Philadelphia： University of Pennsylvania，2017.

② 刘助仁. 国际智库的现状及发展趋势［J］. 组织人事学研究，2007(7)：40－43.

等特征。刘宁①则结合世界范围内的情况,认为当前智库的发展呈现出四种趋向:一是全球化发展态势越来越突出;二是专业化竞争越来越激烈;三是多学科并用越来越明显;四是现代传播与推广方式、手段的应用越来越广泛。

在过去的几十年里,全球智库数量快速增加。2008 年起每年出版的《全球智库报告》(*Global Go To Think Tank Index Report*)统计,从 20 世纪 40 年代,全球每年新增智库 12 家,到 90 年代,全球每年新增智库 142 家。尽管过去十年中,智库数量的增长速度有所下降,但从总体来看,全球智库数量仍然稳步增长。②《全球智库报告》数据显示(表 3),2007 年以来全球智库数量经历了平稳的增长,每年约增加几十个。其中,2009 年智库数量由 2008 年的 5 465 个猛增到 6 305 个(推测为之前未统计的智库增加到其中,而非新成立的智库,其他地区智库数量骤增的原因亦如此)。

表 3   全球智库数量变化情况

年度	全球	北美	亚洲	非洲	欧洲	拉丁美洲和加勒比海	中东和北非	大洋洲
2007	5 080	1 924	601	274	1 681	408	192	
2008	5 465	1 872	653	424	1 722	538	218	38
2009	6 305	1 912	1 183	503	1 750	645	273	39
2010	6 480	1 913	1 200	548	1 757	690	333	39
2011	6 545	1 912	1 198	550	1 795	722	329	39
2012	6 603	1 919	1 194	554	1 836	721	554	40
2013	6 826	1 984	1 201	612	1 818	662	511	38
2014	6 618	1 989	1 106	467	1 822	674	521	39
2015	6 846	1 931	1 262	615	1 770	774	398	96

信息来源:《全球智库报告 2016》

从各区域的情况来看,仅拉丁美洲和加勒比海地区 2013 年和 2014 年智库数相对于前三年有所减少,其他地区都呈增长态势。在智库发展已经非常成熟的美国和欧洲地区,每年新增智库有几十个。2015 年进入该统计系统的全球智库有 6 846 家,主要集中在北美、欧洲和亚洲地区(表 4)。

---

① 刘宁.智库的历史演进、基本特征及走向[J].重庆社会科学,2013(3):103-109.
② 张志强,苏娜.国际智库发展趋势特点与我国新型智库建设[J].智库理论与实践,2016(1):9-23.

表4　2015年全球智库数量最多的国家排名

排名	国家	智库数量	排名	国家	智库数量
1	美国	1 835	14	瑞典	77
2	中国	435	15	瑞士	73
3	英国	288	16	澳大利亚	63
4	印度	280	17	墨西哥	61
5	德国	195	18	伊朗	59
6	法国	180	19	玻利维亚	59
7	阿根廷	138	20	以色列	58
8	俄罗斯	122	21	荷兰	58
9	日本	109	22	西班牙	55
10	加拿大	99	23	罗马尼亚	54
11	意大利	97	24	肯尼亚	53
12	巴西	89	25	比利时	53
13	南非	86			

信息来源:《全球智库报告2015》

　　具体来看,全球智库的区域和国家发展不均衡。以2014年为例,进入"智库与公民社会项目"评价体系的北美地区的智库占全球智库总量的30%,欧洲地区智库占全球的27.5%,亚洲地区智库占全球智库的16.7%,三个地区的智库数量占全球智库总量的74.2%。智库发展仍以欧美等发达国家和地区为主导。此外,一些新生智库快速获得影响力。新生智库往往围绕人类面临的一些新的重大问题而产生,如气候变化类智库(如全球气候变化皮尤研究中心)、能源类智库等,而且很快获得战略与政策研究及咨询影响力。还有如美国进步中心(Center for American Progress)、新美国基金会(New America Foundation)、新美国安全中心(Center for a New American Security)等新近成立的智库,对美国外交政策影响比较突出。

　　美国宾夕法尼亚大学全球智库与公民项目(TTCSP)发布的《全球智库报告2016》成为连续十年对全球智库进行综合评价的权威报告,是国际上年度最具权威和最有影响力的全球智库报告。① 统计结果显示，截至 2016 年，全球共有智库 6 846 家，分布于 182 个国家和地区，其中，智库数量占绝对优势的北美和欧洲智库(3701)中有近半数智库依托于大学。②

一、依然秉持智库的独立地位

作为现代社会参与公共政策制定的重要角色，智库安身立命之根本就在于其思想主张、态度立场和政策方案的公益性和独立性，这也是智库社会影响力可持续发展的重要源泉。因此，如何坚持智库的独立性，如何有效地实现经济利益和价值中立之间的平衡，是国际知名智库发展过程中面临的主要问题，也是影响其社会影响力的重要因素。

国际知名智库一向以坚守社会公益为先，以独立的第三方身份参与社会公共政策的形成和制定，以在社会公共政治中发挥独特作用为荣。智库的独立性被视为衡量智库成功与否的核心内容之一。实际上，国外智库在发展过程中不时地面临一种两难选择："一方面它们赖以生存的是这样的事实，即政治家们、政党和相关协会热切地寻求专家的客观建议(包括如何粉饰他们自身政治观点的建议)；另一方面，与特殊政治群体如此紧密的联系从长远看有损于智库的公众信任度。"③就其组织和实现机制而言，智库主要作为理论和知识的实践化过程和实践的理论化过程的中间枢纽环节而存在，其客观上应具有的独立性和创造性交织着价值理性与效用理性的矛盾。一方面，智库的繁荣首先来自于对思想自由和独立探索权力的制度确认、保护和促进。另一方面，文化产业市场、意识形态和国家主权的利益导向所交织成的需求链，又限定和规约着智库的空间。智库的生存与演化就是在知识与权力、资本、公众、道德伦理之间的矛盾中展开。

从历史角度来看，以美国为代表的智库历来强调其"非营利性、独立性和无党派"色彩，美国智库大致可分为 3 大类型：自主型和独立型(Autonomous and independent)智库，半独立型(Quasi independent)智库以及其他政府智库、大学附属智库、政党智库等；这三者在全美智库中的占比分别为：75%，

---

①　McGann James G. The Think Tanks and Civil Societies Program 2016[R]. Philadelphia：University of Pennsylvania，2017.

②　McGann James G. The Think Tanks and Civil Societies Program 2016[R]. Philadelphia：University of Pennsylvania，2017：8.

③　[德]M. 蒂纳特. 德国的思想库[J]. 国外社会科学，2005(1)：99-100.

15％～20％,5％～10％。① 从目前的这个比例情况看,美国智库依然以独立、中立、公开的面貌出现。但是,近30年以来具有意识形态倾向的智库数量在逐渐增加。尽管一再强调政治立场中立,但实际上不可能完全不涉及意识形态和政治观点。无论是智库本身还是智库研究人员,都不可避免地嵌入特定的政党结构、国家制度与意识形态的政治环境之中。智库研究立场的意识形态化,已经为美国智库专家普遍关注,他们通过不同途径提出智库应该回到客观中立的立场上,认为智库不仅要独立于特殊利益,更要相对独立于国家,这样才能保证政策研究的价值,不以官僚系统的价值和偏好为转移。美国布鲁金斯学会理事会主席约翰·桑顿认为,"质量、独立性和影响力是智库必须坚守的核心价值,也是判定能否成为高水平智库的关键所在。任何一个智库的声誉都与其独立性密切相关,这包括研究机构本身的独立性和学者的独立性。同时,独立性也意味着智库的研究不受资助方影响,这也是智库和企业研究团体或游说团体之间的区别"。因此,国际知名智库在社会影响力建设过程中特别注重坚持和发扬智库创立之初的价值理念,国外智库大多以一定的价值理念作为其宗旨,来决定研究项目和问题上的取舍标准,并将其视为自身独立地位的重要标志。长期坚持某种特定的价值理念,不仅是智库表明其独特性的重要手段,而且也使智库研究的内容具有一定的连续性,在思想立场上保持相对一致性,能够吸引认同这种观念的社会力量的关注并获得相应的支持,从而为智库社会影响力提供不可或缺的社会基础。从这个角度看,国际知名智库所坚守的宗旨和理念本身就是智库社会影响力的重要来源,而且成为智库不受利益驱动并保持独立地位的重要抓手。

保持经济上相对独立的地位是国际知名智库独立性的重要表现,同时也是其实现独立地位的主要途径。国外智库素以非营利性研究机构自居,经费来源上具有多元化特征,主要来自基金会、企业机构和社会个人的捐助,而且在经费使用方面具有很强的自主性。经费上的独立性和多元化,使智库在研究内容的选择上具有相对的自主性和原创性。智库能够按照各自的宗旨设置他们认为值得研究的项目和课题并自主决定研究的具体内容。布鲁金斯学会创立之初的组织规章中规定,"布鲁金斯学会要推动、执行、实践并支持包括经济、政府管理及政治与社会科学等领域在内的科学性的研究;研究、培

---

① Struyk Raymond J. U. S. Think Tanks Under Pressure: Politics, Governance and Quality Advice[C]. 南京: 2016 中国智库治理论坛主旨发言,2016.

训、出版并从事与地区、国家或国际重大问题有关的经济与政治理论及实务的研究；确定、解读及出版，并在不受制并且独立于任何政治、社会或经济团体的前提下，推动并实现这些目标、目的及理论"①。从这个意义上说，国际知名智库的独立地位为其研究的公益性提供了必要的前提条件，有效确保了智库研究的社会针对性。

国际知名智库经济上的相对独立性，也为智库在社会公共政治中的独特地位提供了重要基础。智库"为政府制定公共政策服务；智库和政府具有不一样的社会责任，智库的研究目标是指向全体公众的利益，因此智库不代表某一个阶层，更不为讨好政府而工作。智库资金来源的多元化使得其有独立的财政支出，因此也不受利益集团的控制"②。智库与政府之间的关系相对超脱，独立于政府之外，使智库能够超越政府的利益和价值取向，也不用为阐释政府既定决策寻找理论依据，这是国际知名智库在舆论上具有较高信誉度和美誉度的原因所在。换言之，智库只是拿自己的研究成果和政府进行交流，它们并不需要保证这些意见能被采纳。③ 国际知名智库"时时带着批评的眼光来看待政府的作为，指出其做的不适当的地方或是敦促其履行选举时期的承诺，从这一点上来讲，智库承担着从专业角度监督政府作为、限制大政府行为的责任"④。

此外，国际知名智库的独立性也为其社会影响力创造了良好基础，智库的研究报告不仅是为了满足政府决策的需要，同时也试图影响普通民众、媒体和重要的学者。"正因为如此，美国政府历届总统和政府高级官员都十分看重智库这一'布道'场所，常常把政策解释的重点放在智库身上。一旦政府的政策意图得到智库的认同，良好的舆论环境便迅速形成，决策起来就容易得多了"⑤。

可见，国际知名智库通过坚持和强化自身独立地位，不仅提升了智库研究的水平，也大大改善了智库的社会形象，拓展了外部发展环境，为智库社会影响力的发展提供了坚实的基础。

二、政府决策对智库的依赖加深

随着西方国家决策咨询服务的专业化，国家对智库的思想需求和人才需

---

① 林芯竹. 为谁而谋：美国思想库与公共政策制定[M]. 北京：知识产权出版社，2007：51.
② 林芯竹. 为谁而谋：美国思想库与公共政策制定[M]. 北京：知识产权出版社，2007：34.
③ 纪忠慧. 美国思想库的舆论扩散[J]. 国际关系学院学报，2008(2)：57.
④ 林芯竹. 为谁而谋：美国思想库与公共政策制定[M]. 北京：知识产权出版社，2007：40.
⑤ 纪忠慧. 美国思想库的舆论扩散[J]. 国际关系学院学报，2008(2)：57.

求越来越强烈。政府在面临越来越复杂的国内和国际局势时,需要智库为其提供思想支持,同时还需要智库以舆论领袖和舆论精英的身份提供政策解读和创新观点,以提高公信力。由此,智库在当今社会中的地位与作用越来越突出,各国的重要智库,特别是政府附属型智库,正在成为政府重要公共政策的策源点、政策内容的设计者、政策效果的评估者、政策实施的营销宣传者、社会话语权的主导和引领者。

在美国,设有专门的制度,要求联邦政府及各部门的重要政策在出台前都需进行专家和公众咨询。美国联邦、州、市(县)三级政府非常重视公共政策决策过程中的专家咨询和公众咨询。其中,公众咨询是美国公共政策决策过程中的重要程序,特别是必须通过各级议会批准和公众支持的政策,都有明确的法定程序让公众对公共政策有全面知情权和参与政策制定过程并发表自己意见的权利。

因此,无论是总统、内阁、国会还是中情局、五角大楼、国家安全委员会,几乎任何一项政策和决策,都会受到智库直接或间接的影响。成立于1989年的美国进步中心作为美国民主党领导委员会的政策机构,对克林顿、奥巴马政府的影响极大。美国进步中心近年来发表的多份战略性研究报告和对策建议,都得到奥巴马政府的采纳,许多甚至被照单全收。美国进步中心2007年发布的《进步性增长:通过清洁能源、革新与机遇扭转美国经济》《重建美国的军事力量:朝着一种新的改良型国防战略迈进》以及2008年发布的《2009年核态势研究报告》的建议,为奥巴马政府调整美国的气候变化政策、军事政策等提供了比较完整的思路。

随着知识社会兴起,知识服务、知识咨询专业化程度的日益提高,智库成为公共政策环境中的一个强大的持久性存在。智库的专业决策咨询作用进一步加强,可以说,现代智库日益发展成为一种思想产业现象——研究和提出思想理念并影响公共政策辩论,推动政府部门将思想和政策理念变成公共政策行动。

三、智库的社会影响力日益扩大

国际知名智库对国际和全球性挑战、对世界各国的经济社会发展等的研究报告,常常成为引领和影响社会舆论的重要思想利器。大多数智库都极力标榜自己的政策与战略研究的客观性、独立性、中立性等,其目的是要向社会公众表明,智库对所研究问题的研究结论、研究观点、政策建议等的客观性,更符合及接近现实情况和事实真相,也更接近问题和事实逻辑的"真理性",

以期社会公众能够放心接纳自己的观点。在西方发达国家,大到国家安全、对外关系和发展战略,小到退休金、社区卫生乃至儿童午餐等问题,都能听到智库的意见和建议,都有智库参与或影响决策。国际上众多重大问题,也都有智库的声音。智库对当今西方社会乃至整个世界的影响,可以说是无远弗届。

国际知名智库在社会热点问题上的思想观点、政策方案,智库设置社会议题的能力,智库话语权对社会舆论的塑造和引导等,是智库发挥社会影响力的重要途径。从某种意义上说,国际知名智库的社会影响力也是其政策影响力的重要来源。一方面,它们可以通过直接为政府提供政策建议、决策咨询,并代表社会公众对政府进行监督;另一方面,智库还经常通过组织一些会议、研讨会和宴会,就某一特定话题进行研讨,通过这种研讨,智库有机会接触到政策制定过程中其他利益集团的所有成员,包括新闻记者、政府官员、国会议员、政坛说客、咨询顾问、律师、教育工作者等。美国各类智库每年在纽约和华盛顿举办成百上千次的研讨、交流和演讲会,事实上已经成为政策制定者解释政策或发布新政策动议的舆论场,一些政策共识也常常借此得以达成或共享。与此同时,智库也为决策者在某些政策选择不能取得一致意见时,提供各种增进相互了解的渠道。显然,美国政府不仅在解决棘手的政策问题上需要借助智库的一臂之力,而且自觉地利用智库进行舆论扩散,以实现政策的舆论目标。

随着智库不断完善治理机制,智库人际网络与社交网络、现代传播网络良好结合,依靠生产、传播、营销"思想理念"产品,有创新思想的智库在现代社会中的影响力更加显著,这也促使智库更加便捷持久地传播和扩散其思想。

四、智库间话语权争夺加剧

目前,大部分知名智库均将自己定位为具有影响力的国际战略与政策研究机构,一些重要智库积极努力成为国际上重要议题的设置与研究者、重要问题的权威话语主导者和引领者。与此同时,不断加速全球性网络建设,以期抢占国际话语权。

一是在国内和全球共同关心的诸如能源、环境、气候变化、可持续发展、外交、核武器、新型大国崛起等方面,各国智库均已积极部署力量开展研究。这些针对同一重大问题的研究和有针对性的思想传播,都显示出智库在一些重要国际问题上努力发表和传播自己的观点,试图影响更多的相关人士,掌握一些重要国际问题的话语权。

以中国问题研究为例。随着中国崛起，近年来国际智库纷纷成立专门的研究团队对中国问题进行研究。2006年布鲁金斯学会理事会主席约翰·桑顿(John L. Thornton)捐巨款成立约翰·桑顿中国中心(John L. Thornton China Center)，提供前沿的研究、分析、对话与出版服务，聚焦中国的崛起及其对美国、中国邻国乃至整个世界的影响；卡内基国际和平基金会(Carnegie Endowment for International Peace)将中国研究列为其研究重点，设立了"卡内基中文网"，向政策制定者和学者介绍基金会的著作、杂志、活动和其他信息资源，以增进中美之间国际政治和公共政策领域的学术交流及了解。美国国际战略研究中心(CSIS)设有"费曼中国研究讲席"(Freeman Chair in China Studies)，主要研究美中经贸关系中出现的问题、中国军事现代化对地区安全的影响以及中国国内变革对美中关系和美国利益的影响。

以美国国际战略研究中心为例，其研究领域具有极强的全球视域，主要包括国防与安全政策、能源与气候变化、全球卫生问题、人权、技术、经济与贸易、全球挑战和地区变革。研究中心关于全球挑战和地区变革的研究几乎涵盖了全球主要热点地区，在重要的地区与国家研究项目中，中心一直保持很强的资金与人员投入。卡内基国际和平基金会的研究内容也包括亚洲研究、中国研究、俄罗斯和欧亚问题研究、国际经济研究、全球性政策研究。

二是建设国际化的网络型智库，选择在具有重要意义的国家和地区建设智库分支研究机构，将研究触角延伸到重要的国家和地区。智库业务的来源是国际化的。智库机构不但面向国内客户，而且面向国外客户，开拓国际市场。

此外，智库人员也具有国际化特点。发达国家大的智库纷纷在国外设立办事处或分支机构，与海外智库合作成立研究中心，聘用海外研究人员从事相关方面的研究，外籍职员人数所占比例越来越大，有的甚至超过本国职员人数。兰德公司除在美国加利福尼亚州的总部外，在华盛顿、匹兹堡、波士顿、新奥尔良都设有办事处，兰德欧洲总部位于比利时的布鲁塞尔，在英国剑桥也设有办事处。兰德公司还设置了中文官网，将与中国和东亚相关的研究报告翻译成中文发布在网络上，试图影响中国的公众和决策者。卡内基国际和平研究所不仅在中国、俄罗斯、印度等国建立了研究分支机构，还聘用本土研究人员，强化对当地的本土化研究。布鲁金斯学会、卡内基国际和平研究所与我国清华大学分别合作建立了公共政策研究中心、全球政策研究中心等。这些举措都在无形中使得欧美智库掌握了强大的舆论影响力和国际话语权,成为其国家软实力的重要组成部分。

随着世界各国智库机构的大量涌现,智库研究之间的竞争也日趋激烈,为了保持智库的核心竞争力与政策影响力,许多智库都加大力度打造"拳头产品",把树立"智库品牌"作为一项重要内容。智库的"拳头产品"既包括一些特色研究项目,也包括一些有重大影响的学术刊物。国际智库大多定期出版自己的刊物,各重要智库都有自己的"思想载体",例如战略与国际问题研究中心的《华盛顿季刊》、布鲁金斯学会的《布鲁金斯评论》、卡内基国际和平基金会的《外交政策》、尼克松中心的《国家利益》季刊,而对外关系委员会的《外交》双月刊则影响最大、地位最高。近年来,国际智库在学术期刊上的投入不断加大,有些智库甚至将学术期刊提升到与所在机构同等重要的地位,努力打造学术精品,不断强化智库的品牌形象。如英国的简氏信息集团精心编制的《简氏防务周刊》和《简氏国际防务评论》两本杂志,其在业界的知名度甚至远远超过简氏信息集团。

五、注重社会公关和宣传推广

智库的宣传推广主要包括智库产品推广和智库本身的宣传两个方面,其重点在于智库产品宣传推广上。国际知名智库都非常重视宣传推广工作,认为宣传观点与提出观点同样重要,甚至更重要。"智库要想在竞争的环境中取得一席之地,必须运用商业化的市场运作将其成果推向公众,而这恰恰是大学性学术机构所不必费心思考的问题。对智库而言,'推销'往往是其组织行为的一个重要部分,而不是个体专家的责任"[①]。强有力的成果推销机制是美国智库的突出特点。在美国,许多智库将其经费的相当大一部分用于宣传和推销自己的政策主张,而只将一部分经费用于研究工作。[②] 美国传统基金会前副主席菲利普·特鲁拉克承认:"我们花在宣传观点上的钱一点也不比花在研究上的钱少。"[③]

国际知名智库宣传推广的方式和手段主要包括以下几种:刊行出版物,包括发表著作、政策报告以及定期出版学术杂志;举办学术研讨会;应邀到大学、大公司发表演讲;出席国会听证会;提供咨询;举行新闻发布会、记者招待会;以专家身份在媒体上发表意见等。发行和传播出版物是国际知名智库宣

---

①　林芯竹.为谁而谋:美国思想库与公共政策制定[M].北京:知识产权出版社,2007:28.

②　王志.美国思想库及运作机制[J].中国社会导刊,2007(2).

③　林芯竹.为谁而谋:美国思想库与公共政策制定[M].北京:知识产权出版社,2007:57-58.

传思想和扩大社会影响的传统方式。早在 1993 年,美国企业研究所和布鲁金斯学会的出版物分别为 110 种和 84 种。两个机构都有专门的出版发行人员,采取推销和赠送相结合的办法尽力使其研究成果传播到最广泛的社会领域。传统基金会还设立网站和网上书店,以方便政策制定者、企业和学者连续获取决策依据和研究参考资料。美国历史最悠久的智库——卡内基国际和平基金会出版的《外交政策》是世界上极有影响力的国际政治经济期刊之一,读者遍布 150 多个国家。实际上,这类产品有的已经成为各国政界和精英阶层决策概念的来源,因而它本身也成为智库舆论扩散的象征。①

　　国际知名智库较少依赖大部头、连篇累牍的研究,而更偏爱使用朴实无华、易于理解的语言来撰写观点简明的论文,在其中提出明确的建议和未来可能的方案。这些智库将其自身的研究计划与相关的政治目标群体的中期计划相互协调,在各种论坛上推销新的研究成果,积极与媒体接触——首先是出版物,其次是电视,偶尔也选择教堂,并越来越多地利用互联网。许多同类的智库愿意聘用那些不仅在自身领域内有较高声望,同时掌握超常的口头和文字交流技巧的学者。② 美国企业研究所注重通过会议、评论文章、电视台政策类型节目等多种途径宣传自己的政策主张。传统基金会则有非常敏锐的营销直觉,知道如何才能更为成功地面向大众。该基金会采取提供简洁、及时的政策建议的战略,以"幕后消息"和"简报"的形式出版。每一期都针对当前时事问题,如贸易谈判、德黑兰人质问题、枪支管制立法甚至城市管道管理等,篇幅大都短小精悍。这种风格被作为传统基金会的主要特点保留了下来。即使今天,在其网站首页最醒目的地方仍然可以找到这样的内容。③

　　国际知名智库在宣传推广上并不局限于单一的手段,而是多个渠道和机制多头出击,并行不悖。定期出版物和研究报告只是智库宣传推广行动的一部分,一些智库还通过诸如国际问题研讨会、纪念会、报告会、培训班、讲座、答谢宴会等组织传播方式,为社会公众、决策者、专业人士构建意见交流的平台。"布鲁金斯学会有一个专门负责职业培训的部门,通过定期组织各种短期培训项目帮助来自各个层次的决策者们更好地理解美国和世界政治局势和外交政策。布鲁金斯学会在 2007 财政年度举行的大型公开会议有 200 多次。美国国际战略研究中心每年举办 700 多次会议,美国企业研究所在 2005

---

① 纪忠慧. 美国思想库的舆论扩散[J]. 国际关系学院学报,2008(2).
② [德]M. 蒂纳特. 德国的思想库[J]. 国外社会科学,2005(1).
③ 林芯竹. 为谁而谋:美国思想库与公共政策制定[M]. 北京:知识产权出版社,2007:10-13.

年举办了 100 多次会议"①。

与媒体建立良好关系也是国际知名智库的工作重点之一,充分利用和依靠媒体的作用,引导公众舆论,发挥社会影响力,更为直接,也更有针对性和时效性。"它们的人员频繁出现在新闻广播和政治类谈话节目中,与大众分享它们关于焦点政策话题的观点……为政策制定者提供及时、简明、通俗易懂的政策制定方案;并且花大量的时间、精力用于'产品'的市场营销,为报纸撰写评论文章以扩大影响力,建立良好的公众关系"②。智库召开记者见面会,使他们的言论在记者们刊发的讨论当前时事问题的报道中被引用。通过广播和书面媒体,智库的成员们可以引导公众思考政治时事,并起到借助公众舆论监督政府的作用。

此外,国际知名智库还将研究成果的宣传推广融入社会公众的生活之中,形成高度紧密和频繁的交流与互动。譬如,布鲁金斯学会不单单依靠其研究成果吸引政策制定者及公众的目光;在向国会机构传达其在各方面事务的观点之前,它们通过其在各种媒体工具上的优势对其观点进行调研。③ 如果智库要召开关于某个热点问题的讨论会,首先会通过网络、电视、广播以及平面媒体发布活动信息,邀请感兴趣的人士参加,报名方式可以是电子邮件、传真和电话联系;在活动现场散发相关材料,包括主讲人和演讲的背景材料;活动现场一般都有记者和新闻媒体参加,如果需要就直接作现场直播,现场的演讲与提问,以及在会后的对参加者的追踪联系,也是国外智库与公众互动的手段。

国际知名智库十分重视智库本身的宣传,一般都专门设立新闻官,专门负责收集和宣传有关本智库的新闻报道,组织智库重要成果发布会,宣传智库成员的学术成果、学术活动、所获奖项等,协调智库与其他国际组织、政府机构和社会组织的合作联系。而且,国际知名智库还时常制作精美的宣传手册、画册和专题纪录片等,在重要学术会议和高层接待等场合赠送和散发给有社会影响和地位的精英人士。通过这些专业的新闻宣传和社会公关手段,尽可能地提升智库的社会形象,扩大社会知名度,同时提升智库的国际知名度和影响力。

---

① 王莉丽.思想库是如何影响公共政策和舆论的[N].南方周末,2009 - 04 - 16:14.
② 林芯竹.为谁而谋:美国思想库与公共政策制定[M].北京:知识产权出版社,2007:9.
③ 林芯竹.为谁而谋:美国思想库与公共政策制定[M].北京:知识产权出版社,2007:52.

第四节　达沃斯世界经济论坛——国际影响力的风向标

一、非官方国际组织

达沃斯论坛即世界经济论坛（World Economic Forum，WEF）是一个非官方的国际组织，总部设在瑞士日内瓦。1971 年，毕业于哈佛大学的现任论坛主席、当时日内瓦商学院的年轻教授克劳斯·施瓦布想组织个聚会，让欧洲企业界的朋友共同思考未来的发展，于是有了"欧洲管理论坛"的诞生。随着论坛全球影响力不断扩大，5 年以后该论坛改为会员制。

1987 年，"欧洲管理论坛"改名为"世界经济论坛"。论坛每年 1 月底至 2 月初在瑞士的达沃斯小镇召开年会，故也称"达沃斯论坛"。三十多年来，一年一度的论坛年会规模越来越大，每届年会参加者包括数十位国家元首和政府首脑、数百位部长和两千余名来自世界各地的政治经济、金融财政、文化艺术、教育新闻等领域人士。

二、影响力

达沃斯论坛的影响力，在于其作为一个"世界级"思想交流平台的作用以及对全球舆论的影响。论坛成立以来，通过包括年会在内的各种会议形式，为各国政要、商业领袖、国际组织领导人、专家学者提供了一个可以就各种世界重大问题交换意见的重要平台。更为重要的是，达沃斯论坛讨论的都是全球性热点或趋势性问题，对全球舆论具有至关重要的影响。在世界经济快速发展中，人类将面临新的挑战，人类社会如何实现可持续发展？ 因此，搭建一个跨界交流的沟通平台就十分重要。而世界经济论坛满足了政要、企业家以及各行各业精英的需要。世界经济论坛在节目安排上也独具匠心，除了年会之外还有区域峰会、会员内部交流、全球竞争力报告等内容。

（一）遍布全球的会员和关系网络

世界经济论坛拥有的会员来自全球各地区的 1 100 多家大型跨国公司，囊括了全球 500 强中绝大部分公司。除企业界外，论坛还与世界各国的政界、学界、媒体高层建立了广泛的关系网络，这保证了它完全可以把所有竞争对手甩在身后。

通过几十年的积累，世界经济论坛与各界精英建立了广泛的联系。在世界 500 强企业中，有相当一部分是论坛的长期会员，包括戴尔、麦肯锡、德意志银行等跨国公司，它们的高层总会于百忙之中抽出时间，与全球各地的精英交流学习。很多企业看重这一平台,也与论坛本身的"非官方、非营利"色彩不无关系。另外,全球各界的精英参会,本身就是一个很好的广告宣传——"名人效应"具有"传染"性。实际上,很多人利用该集会来与客户沟通,洽谈生意,了解世界的动态和流行趋势。

（二）达沃斯经济论坛的重要奖项——"全球青年领袖"

"全球青年领袖"(Global Young Leaders)是达沃斯世界经济论坛组织的重要奖项,于 2004 年由世界经济论坛执行主席克劳斯·施瓦布创建。每年全世界有约 5 000 名 40 岁以下杰出的各行各业的代表人物被列入候选人名单,由 34 名国际知名媒体人士组成的评委会评选出不超过 200 名本年度的"全球青年领袖"。选拔标准是"在各自领域取得非凡成就,具有影响力和领导经验,有服务于社会的强烈意愿,希望用自己的才华解决世界正面临的最具挑战性的问题",这一奖项旨在嘉奖他们的专业成就、社会贡献以及改变全球未来的潜力,涉及行业包括商界、政界、学术界、媒体、非营利组织、艺术文化等。

"全球青年领袖"不仅需要候选人有被广泛认知的业绩和社会责任感,更要求候选人有高瞻远瞩的眼光,对世界宏观格局的认识和判断。获选"全球青年领袖"的人应与世界经济论坛组织合作,创新并且使一些对未来世界有重大影响的全球战略尽早实施,提高决策者对全球关键议题的认识并采取切实行动,为世界争取一个更加光明的未来。据了解,我国的姚明、马云、丁磊、曹国伟、贾樟柯等之前均已入选"全球青年领袖"。2016 年评选出的"全球青年领袖"共有 121 名,其中不乏科学家、政府人士、未来商业领袖、社会活动家、艺术家等。

（三）紧贴时代脉搏

在历年议题设置和趋势探讨上,施瓦布和他的团队总能抓住热点、紧扣前瞻。施瓦布教授是公共关系领域里的天才,他把瑞士的这个沉睡中的滑雪小城变成了全球经济的"地震中心"。2001 年"9·11"事件之后,他聪敏地把 1 月份的会议放到了纽约举行;当新富裕起来的阿拉伯国家们正在寻找与其他国家联系的时候,他又把达沃斯变成了一个连通器;当印度和中国开始迅速获得财富的时候,他又组织了"迎新晚会",随后又在约旦、埃及、中国和其他地方增设了分论坛。2007 年,施瓦布和他的团队在中国大连开始了夏季达沃斯。

达沃斯几十年长盛不衰,在于它很好地把握住了时代脉搏。在这里,什么都可以讨论，涵盖全球经济与政治事件，它是一个跨学科会议。作为一个经济论坛，其议题包括了能源、汇率、资本市场、信贷市场危机等最热门的话题。每一年的论坛主题都是由施瓦布亲自确定的。2016 年第 46 届冬季达沃斯世界经济论坛将工业自动化、中国经济增长、美国联准会加息对新兴市场的影响以及英国退出欧盟作为主要议题。

三、全球经济的发电站

2018 年世界经济论坛于 1 月 23 日至 26 日在瑞士小镇达沃斯举办，2018 年会议主题为："在分化的世界中加强合作"，关于"合作"和"分化"的意识形态争锋激烈。世界经济论坛创始人兼执行主席克劳斯·施瓦布呼吁政府、国际组织、企业和民间团体等通力合作，解决全球范围内面临的挑战和危机。世界经济论坛成员普遍担心，不平等正引发危险的社会分裂以及民粹主义，以及在数年来未曾提及的战争危险。世界经济论坛几乎所有成员（93％）都认为，今年，国家之间的政治和经济冲突会增多：79％的人认为，军事冲突的风险日益增加，78％的人预测，大国将卷入地区战争。此届达沃斯论坛中，会议包括六大议程。

全球议程：支持各项改善全球治理的机制和重要的多方协作进程；

地缘政治议程：决策者与专家就如何预防地缘政治并对其作出快速反应进行研讨；

经济议程：支持推动可持续与包容性经济发展的多方合作项目，以应对增长率不足、生产率下降和技术鸿沟的威胁；

区域议程：深入研讨社会与经济转型对各地区产生的重要影响；

行业与商业议程：为塑造新的商业生态系统服务，帮助企业与政府领导者做好应对第四次工业革命的准备；

未来议程：通过分享想法、创意和新发现，预知可能重塑全球系统的重大影响因素。

来自全球政商、国际机构、公民社会、学术、媒体、艺术等各界超过 2 500 多位领袖人士出席，共同应对当下重大政治、经济与社会挑战。中共中央政治局委员、中央财经领导小组办公室主任刘鹤出席并就"中国的经济政策"作特别致辞。在致辞中指出，论坛的主题具有非常鲜明的针对性。2108 年达沃斯论坛年会的主题契合当下国际形势——"分化的世界"是背景和现实，"共同命运"是愿望和趋势。从金融到经济，从社会到政治，金融危机对整个世界都产生深远影响。"要想应对这些挑战，巩固发展势头，推动世界经济从周期性复苏走向可持续的增长,需要国际社会共同努力。……应当跳出局限性,加强战略思维,增进相互谅解、包容、信任,更加理性务实地进行合作,积极推动经济全球化朝着更加开放、包容、普惠、平衡、共赢的方向发展,推动构建相互尊重、公平正义、合作共赢的新型国际关系,推动构建人类命运共同体,只有这样才能走向繁荣的彼岸"①。

　　一年又一年,"达沃斯"已经变成了一个响亮的名字,但是,它到底意味着什么呢? 达沃斯已经象征着"全球化"的全球经济过程。对于让全球性贸易变得可能的技术和公司们,它是一种庆典。对于驱动着全球性体系的商业及政治精英们来说,这是一种"班级团聚"。而且,它还是对于新来者的一种接纳仪式。它已经成为全球经济的发电站。②

---

　　①　2018 年达沃斯论坛年会:打造"命运共同体"成共识[EB/OL]. (2018 - 01 - 29). http://www. financialnews. com. cn/shanghai/201801/t20180129_132343. html.

　　②　冯叔君. 智库谋略:重大事件与智库贡献[M]. 北京:生活・读书・新知三联书店,2012:7.

第三章　中国智库机构的发展历程

　　智库在现代社会中影响巨大,当前国际学术界关于智库的研究主要以西方智库为研究对象,特别是美国智库,往往被学者定义为国际智库发展的典范。与西方智库相比,中国智库无论是在组织形式还是运营机制上都有很大不同。当前,中国智库正进入一个非常关键的发展时期,有必要对其发展历程及其运营特征进行较为系统的研究,以期提升中国智库为本国的经济、政治、军事、外交和文化发展服务的水平。

　　在中国古代,没有"智库"或者"思想库"这一说法,也不存在真正意义上的具有组织化和制度化特征的智库机构,但是,中国是一个拥有数千年文明的大国,有深厚的文化底蕴,同时中国也有着对智力与谋略高度重视的社会传统。从中国的古代典籍记载和统治者决策咨询的实践中,可以找到中国智库发展的雏形。

第一节　中国古代的幕僚机构

　　中国是一个有着悠久历史的文明古国。在 5 000 多年的沧桑历史中,中国经历了无数的治乱更替,也给后人留下了丰富的文化遗产,古代谋略文化就是其中最为重要的内容之一。所谓谋略,是指人们充分调动自己的优点和一切有利于自己的因素,利用各种思维方法,形成一种旨在使自己达到某种目的的思维过程。谋略是一种思维方法,是人们正确决策的前提。谋略作为人类思维活动的一种重要表现形式,其涵盖的范围非常广泛:政治、军事、外交、经济、教育、体育等领域乃至人们的日常社会生活,都是谋略发挥作用的广阔舞台。[①] 在具体应用中,"谋略"一词又有狭义和广义之分。狭义的谋略指的是军事谋略,即指导和筹划战争全局的方略;广义的谋略,则泛指对全局性、高层次的重大问题的筹划与指导,其中指导国家安全与发展的国家谋略,

---

① 　罗立东. 中国谋略文化探析[J]. 重庆理工大学学报(自然科学),2005,19(10):96-99.

是最高层次的谋略,也称大战略。

一、古代谋略文化与谋略著作

中国古代的谋略文化很发达,出现过很多杰出的谋略家,如姜尚、卫鞅、范蠡、诸葛亮、司马懿、张良、刘基、曾国藩,等等。他们运筹帷幄的韬略思想,可以看作是个体智囊人物运用谋略文化的杰出表现。有学者甚至认为,中国的传统文化就是以治国安民、人生处世、谋事谋人为基本内容的谋略文化,以至于世人有着"东方重谋略,西方重技术"的评论。这种评论从一个侧面反映出,谋略在中华民族的文明史上有着显著的地位和作用。中国古代的谋略文化源远流长。作为一种观念形态的文化类型,中国古代谋略具有自己特殊的道德观念、价值判断标准和逻辑思维方式,并且与其他观念形态的文化相因相存,共同发展,对社会生活的各个领域发生过重要的影响。

中国古代谋略文化的起源可追溯到传说中三皇五帝敷土治国的实践。在相传为上古之书的《尚书》中,记载了上古和三代(夏、商、周三个朝代)时期的政府文告及最高统治者的告谕之辞。其中的《大禹谟》《皋陶谟》《洪范》诸篇,阐述了中国最早的政治谋略思想。春秋时期,诸子百家蜂起,各种学术思想互相激荡、冲击,形成了不同流派和类型的谋略文化。这一时期谋略文化的基本类型,包括道家之谋、兵家之谋、纵横家之谋、法家之谋等。古代谋略文化在形成和发展的过程中,培养和形成了自己的文化品格和精神。概括地说,在价值观上,具有重利轻义、实用理性的特点;在逻辑思维方式上,表现为"正奇相生"的二极辩证思维方式;在认知结构上,表现为知情意结合的认知方式。

中国的谋略文化是中国大文化的一部分,它与中国文化的关系是部分与整体的关系。中华民族是一个讲究务实的民族。这种民族性格,在谋略学领域,表现为始终把客观实际看作是谋略策划、制定、实施的最主要依据。谋略作为一种智慧形态对中国人的智慧智能结构有着深刻的影响,使中国人形成了本民族实用、理智的基本生存态度。谋略作为一种行为方式对中国人的文化心态也有影响,其影响的总体效应是中国"面具化"文化心理机制的形成。正常的人格面具是一种人际间理性化、间距化和规范化的调节机制,而在谋略文化背景下产生的心理面具则是一种趋利避害的谋智心机。在中国古代官场上,在事务往来和日常生活中,含而不露,面具色彩浓郁,在谋略文化过于发达的地方表面上和和气气,彼此间却内藏玄机,这是中国古代谋略文化的负面影响所致。

二、中国古代智囊团和智囊人物

中国的历朝历代有不少的策士、谋士、师爷、军师、相父、帝师，等等，其作用和现代的智库成员相似，只不过当时往往是"单干"，依托个人智慧，而现代智库是团体运作。据说有巢氏时代，当大军远征时，只得在旷野上临时搭起的帐篷内休息。这种帐篷，古代称"幄幕"，"幄幕"里的人便是"幕僚"的雏形。大约到了春秋战国时期，各国诸侯为称霸天下，纷纷招揽有各种特长的人，纳入自己门下，以为驱使，这便产生了门客制度。如有名的平原君、信陵君都号称有门客三千。比较著名的门客有毛遂、冯谖、蔺相如、侯嬴、朱亥等。秦、汉时期在门客制度基础上逐步确立起幕僚制度。

在强盛的汉朝，领兵打仗的大元帅率军出征时，有权自行招聘、选任文职僚属，设置府署，帮助处理军政事务，称为"开府"。其实即使并未开战，在和平时期这些将领都接受或礼聘一些有专长或名望的人留在自己身边，以共商军国大事。由于这类府署设于幄幕中，所以又叫"幕府"。"幕僚"的职责主要是为长官提出建议、顾问咨询、帮助处理文书档案、管理文职行政事务。汉代的幕僚种类繁多：有统帅司令部工作的"长史"；有参议军机，帮助指挥军事行动的"参军"；有管理文书及各类档案的"主簿"；等等。三国两晋南北朝时，战乱频发，四处皆为战区，各地都实行"军管"，地方长官由武官兼任，将军左右的僚属也就从单纯的军官转变为辅助将军"上马管军、下马管民"的文武兼任官职了，且文职比重往往超过武职。

古代的幕僚也称为智囊。对内，他们凭借丰富的经验为长官出谋划策；对外，则以自己超常的智慧独当一面。无论是春秋战国时期的门客，还是明清时代的师爷，几千年来各阶层的人们无不对他们刮目相看，尊称他们为幕僚、幕宾、幕友、门客、谋士、策士、智多星、军师、参谋、师爷等。清代大学者袁枚曾谈及"古名士半从幕府出"，古代比较著名的幕僚有杨修、诸葛亮、刘伯温、范文程、邬师道，分别帮助曹操、刘备、朱元璋、皇太极、雍正建立帝业。唐代大诗人李白、杜甫、李商隐等都曾有过从幕的经历。明嘉靖年间被誉为"明代第一才人"的徐渭，即为典型的绍兴师爷。民国以后，延续了 2 000 多年的封建官吏制度被效仿西方的各级政府、议会、司法体制替代，传统幕府这种个人色彩浓厚的佐官体制失去了其生存的基础，慢慢在中国政治生活中消亡。

从古代智囊人物的角度来看，中国古代的策士、谋士属于个体行为；但如果从利用、组织这些策士、谋士的决策者角度来看，中国古代的谋略体系则具有一定的组织特征，也就是由众多的个人智囊组成帝王将相的"智囊团"。春秋时期,在群雄争霸的激烈斗争中,王公诸侯广收有学问、有技能的人,或精通法家,或通谋略,或精制造、权术、方术、辩术,甚至是鸡鸣狗盗之徒也为其所用。在战国时期,当时的"四君子"——赵国的平原君、魏国的信陵君、楚国的春申君和齐国的孟尝君通过广招门客,形成个人的智囊团。就是从"四君子"时期开始,中国古代的智囊制度才逐渐开始由个体智囊时代进入团体智库时代。当时虽然提供谋略的仍然是个体人物,但从决策者角度来看,已经开始有意识地将这些单个的谋士向群体化方向组织转变。据《史记·孟尝君传》的记载,那时孟尝君的门客往往分为三等:有一技之长但不突出的,得几人共室,穿葛制衣服,食无肉无鱼;技能较好的有肉有鱼,有单独的房子;上等者不但独居食有鱼,而且上哪儿都有专车接送。养士的统治者按照一定的目标和方式,将具有特别知识和专长的人员组合成一个智囊集团,以集体的智慧来为其决策服务,使中国古代的智囊制度在个体智囊人物成群的基础上逐渐组织化、制度化。

三、古代国家智库机构

中国古代的智囊除了当权者以个人的非正式方式网罗门客、幕僚,组织个人智囊团之外,在有些历史时期,还出现了国家层面上的专门智囊机构。上文提到的"四君子"门客、幕僚是典型的非正式谋士团体,在这种团体中,谋士需要通过主人的权势追求人生的荣华富贵,进而实现个人的人生价值。因此幕僚往往很讲求政绩,一段时间内,如果谋士不能让主人感受到你的作用,就得卷铺盖走人,这也造成了古代幕僚普遍存在急功近利的心态。

中国古代在国家层面上专门设立的"智囊机构",最早可追溯到秦汉时期的博士议政制度。"博士"一词,在战国时就已出现,当时只是对学者的泛称。但到战国末期,为适应统一战争日益加剧的社会局面,各国不得不礼贤下士以确保统治安全。在这种情况下,齐、魏等国都设置了博士官,使学识渊博的学者充任参谋和顾问,确定他们的主要任务就是参与政议、辅助决策。据《汉书·百官公卿表》载:"博士,秦官。掌通古今,秩比六百石,员多至数十人。"《续汉志》又载:"博士,掌教弟子,国有疑事,掌承问对。"博士制度是秦朝政治制度的一项创举和重要组成部分,它适应秦朝政治实际需要而产生,并不断发展演变,对秦朝及后世的政治产生了深刻的影响。

唐宋时期开始出现谏官系统,谏官是专门以进谏为职务的,种类很多,地位也较高。唐朝自唐玄宗开始设立各种技能之士供职的机构——翰林院。安史之乱后,翰林院学士地位愈发重要,不但在草诏方面分割中书舍人之权,且在参谋议论方面分割宰相之权。翰林院制度一直延至明清,是中央政府的一个重要的决策咨询机构。

明清时期,决策咨询机构有了进一步的发展,出现了幕府组织。幕府是由各级官员吸收知识分子作为自己的参谋、顾问而形成的,幕府中的幕僚不是官,无品级,与幕主之间不是上下级的关系,而是主宾关系,来去自由。中国古代的博士组织、谏官系统、翰林院和幕府等智囊团在一定程度上承担着为统治阶级出谋划策、参与政事的职能,从一定意义上讲,它们具有"准智库"的性质。

第二节　政书与类书的编撰

中国古代面向皇帝和朝政的咨询系统如此发达的直接影响,是产出了大量的古代咨询性质的文献产品。古代在国家层面上专门设立的"智囊机构"如翰林院、秘书监等的重要职能之一就是编撰政书和类书。

"政书"原是历史著作的一个门类——典章制度专史。政书主要记载典章制度的沿革及政治、经济、文化发展的情况,具有资料汇编性质,所以一般作为工具书使用。"政书"一词作为一类文献的总称(类名),源于明代钱溥《秘阁书目》。政书广泛收集政治、经济、文化制度方面的材料,分门别类系统地加以组织,并详述各种制度的沿革等。政书通常分两大类,一为记述历代典章制度的通史式政书,名称中一般有"通"字,如《通典》《通志》《文献通考》等;一为记述某一朝代典章制度的断代式政书,称为会典、会要,如《唐会要》《元典章》等。

而"类书"顾名思义是用分门别类的办法汇编起来的资料书。大体上是先分大类,后列子目,每一子目下先录经史百家之言,后附诗文,按时代先后的顺序排列,条理清晰,一目了然。这样才便于查考、征引,临事取给。这是一种编书的新体例,隶属于子部,实际上它兼收经史子集四部。梁代刘勰《文心雕龙》中讲到事类,说是"盖文章之外,据事以类义,援古以证今者也"。

一、典章制度与政书

典章制度的记载,可上溯到《周礼》和《礼记》中的《王制》《月令》《明堂位》等篇。司马迁《史记》中的"八书"第一次系统地记述了典章制度的原委;班固《汉书》将"八书"改写为"十志",后世史书多用"志"来记述典章制度。政书是中国古典文献中专门分类汇辑与论述经济、政治、军事、法律、文化等方面典章制度的书籍,人称典制体史书,在历史文献中占有重要的地位。简言之,政书是辑录文献中的典章制度资料,分门别类地加以编排和叙述以便查考的工具书。

政书的类型有通史式政书、断代式政书、汇编式政书和专类式政书。通史式政书是记述历代典章制度的政书,是把古今制度联系起来记载的,以《十通》《历代兵制》《营造法式》为代表。唐代刘秩编《政典》(35卷),分门别类记述自黄帝至唐代开元、天宝间典章制度的兴废沿革,评论其得失,这是最早的一部典志体政书,惜已亡佚。断代式政书则是记述单一朝代典章制度的政书,又称为"会要",如《唐会要》《五代会要》《西汉会要》《东汉会要》《宋会要辑稿》《春秋会要》《秦会要》等。如唐德宗时,苏冕将唐高祖以后九朝典章制度编成《会要》(40卷)。唐宣宗时杨绍复等编成《续会要》(40卷),宋代王溥据此并补充唐宣宗至唐末事编成《唐会要》,是现存最早的专门记述一个朝代典章制度的断代政书。汇编式政书也称历朝会典、会要,是把当时制定的原文件汇集成册的政书,如《大明会典》《大清会典》等。专类式政书是专门记载某一方面制度的政书,例如《唐律疏义》《大清律例》等。

所谓政书"十通"指的是《通典》《通志》《文献通考》《续通典》《续通志》《续文献通考》《清朝通典》《清朝通志》《清朝文献通考》《清朝续文献通考》等十部政书的合称。其中,《通典》《通志》《文献通考》合称"三通""前三通"。政书除"十通"、会要、会典外,还有记述历代或一代专门制度、礼仪的书,如《历代兵制》《历代大礼辨误》;国家颁布的法律条文和规定的礼仪,如《大清律例》《大唐开元礼》《皇朝礼器图式》;建筑、印刷等制造技术的规范,如《营造法式》《钦定武英殿聚珍版程式》。

《通典》是我国第一部完备的政书著作,也是现存最早的一部政书。但"政书"之名,出现较晚,清代编修《四库全书总目》,仿明代钱溥的《秘阁书目》,在史部设置了"政书类","政书"这个名称才正式见于典籍。《通典》是唐代杜佑编著的一部通史性政书,作于安史之乱以后,共200卷,分食货、选举、职官、礼、乐、兵、刑、州郡、边防9门,每门又各分子目,并以年代为序,系统地记述了自上古黄帝至唐天宝末年的历代经济、政治制度的沿革变迁(其中一部分记述到唐代宗、德宗时)。唐以前史料主要取自群经诸史及魏晋文集等。唐代的材料取自实录国史、政府档案、诸臣奏议等,篇幅约占全书四分之一以上,是其精华所在。叙事详而不繁,简而有要。每门类后都有作者的评论,不乏针砭时政的精辟见解。

《通志》是南宋郑樵编著的一部纪传体通史性政书。记述上起三皇,下迄隋代的典章制度(部分述至唐或北宋)。共 200 卷,分为本纪 18 卷、世家 3 卷、列传 108 卷、载记 8 卷、四夷传 7 卷、年谱 4 卷、略 52 卷。纪传皆取材于诸史旧文,有增删。年谱即各史之表。"略"相当于纪传体史书中的"志",作者对此用力最勤。二十略为:氏族、六书、七音、天文、地理、都邑、礼、谥、器服、乐、职官、选举、刑法、食货、艺文、校雠、图谱、金石、灾祥、草木昆虫,涉及政治、经济、学术、文化等各方面,内容较《通典》更为广泛。其中氏族、六书、七音、都邑、草木昆虫等五略,更为前史所无。

元代马端临编著的《文献通考》,共 348 卷,分 24 考,叙载自上古至南宋宁宗嘉定末年的历代典制。其中田赋、钱币、户口、职役、征榷、市籴、土贡、国用、选举、学校、职官、郊社、宗庙、王礼、乐、兵、刑、舆地、四裔等 19 考多为沿用《通典》现成资料而成,只增补了唐天宝以前、续补了天宝以后的史实。经籍、帝系、封建、象纬、物异等 5 考为新设门类。《文献通考》是研究宋史的重要文献。

断代式政书主要有会要、会典等。会要主要有宋代王溥编撰《唐会要》(100 卷)、《五代会要》(30 卷),南宋徐天麟编撰《西汉会要》(70 卷)、《东汉会要》(40 卷),清代徐松辑《宋会要辑稿》(现存 366 卷)。清代学者补撰《春秋会要》(4 卷)、《秦会要》(26 卷,清代孙楷撰、徐复订补)、《三国会要》(22 卷)、《明会要》(80 卷)等。其中《唐会要》《五代会要》《宋会要辑稿》等史料价值较高。就某一朝代而言,会要所收集的材料比"十通"更为丰富、详细。明清官修的会典,不以门类汇辑材料,而以吏、户、礼、兵、刑、工六部为纲,注重章程法令和各种典礼。"十通"与会要、会典可相互参照、考稽。

此外,还有一些专门的政书,如《惠安政书》就是一部体裁别具一格、很有特色的地方志书,也是历史上罕见的县令施政笔记。明隆庆四年至万历二年(1570—1574 年),叶春及在惠安县令任内,实地调查,广泛征集校检文献,并详细记载他的施政措施,撰成《惠安政书》,全书共 5 卷 12 篇,真实、全面地反映了明万历年间的惠安县情。内容涉及惠安县的地理沿革、山川形势、道路交通、渔盐生产、户粮税赋、教育文化、风土人情、乡规民约等,有关数字都有详实的记载。其数据丰富与详实程度,令人叹为观止。

政书中还有颇具特点的一类——判牍。判牍是明朝、清朝地方官在审理案件时所记录下的文件,可能包括案件的原委、经过,以及该地方官判决的结果,这些记录的文章被收集起来,即为"判牍"。明清之前比较有名的判牍,包括了唐代张鷟的《龙筋凤髓判》、白居易《百道判》，五代时和凝《疑狱集》，南宋郑克《折狱龟鉴》、桂万荣《棠阴比事》。南宋时期的《名公书判清明集》，反映了南宋地方政府司法实态。明清时期的判牍总数约有 188 种，编纂者任官的行政层级从省级至州县级皆有，案件涵盖的范围遍及全中国。

二、类书起源及其编撰

类书的起源很早。1 700 多年前，魏文帝曹丕命王象等采集五经群书作《皇览》，这是我国类书之始。《魏志》称其书撰集数载始成，"合四十余部，部有数十篇，通合八百余万字"，可见其规模之宏大。其后类书推衍于六朝，盛兴于唐、宋，而在明、清取得较高成就。自六朝至清末，据历代艺文志、经籍志著录，历代官修和私人编制的类书，总计约有 600 余种（今存者约有 200 种）。其中以《北堂书钞》（成于隋炀帝大业中）、《艺文类聚》（成于唐高祖时）、《初学记》（成于唐玄宗时）、《太平御览》（成于宋太宗太平兴国中）、《册府元龟》（成于宋真宗大中祥符中）、《玉海》（成于宋末）、《永乐大典》（成于明永乐时）、《古今图书集成》（成于康雍之世）等最为有名。

魏晋南北朝时期，文章崇尚骈俪，讲究用典使事。写文章不仅要综采纪传的"古事"，还要博取诗文的"旧辞"，于是，抄集典故，排列偶句，以补记诵之不足，备临文之寻检，成为一般文人的普遍需要。类书编纂的兴起，就是受到这种注重典故、辞藻的社会风气的影响。《三国志》记载：魏文帝曾令王象、桓范、刘劭、韦诞、缪袭等人，"撰集经传，随类相从，凡千余篇，号曰《皇览》"。裴松之为《三国志》作注，引《魏略》称："合四十余部，部有数十篇，通合八百余万字。"一般认为这是编纂类书之始。南北朝时期，梁代徐勉等编有《华林遍略》七百卷，北齐祖珽等编有《修文殿御览》三百六十卷，这些类书也都没有流传下来。隋唐时期编纂了不少类书，其中隋初杜台卿编的《玉烛宝典》是流传至今的最早的类书。其他如隋代虞世南编的《北堂书钞》、唐代欧阳询等编的《艺文类聚》、徐坚等编的《初学记》、白居易编的《白氏六帖》等，这些类书主要是为了满足文人墨客们创作诗赋时征引辞藻典故的需要而编纂的。

到了宋代，类书的编纂空前高涨，种类更多，规模更大，著名的有李昉等编的《太平御览》，王钦若、杨亿等编的《册府元龟》，此外尚有南宋无名氏编的《锦绣万花谷》、祝穆编的《事文类聚》、潘自牧编的《记纂渊海》、吴淑编的《事类赋》、孔传编的《后六帖》、陈元靓编的《岁时广记》、陈景沂编的《全芳备祖》，等等。元代编的类书很少，流传至今的只有阴时夫的《韵府群玉》、佚名编的

《群书通要》等。明代的类书最著名的要数解缙等人编的《永乐大典》，这是我国历史上最大的一部类书。其他还有俞安期编的《唐类函》、徐元太编的《喻林》等。清代是我国类书编纂的又一辉煌时期，出现了现存部头最大的类书《古今图书集成》，还有张英等编的《渊鉴类函》、张玉书等编的《佩文韵府》、张廷玉等编的《骈字类编》《子史精华》、陈元龙编的《格致镜原》、何焯等编的《分类字锦》、潘永因编的《宋稗类钞》、徐珂编的《清稗类钞》等。

类书采用的是汇集资料、述而不作的编纂方法，是各类书籍中相关片段材料的分类汇编。它既不同于系统论述事物发展源流的现代"百科全书"，也不同于专门记载典章制度的、对材料加以熔铸的古代政书，更不同于丛书（丛书的成员是"子目"，是一种一种未加剪辑的独立著作；而类书的成员是"部类"，是一个一个包含着若干相关片段材料的类编）。通过采辑群书，以事类区分或以语词立项加以编辑，以便检用，是为类书。类书必须具备两个特点：一是录而不作，即纂辑罗列现有的资料，而非编者自己的论述或考辨，编者最多只是在某些资料前后加几句简单的按语；二是分门别类，即对搜集来的资料分类编排，"类书"就是因类聚资料而得名的。从编排方式来看，类书可分为按义类编排的类书和按字韵编排的类书两种。绝大多数的类书都是按义类编排的，按字韵编排创始于颜真卿的《韵海镜源》（已佚），后世有《永乐大典》《佩文韵府》《经籍籑诂》等，都是以字韵为序编排的。

从内容上来看，类书包括综合性类书和专科性类书两种。综合性类书涉及的门类广泛，举凡天文地理、鸟兽虫鱼、衣食住行、名物制度等，都在收录之列，可以查找多方面的资料，是类书的主要形式。如《艺文类聚》《太平御览》等就属于这一类型。就综合性而言，这种类书有点像今天的百科全书，不同之处是类书只罗列原始资料，并不系统讲述知识。专科性类书只搜集汇编某一门类的资料，是类书的分支。如《册府元龟》专门汇编历代君臣事迹，是历史方面的专科类书。

三、政书与类书的功用

古代政书、类书，除去供皇帝阅览之外，主要是为官员、文士查阅参考之用。由于这些文献分门别类地集中了各种材料，检查较便，所以扮演了工具书的角色，解决一般知识性的问题，也可以当作一种分类的资料汇编来使用，从中寻找自己所需要的内容。其职能大致可归纳为[①]：

---

① 戚志芬.中国的类书、政书和丛书[M].北京：商务印书馆,1996.

（一）查找各类材料

古代政书、类书保存了有关历史、政治、地理、制度、风俗、民情以及文学、艺术等其他许多方面的材料，可以当作一种百科词典来检索，例如《永乐大典》)的"七皆"的"台"字韵，集录有关元代御史台的沿革、变迁的著作，亦足为探讨当时官制的依据。至于辞藻、典故等等，类书所收更多，凡是从一般的词典中查不到的，都可以试查类书。再比如曾任陕西渭南县知县的樊增祥（1846—1931），光绪三年（1877）进士，累官陕西、江宁布政使。其所著《樊山政书》凡二十卷，收录了他1901—1910年间的公牍，内容丰富，真实地反映了近代社会政治、经济、法律、社会等多方面的状况，史料价值极高，历来广为重视、摘引。

政书是专门记载典章制度之沿革的史书，它收集历代或某一朝代政治、经济、文化制度方面的史料，记载某一朝代各项经济、典章制度，内容包括法令制度、历史地理、风俗民情，兼叙史实，是分门记述各项制度沿革的史料汇编，因而具有制度史、文化史和学术史的性质。

（二）校勘集辑古书

利用类书的引文来校勘、考证现存的古籍的内容，是类书的主要功用之一。今本古书，时有讹误，利用类书所引的材料来校勘、考证是常态。例如今本《史记·秦始皇本纪》记秦始皇三十六年有人持璧拦住使者说"为吾遗滈池君"，并且提到"今年祖龙死"。但《初学记·卷五地部上》的《华山第五》引《史记》："明年祖龙死。"据清儒考证，认为是《初学记》作"明年"对，因为秦始皇（所谓"祖龙"，即指秦始皇）死于始皇三十七年，不在当年。

由于历代类书，都从当时存在的各种书籍中摘录材料，采择范围很广，所以各朝书籍，虽不免有很多失传，但在不同程度上，仗着各种类书而保存下来一些佚文，使后来的读者能见到它的一鳞半爪。如《北堂书钞》和《艺文类聚》所引即多隋以前的古籍；《太平广记》所引古小说约五百种，原书已有半数以上失传；《太平御览》的内容，尽管有不少是转录以前的类书而来，但采辑量丰富，超过了旧类书。因此明清人搜辑失传古书的佚文，常从唐宋的这些类书中取资。如明代张溥编《汉魏六朝百三名家集》，许多诗文系取自《艺文类聚》；清代严可均辑《全上古三代秦汉三国六朝文》，不少材料是由《北堂书钞》《艺文类聚》《初学记》《太平御览》等书里录出。另外如王谟辑《汉唐地理书钞》、孙星衍辑《苍颉篇》、孙冯翼辑《皇览》等，无一不凭借于古代类书。

第三节　中国当代智库的产生与发展

当代中国的决策咨询体系是在承袭苏联模式,借鉴西方智库体制的基础上逐渐发展起来的。由于中国传统历史文化和本国经济社会发展的现实需要和影响,目前中国智库的概念界定并不清晰,有些学者甚至认为,中国目前还不存在真正意义上的智库机构。但本书认为,针对中国智库的概念界定,不能照搬西方学者的观点,而要从中国的具体国情出发,分析中国智库建设与发展的国别特征,探索中国智库的针对性发展道路。

一、中国当代智库的发展演进历程

中国最早的智库型政策研究机构可以追溯到新中国建立之前的延安时期,当时为了推进解放区的公共政策研究,中央已经充分利用知识分子的智力资源,为党的政策提供决策参考。但当时的政策研究机构还不成熟,在解放区的政策决策中发挥的作用还相对有限。新中国成立之后,中国才仿照苏联研究机构体制,组建了自己相对完整的政策研究机构。从中国智库机构的发展历程来看,智库在政府决策中发挥作用大致经历了四个阶段。

（一）改革开放之前

在改革开放之前,由于特定的历史原因和体制约束,中国的政策性研究机构主要集中于体制内部。除了少数国有事业单位型政策研究机构外(主要集中于中央层面和国内主要大中城市中),还有一部分高等院校也参与到部分政策研究中。当时由于体制原因和政治环境,这些智库型研究机构的工作主要是为党和政府的政策提供宣传与理论解释,而不是提供政策预案或者参与政策决策,因而,当时的政策研究机构还不能称为智库,更多地体现为依附于党和政府的理论研究和宣传部门。

这一时期,中国的政策研究机构的独立性也比较弱,受当时国内国际政治经济环境的影响,虽然改革开放前中国一些政策性研究机构和高等院校中不乏掌握深厚理论知识和专业素养的专家人才,但这些专家并不能进行开拓性研究。

（二）改革开放到 20 世纪 80 年代末

改革开放后,随着中国经济社会发展面临的诸多政策性问题越来越复杂,百废待兴,中央要制定很多改革方案,需要大量的政策智囊和分析研究者,中国迎来了智库发展的第一波"活跃期"。

一个较为突出的事件是,宝钢工程项目的最初决策在选址、地基处理、设备引进以及经营方针等方面暴露出严重失误,引起了国家决策层的重大关注,此事发生后,当时的国家领导人在经济改革和决策中开始高度重视政策咨询和相关机构的发展,推动了现代智库在官方层面的形成。随后,中央在各部门搜集人才,开始不定期地到中南海去讨论研究,后来通过借调逐渐将人才集聚在一起形成了研究机构,并最终发展成为现在的中央政策研究室和国务院发展研究中心等第一批初具现代智库意义的政策咨询机构。

特别是 20 世纪 80 年代初,诸如"智囊团""思想库""头脑公司""脑库""思想工厂"和"顾问机构"的概念和思路纷纷从西方发达国家介绍引进过来。1981 年,国务院先后成立 4 个研究中心,分别是国务院经济研究中心、国务院技术经济研究中心、国务院价格研究中心和国务院农村发展研究中心。1985 年,国务院经济研究中心、国务院技术经济研究中心、国务院价格研究中心合并成为国务院发展研究中心。1990 年,国务院农村发展研究中心的部分职能与人员也并入国务院发展研究中心。同一时期,中国社会科学院也开始重新组建并发挥政策决策咨询作用。另外,各级政府部门也分别在内部建立了政策咨询机构,从中央到地方,各个部门、各级组织都不同层次地建立了"研究室""政策研究室""经济研究中心""决策咨询委员会"等名称不一的咨询机构,基本上形成了一个完整的政策咨询网络体系。

这一时期,中国智库发展的政治环境相对宽松,政府对智库研究成果的需求也相对较急迫。中共十一届三中全会之后,党和政府每一项大政方针的出台,都是在广泛征求专家学者、政府官员、民主人士、人民群众意见的基础上,经过认真的调查研究、反复的科学论证后而慎重作出的,在决策科学化、民主化方面取得了可喜的进步,形成了政策咨询风尚。

另外,这一时期,传统官方研究机构中一部分优秀人士又抱着创建独立智库的热情,从国家政策研究部门走出来,"下海"组建了中国第一批社会智库,比如 1989 年 2 月,由马洪、李灏、陈锦华、蒋一苇、高尚全等经济学家、社会活动家和企业家自愿联合发起成立的综合开发研究院。

可以说,改革开放之后的 10 年是中国政策咨询最活跃、取得成效最大的黄金时期,为后来的中立国智库建设和发展积累了丰富的经验,也为今天中国的智库发展奠定了良好的基础。

（三）20 世纪 90 年代

20 世纪 90 年代中期,"南方谈话"启动了新一轮改革开放,国民经济高速增长,民营企业遍地开花,国企改革全面拉开,改革开放进入"入关"("关"即关贸总协定)谈判新阶段,驱动中国智库发展进入第二个"活跃期"。

这一时期的智库不再像20世纪80年代那样仅仅关注国家大政方针的研究,而是进入多元化和多领域发展阶段,其中既有学术研究、政策分析,也有企业咨询和商业规划等。与此相适应,中国智库的体制类型也开始进入多元化,大致形成了国家事业单位法人、企业型研究机构、民办非企业单位法人型研究机构和高校下属型研究机构等4大类。在这一时期,一些原来的智库机构也开始发生属性变化,如1992年原隶属于海南省政府的中国(海南)改革发展研究院退出事业单位,走上社会化运行的道路;樊纲依靠中国改革发展基金会,成立了半官方的国民经济研究所;林毅夫离开中央农村政策研究室,靠福特基金会资助在北京大学创立了中国经济研究中心。

随着国家分别启动创建世界一流大学的"211工程"和"985工程",这一时期高校下属的智库机构也开始高速发展,国内重点高校纷纷成立了众多政策研究和咨询机构,从海内外吸纳了各种学科人才,通过研究政策问题、向政府部门汇报研究成果、公开发表文章出版著作,积极推动其在国家和社会层面发挥决策咨询影响。

(四)进入21世纪之后

随着国家经济实力的快速增长,为了适应日益激烈的国际战略竞争的需要,中国对智库的作用也越来越重视。特别是近年来,中国发展的国内外环境急剧变化,国民经济高速增长和社会深层次矛盾日益凸显,迫切需要智库机构为国家各项政策提供智力支持。在中国的政治体制中,人大、政协虽然对政策有最直接的影响,但代表、委员并不是全职的工作者,更不是专业的政策研究者;社会与公民虽然日渐重视其参政议政的权利,但他们也只能是业余进行,大多数情况下建言献策局限于自己相关领域。在这种情况下,智库作为专门从事政策研究的决策咨询机构,其角色不可替代。另外,由于中国以前没有真正的智库,在国际战略竞争中也日渐感到缺乏优秀智库带来的损失。中国政府重视智库建设,正是要下决心改变这一情况——中国不是只有强大的硬实力,还要有强大的软实力,而智库则是构成中国未来软实力的重要基石。

进入21世纪以来,智库发展进一步得到了国家高层领导的关注和重视。2004年3月,中共中央《关于进一步繁荣发展哲学社会科学的意见》在党的历史上第一次以中共中央的名义明确指出:"要使哲学社会科学界成为党和政府工作的'思想库'和'智囊团'。"2005 年 5 月 19 日,胡锦涛同志专门主持中央政治局常委会议,听取了中国社会科学院的工作汇报,强调要"进一步办好社会科学院"。中国于 2006 年在北京召开的中国首届智库论坛和次年在上海召开的第二届智库论坛,显示出中国智库开始摆脱被动角色,有了自主发展的新气息。

2009 年 6 月 17 日,时任国务院总理温家宝在主持召开的国务院常务会议上明确要求,"根据国内外经济形势变化和中长期发展需要,加强储备性政策的研究,提高宏观调控的前瞻性和针对性"。这是中央政府首次提出"储备性政策"的概念,标志着中国政府对"储备性政策"研究的主角——智库的重视达到一个新的高度。而在 2009 年 3 月 2 日成立的中国国际经济交流中心则被认为是当代中国智库发展的排头兵。这一中心是经国务院批准成立,由国家发展和改革委员会主管,经国家民政部登记注册,由国务院前副总理曾培炎任理事长。中心的高规格定位和领导层不寻常的"豪华"阵容,使得新智库备受海内外瞩目,被称为"中国最高级别智库"。

除新成立的一批智库外,中国原有的政策研究机构,包括中国社会科学院和各地社会科学院、党校和高校研究机构,纷纷把智库建设作为努力方向。这些机构经过改革开放以来的数十年的发展,已经具备了一定的实力,随着和谐社会、法治社会、社会参政等理论的形成,中国智库发展所需要的人文环境也已经具备,可以说,当前中国正在迎来一个崭新的智库发展"黄金时代"。

党的十八大以来,新一届中央领导集体高度重视智库建设,对智库建设提出了新要求、新定位、新方向。在 2012 年中央经济工作会议上,习近平总书记指出,要健全决策咨询机制,按照服务决策、适度超前的原则,建设高质量智库。2013 年 4 月 15 日,习近平总书记对我国智库建设作出重要批示(简称"4·15 重要批示"),十八届三中全会《中共中央关于全面深化改革若干重大问题的决定》(简称《决定》)进一步明确提出"加强中国特色新型智库建设,建立健全决策咨询制度",核心是建设中国特色新型智库。① 一是把智库作为国家软实力的重要组成部分,随着形势的发展,智库的作用会越来越大,把智库建设上升到了国家战略高度;二是指出我国智库还相对滞后,应发挥更大的作用;三是明确提出了建设"中国特色新型智库"这个新目标;四是要积极探索中国特色新型智库的组织形式和管理方式,采取有效措施引导各类智库

---

① 张志强,苏娜. 国际智库发展趋势特点与我国新型智库建设[J]. 智库理论与实践,2016(1):9-23.

加强自身建设;五是要求智库积极为中央科学决策提供高质量智力支持。这表明新一届中央领导集体对智库高度重视和充满期望,中国特色新型智库将在全面深化改革的过程中,在推动国家治理体系和治理能力的现代化进程中,扮演越来越重要的角色。"4·15 重要批示"和十八届三中全会《决定》关于中国特色新型智库建设的意见,是中国智库发展的新里程碑和重要标志,标志着中国智库发展进入了一个新阶段,表明加强中国特色新型智库建设成为推进国家治理体系和治理能力现代化的组成部分和重要力量,标志着智库建设列入了中国全面深化改革的议程,进入了顶层设计的框架。

2015 年 1 月,中央发布了《关于加强中国特色新型智库建设的意见》(简称《意见》),标志着中国特色新型智库建设正式上升为国家战略。随后 11 月《国家高端智库建设试点工作方案》获得批准并确定 25 家试点高端智库,中国特色新型智库建设全面启动。

表5　首批国家高端智库建设试点单位四种类型 25 家机构

类型	名　称
党中央、国务院、中央军委直属的综合性研究机构	10 家:国务院发展研究中心、中国社会科学院、中国科学院、中国工程院、中央党校、国家行政学院、中央编译局、新华社、军事科学院、国防大学
依托大学和科研机构形成的专业性智库	12 家:中国社会科学院国家金融与发展实验室、中国社会科学院国家全球战略智库、中国现代关系研究院、国家发改委宏观经济研究院、商务部国际贸易经济合作研究院、北京大学国家发展研究院、清华大学国情研究院、中国人民大学国家发展与战略研究院、复旦大学中国研究院、武汉大学国际法研究所、中山大学粤港澳发展研究院、上海社会科学院
依托大型国有企业的智库	1 家:中国石油经济技术研究院
基础较好的社会智库	2 家:中国国际经济交流中心、综合开发研究院(中国·深圳)

据不完全统计,从 2015 年 6 月至 2016 年 12 月,围绕《意见》精神,江苏、湖南、河北、广西等地相继出台地区新型智库建设实施方案,文化部、水利部、科协和军队系统也相继出台了系统内部的新型智库建设实施方案,中组部(党建办)、民政部、国防部、科技部、气象局等系统也正在抓紧研究制定智库发展方案,旨在为中国特色新型智库建设路径提供指导。可以预期,智库在政府科学民主决策方面将发挥日益重要的战略和政策问题研究与咨询作用,将促进国家决策咨询制度的不断完善。

表 6　国内著名的外交智库

名　称	所属机构
中国国际问题研究院	外交部
中国现代国际关系研究所	国家安全部
国务院发展研究中心	国务院
国际战略研究所	中央党校
世界政治与经济研究所美国研究所亚太研究所	中国社会科学院
中国国际战略学会	军队系统
上海国际问题研究所	上海市政府

二、当代中国智库发展现状

改革开放以来，中国从事政策研究的智库机构在解放思想、实事求是的路线指引下，围绕中国经济社会发展面临的重大理论与现实问题，进行了大量的研究工作，也取得了突出成绩。《全球智库报告 2016》显示，2015 年全球共有智库 6 846 家，中国智库数量达到 435 家，是世界第二智库大国。

近年来，中国的智库机构在基础研究、应用研究和政策决策咨询服务方面都得到了全面发展，在队伍力量分布上，围绕三个层次的研究咨询任务，已经形成了官方"五路大军"和社会智库机构的六股力量。中国社会科学院等中央级研究机构和全国性重点大学相关机构属于"国家队"，主要从事国家大政方针的全局性课题研究。而以地方社会科学院和地方高校为代表的机构，属于"地方队"，其主要研究方向与目标是为地方的经济社会发展提供决策咨询服务。社会智库代表民间政策研究力量。从 20 世纪 90 年代开始，中国开始出现民办的哲学社会科学机构，如北京的天则研究所等，这些机构在各级政府决策中也承担一定的决策咨询功能。

（一）官方智库

官方智库主要是指各级政府内部的政策研究力量、社会科学院系统、党校系统、军队政策研究力量、高等院校内政策研究队伍。

党政系统直属智库：党政系统的政策研究主要是指各级党委、政府部门下属的政策研究室（中心）、经济研究中心、发展研究中心等机构，这些机构是专门为上级或本级决策提供咨询服务的纯应用型咨询机构。其特点是研究队伍稳定，研究任务明确，经费来源全属拨款。此类机构贴近党政决策核心，是时效性、针对性、实用性较强的宏观政策研究的主要力量,但因其受学科和力量局限,难以承担量大面广的重大项目的研究咨询,且研究活动受到行政约束,研究结果往往带有决策者的主观意志。

社会科学院系统智库:新中国成立之后,中国仿照苏联模式建立起的一整套具有中国特色的哲学社会科学研究机构体系。截至目前,这些哲学社会科学研究机构仍然是中国当代智库建设的主体,并在政府政策决策中发挥着重要的智力支撑作用。近年来,越来越多的地方社会科学院提出建设新智库的发展目标,并且在实际工作中取得了明显的实效。应该说,地方社会科学院转向新智库建设有着深刻的现实需要和重要的时代背景。从需求的角度来看,随着国家经济社会发展规模的扩大,各级政府政策决策内容不断复杂化,政府需要在决策问题时使用外脑,而社会科学院系统一马当先,担负其政府决策咨询的重任。从供给角度来看,社会科学院系统的智库定位也是中国事业单位体制改革转型的一种客观要求。长期以来,社会科学院作为各级政府下属的事业单位,其经费来源基本依赖财政经费支持,为了获得更大的支持力度,同时也要考虑到社会科学院系统与其他研究机构的区别,选择智库作为发展目标也就顺理成章了。

各级党校系统智库:党校系统是一种非常特殊的政策研究主体。中共中央2008年10月颁布的《中国共产党党校工作条例》第二条规定:中国共产党党校是在党委直接领导下培养党员领导干部和理论干部的学校,是党委的重要部门,是培训轮训党员领导干部的主渠道,是党的哲学社会科学研究机构。由此可见,除了担负轮训培训党员干部的工作外,参与政策研究、提出政策性建议也是党校的主要工作内容。以中央党校为例,党校的科研工作以研究建设中国特色社会主义重大现实和战略问题为重点,以调查研究为基础,努力结合国内国际形势的发展变化进行理论创新,为教学服务,为中央决策服务,为社会主义物质文明、政治文明和精神文明建设服务。全校现有教师近600人,其中教授168人,副教授159人,博士生导师70人。近年来,各级党校在中央和地方政府决策咨询中发挥着越来越重要的作用,成为党和政府的重要智库机构。

军队系统智库:军队系统的决策咨询研究主要为中国的国防外交领域的政策研究提供智力支持。除解放军各部门、各大军区和各军兵种内设的政策研究与战略支撑研究机构外,中央军委直属系统的中国人民解放军军事科学院和中国人民解放军国防大学是中国国家层面的主要智库机构。中国人民解放军军事科学院,是中央军委领导下的军事学术研究机关,是全军军事科学的研究中心,基本任务是进行军事基础理论和国防建设、军队建设重大问题的研究;为军委和总部决策提供战略性建议和咨询,提供军事学术研究方面的信息;组织协调全军的军事学术研究工作等。1985 年 12 月由军事学院、政治学院、后勤学院合并成立国防大学,是中国军队唯一的一所高级军官指挥院校,直属中央军委领导,担负着培养陆、海、空军军以上指挥干部,地方省级领导干部及中央国家机关部以上负责干部,并从事有关战略和国防现代化建设问题的研究,为国务院、中央军委和解放军各总部的决策起咨询作用。

高等院校智库:近年来,随着中国高等教育的大发展和一批研究性大学的兴起,高等院校内设研究机构也越来越多,大学科研人员参与公共政策研究的程度也日益深入。以上海为例,上海市委、市政府部门每年发布的各项决策咨询研究课题,高校中标的比例都远高于 50%,其中复旦大学、上海交通大学、华东师范大学和上海财经大学是这些中标课题的主要承担者。从全国来看,中国基本每所高校都设有专门从事应用课题研究的科研机构,一些高校也把参与中央和地方政府的政策研究视为学校承担的主要社会责任之一,在科研考核与职称晋升中,把参与决策咨询研究及其成果获得的奖励情况,当作重要的评价标准。目前,国内比较有影响力的高校智库有清华大学国情研究中心、北京大学中国经济研究中心等。

（二）社会智库

与官方智库机构相比,社会智库作为汇集民众智慧、形成集体智慧的重要途径,可以在一定的范围、行业、社会层次作一些相对更详细、更完全、更独立的调查分析,并最终起到建言献策的作用。当前,中国社会智库机构主要有三种形式:企业型智库、民办非企业单位法人型智库、社团性质智库。① 除此之外,还有一些甚至不具备法人资格的民营智库。

企业型智库,主要是指那些专门从事政策研究和咨询工作、以企业身份注册的法人机构。

民办非企业单位法人型智库,是指由民间出资组织,专门从事政策研究和咨询工作的民办非企业单位法人。《民办非企业单位登记管理暂行条例》(1998)规定:"民办非企业单位,是指企业事业单位、社会团体和其他社会力量以及公民个人利用非国有资产举办的,从事非营利性社会服务活动的社会

① 王辉耀,苗绿. 大国智库[M]. 北京:人民出版社,2014.

组织。"民办非企业单位根据性质的不同又可分为：法人、合伙和个人三类。

社团性质智库，主要指一些民间社团组织成立的专门从事政策研究咨询与社会调查、行业分析工作的公益性非营利事业法人机构。

目前，中国民营智库数量还不算很多，但具体情况比较复杂，运营模式和发展战略差异甚大。从运作方式来看，中国民营智库目前主要有专业化的政策研究、社会化的西方智库模式以及市场化的咨询服务等发展模式。

专业化智库：这类智库围绕政策研究和热点时事，具有明显的政策导向性。其研究领域向政治、经济、社会发展和思想文化等方面拓展，在某个或某几个领域具有专业化和特色化的优势。这类智库又可分为两种情况：一种情况以中国（海南）改革发展研究院、中国经济体制改革研究会为代表，运营模式颇具中国特色。从性质上看是非营利性的民间研究机构，但与政府部门有着千丝万缕的联系，不少还是事业单位改制过来的，有国家机构、地方政府和特定的协会组织的支持，带有一定的准官方色彩。另一种情况以世界与中国研究所、上海发展研究基金会为典型代表。一方面，它们与政府部门有一定联系，其研究也具有一定的政策导向性，但另一方面，它们更注意保持相对独立的地位和中立的研究，重视研究成果的公信力和影响力，重视社会参与并争取企业支持和社会捐助。

社会化智库：在对外开放的大潮中，中国也出现了一批参照西方智库尤其是美国智库运行模式的民营智库，主要是各种社会力量在支持参与，主要关注社会热点问题和公共利益问题，带有鲜明的社会化特征。

这类智库以天则经济研究所、九鼎公共事务研究所为主要代表，具有以下典型特征：一是机构的主要发起人大多具有在体制内工作的经历，机构除聘任少数主要负责人外，多数专家学者多采用外聘方式；二是此类研究机构的发起人和研究人员多具有很强的学者气息并怀有理想主义精神，出于人文关怀而自愿从事相关工作，并不计较利益得失；三是此类机构影响决策和公众的方式主要包括私人关系、研究报告以及定期举办研讨会等；四是此类研究机构的发展困难重重，前景不太乐观。

此类机构面对的最大困难是资金问题：一方面，此类机构大多关注公共利益问题，成果属于公益性质，服务大众，同时这也意味着此类机构没有特定的服务对象，这使得此类机构缺乏相应的社会资金支持；另一方面，此类机构的性质决定了它们难以从政府那里获得稳定的课题和经费支持。这些都制约着此类机构的发展。

市场化咨询智库：国内有一些民营咨询机构主要以商业咨询机构的形式存在，长城企业战略研究所、北京视野咨询中心、安邦咨询公司为其典型代表。它们普遍专注政府微观管理、产业发展、企业战略等微观研究领域，完全采取市场化的运作方式，自筹资金，自负盈亏。这类机构是完全市场化的，与咨询公司十分类似。随着社会开放程度的加深和公共治理的进步，政府对决策科学化的要求越来越强烈，政府向这类机构购买公共事务咨询服务的机会也开始增多。在深化改革的时代背景下，这类研究机构需要调整位置，或者转向真正的政策影响智库为主，或者转向真正的市场公司，都可以有很大的发展机遇。

经过多年的发展，这类研究机构在相关领域积累了一定的优势，形成了自己的研究专长，在某些领域开展具有前瞻性的研究。这类研究机构凭借自身的专业性，通过市场化运作筹措到了比较充足的经费，为具有独立开展研究能力的民营智库的发展提供了一条可供借鉴的道路，开创了中国民营智库发展的一种独特模式。

总之，随着经济、社会的发展，政府对智库的需求越来越多，而官办智库由于其自身某些束缚的存在而难以完全发挥影响政府决定的作用。因此，政府开始重视民营智库的力量，助力民营智库的发展。民营智库由此获得了更大空间。近几年，新型民营智库如雨后春笋般涌现出来。比较典型的有：博源基金会、中国金融四十人论坛（CF40）、察哈尔学会、长策智库、盘古智库、中国经济50人论坛、瞭望智库、中国人民大学重阳金融研究院（简称"人大重阳"）和中国与全球化智库（CCG）等。

三、当前中国智库发展面临的瓶颈

近年来，中国智库无论是在类型、规模还是数量上都获得迅猛增长，进入一个快速扩大的"黄金时期"。不过，无论在规模、地位，还是公信力、影响力上，仍然与国际知名智库相距甚远。

（一）智库研究的独立性问题[①]

根据西方的智库理论，智库应该是不受政府或者财团直接控制的独立法人研究实体，智库的最高决策机构往往是由大财团的经理董事、知名学者和律师组成的理事会。而当前中国的智库，由于体制上的原因，大多都是政府出资或者与政府有密切关系的研究机构，或者称为"体制内"科研机构，智库

---

① 刘佳骏.中国特色新型智库[M].北京：社会科学文献出版社，2014.

的运作具有很强的"官本位"色彩。由于官办智库的特点,例如研究资金来源于政府,研究者属于政府终身公务员编制,工资和职位由政府决定等,智库往往就会异化和失去公共性或民间性的本质,成为政府政策的宣传者和诠释者,很难提出具有质疑精神的意见、建议以及具有替代性的"储备性政策"。

在政府决策中,政策咨询服务也往往向官方智库倾斜,甚至由官方智库所垄断,社会智库很难进入政府的决策咨询领域,进而导致社会智库发育不足。即使是一些半官方的大学附属型智库,除非与政府部门保持较好的关系,否则也很难进入政府的决策咨询系统。中国这种"政府控制智库,智库服从政府"体制在一定程度上降低了中国智库的社会公信力,其研究成果也往往受到社会的质疑。中国的一些智库或囿于权力的束缚,或惑于经济的"诱扰",难以独立地思考,研究成果常常失之公正。

目前,关于中国智库的角色定位存在两个基本误区:一种误区认为中国的智库,特别是官方智库,由于是由政府出资设立的,因而其研究也要服从于政府的安排,承担政府交办的科研任务,为政府出台的政策进行理论性解释,保驾护航。另一种误区认为,独立性是智库存在的核心价值,中国的智库要完全摆脱政府的影响,提出自己独立的政策设想和建议,在有些时候甚至要不惜与政府唱反调,以体现智库独立研究的意义和价值。上述两个方面的观点对于当前中国智库的发展都是有害的。智库与政府的关系不是泾渭分明,非得划清界限,相反,应该是在相互合作中保持相对的独立。

从中国目前智库的发展定位来看,大部分智库都是受政府资助的事业单位,必然会受到政府的影响和干预,但这并不一定影响到智库的独立性。中国智库要在如何发挥智库对政府的影响力与保持智库研究的独立性之间寻找出最佳的平衡点。智库要发挥对政府的影响力,就必须与政府保持密切的合作关系。独立性并不意味着智库要和政府划清界限,而只是保持客观距离。原因在于:第一,政府是智库研究产品的最终消费者。智库和政府保持良好关系,有助于智库将研究成果更好地向政府输送。第二,政府是智库获得政策研究所必需的信息和数据的最主要渠道。没有这些资料,智库研究成果的质量就很难得到保证。第三,智库的政策倾向往往还是受到智库中相关专家出于其教育背景、信息来源和对客观社会价值的独立评判的结果的影响。

智库的影响力和独立性并不矛盾,而且是相辅相成的。一方面,影响力有助于智库保持独立性。智库有了影响力,政府和社会各界对其研究成果的需求就会增大,智库获得的研究经费和影响渠道也就更多,这样就能够帮助智库摆脱依附于单一财政来源的局面。另一方面,独立性是影响力的基础。保持独立性能够取得政府和社会的信任。一旦智库的非独立观点被政府和社会所识别,这些智库研究成果的价值就大大降低,从而使其很难取得政府重视和社会信任,最终难免出局的命运。

(二) 智库的研究能力问题

除了独立性外,智库的能力不足也是中国智库经常受到社会抨击的地方。近几十年来,中国智库为中国的经济社会发展、内政外交提供了大量的决策咨询服务,也发挥了应有的作用。但是,中国智库能力整体上还不强,特别是与国际智库相比,中国智库在贡献新思想、提供有创造性的政策方案方面还有很大的差距。

智库研究工作的质量完全依赖于研究人员的能力。一个高水平的智库,必须拥有一批学有专才、潜心研读国内外形势的专业人才,只有这样,才能提供专业的优秀报告。国际上凡有所建树的智库机构也必然拥有一支十分专业的高水平研究团队。如兰德公司将自己的成就归功于有许多诺贝尔奖得主的高水平研究团队;布鲁金斯学会也拥有许多才华横溢的学者,这让它成为一个十分有影响力且值得称道的智库机构;英国皇家联合服务研究所(Royal United Services Institute, RUSI)因一贯的高质量研究而著名,也拥有一个世界级的专家团队。应该说,中国绝对不缺乏高质量的学者,但如何将这些学者组织起来,并且组建出高质量的智库,可能还需要相当长时间的努力。

要加强中国智库的建设,就必须加快中国智库的专业化建设和管理体制完善。智库的发展只有形成自己的专业性,方能真正地保持其独立性,在推进智库建设独立性的同时,必然要加强智库的专业化建设。智库的专业性包括专业人才队伍的建设、智库的专业特色的形成、智库咨询工作的专业特点等。如英国智库注重发挥工程咨询方面的优势,德国智库与新技术结合,法国智库注重其咨询的实用性和发挥其对非洲熟悉的优势,而美国大型智库利用其综合性优势和强大的人才优势大力拓展国际市场等,都是值得我们注意的。而欧美的每一家大型的智库,几乎都有自己的主要的专业方向:如布鲁金斯学会主攻中东问题,兰德公司主攻军事战略,美国对外关系委员会主攻外交政策,美国战略与国际研究中心主攻国防政策,美国企业研究所主攻贸易、经济政策,胡佛研究所主攻美俄关系,卡内基国际和平基金会主攻核不扩散问题,欧洲政策研究中心主攻欧洲一体化研究,法国国际关系研究所主攻欧洲事务,斯德哥尔摩国际和平研究所主攻危机管理,亚当·斯密研究所主攻自由市场,等等,都对我们发展专业性强的智库很有启发。

智库的专业性建设和智库管理体制的完善是分不开的。从行业上看,智库的发展需要有科学有效的行业管理;从智库内部的管理体制来看,需要有适应于本智库的有特色的管理方式,这样才能使智库的专业性得到充分的发挥。

（三）智库的国际话语权问题

在当代社会,智库应该发挥的作用除了表现在参与国内政策的决策研究上,还体现在参与设定全球性议程的能力方面。从目前来看,中国智库在这方面还是比较欠缺的,具体表现在中国的智库在参与国际事务和国际重大问题的研究方面,能力不强,话语权弱小,难以与活跃在全球政治经济社会诸多方面的西方智库相匹敌。在一些全球性重大问题方面,中国的话语总是被西方牵着鼻子走,总在回应西方政府和媒体,总在为自己辩护。比较典型的重大突发事件中,中国智库在论述本国观点方面相对弱势,在西方舆论场上没有自己的声音,丧失了议题、议程定义权。

应该说,一国智库的国际话语权的大小是与其所在国家的国际政治、经济地位密切相关的。一方面,具有重要国际影响的国家需要本国智库为其在国际事务中发表声音,体现本国利益诉求。另一方面,智库研究能力的高低反过来也对本国的国际政治、经济地位产生极大的推动作用。如果一国智库在国际问题上的研究深入,研究成果得到国际认同,本国的国际影响力将会倍增;相反,如果一国没有知名智库机构,即便是拥有较强大的国际硬实力,但其国际软实力影响将会大打折扣。

近年来,中国政府已经开始高度关注国家的国际话语权问题。中央各部门在不断加强外宣工作的同时,也积极采取措施推进本国智库的国际化进程。在 2009 年被称为中国超级智库的"中国国际经济交流中心"成立之后,连续多次举办"智库峰会",中国智库的国际影响日益提升。另外,中国智库参与全球性问题研究与区域经济合作议题的研究也取得较大的进展,中国学者在国际规则制定与全球突出性问题上的研究成果得到国际关注,中国智库的国际地位迅速提高,智库的国际话语权得到大大加强。

从根本上说,智库要发展,有两个非常重要的外部条件:一是要自上而下形成一个尊重专业独立性的政府决策氛围;二是全社会要有比较开放的公共空间,也就是公共舆论,鼓励更多的专业人士参与决策。从目前来看,中国的智库发展社会环境并不太具备优势:首先从政府部门对待智库研究的态度来看,政府部门要么将智库视为可有可无的决策支撑机构,要么要求智库承担本来由政府部门承担的职能,为其提供全套的政策方案;其次,从中国当前的社会公众来看,对智库的认识也存在诸多误区,往往将智库视为政府利益的代言人,而不是公共利益的代表。

外部制度环境是中国智库实现影响力并保持独立性的关键。首先,政府要建立政策思想搜集和筛选机制,搭建多种形式的政策思想的交流平台,并且更加包容地对待一些新兴媒体上的观点乃至批评意见。其次,政府委托智库进行专项研究是最直接有效的采纳专家意见的方式,但政府决策者往往对政策建议的科学性很难判断,因此在政府委托研究时需要完善同行评审和同行竞争机制。第三,政府要建立有效制度保障智库获得多元化的财政来源,这些制度包括:在中国设立政策研究基金,鼓励各类智库自由申请;通过法律或政策鼓励社会公益捐助;在政府引导的基础上鼓励民间资本作为政策研究基金的有益补充;鼓励智库专家的公益探索研究;等等。有了多渠道的充足的研究资金来源,智库迫于生计而依附于少数别有用心的资助者的可能性就大大减少了,智库的独立性也就有了保障。

完善中国智库发展的外部环境需要努力构建智库市场化的运作体制,让智库积极应对市场的变化。智库的民间化发展其实也是构建市场化运作体制的过程。严格说,现代智库作为市场经济社会中的一种机构组织,必须尊重市场经济的规律,只有在不断地应对市场化发展的过程中才能健康地生存和壮大。首先,智库必须有自己的经费来源,与政府部门在经费上实行"断奶",方能独立成长,经费的依赖性会造成咨询工作独立性和客观性的丧失。其次,智库必须有独立的人才管理权,编制内的人才管理方式限制了人才的流动,也使智库的研究人员懒散、不易激发创造性,而且也形成了不习惯提出新见解的弊病。再次,智库必须有独立设置课题的自由权力。成功的智库,在咨询的课题上都是有充分的独立性的,它们对课题的设置不是指派式的,而是面对市场,面对社会热点问题,面对企业亟须解决的问题而设置的,智库积极应对市场的变化,也由市场的需要来决定智库的发展方向,智库只有在充分的市场运作体制中才能真正的健康发展。

改革开放前30年,"专家决策咨询"贯穿在我国政治、经济、社会、文化建设领域,在政府管理和社会治理方面发挥了重要的作用。为适应以技术为导向的全球化进程和"互联网＋"时代为代表的新技术新革命,实现全领域创新发展,"智库建设"在党的十八大后成为"专家决策咨询"的升华,两个概念有着一脉相承的功能作用,至此中国的智库研究和实践得到各界的高度关注和广泛响应。

(四)智库研究资源建设问题

随着网络计算机技术的发展,现代智库不可避免会朝着专业化、精细化、数字化方向发展。相应的,对高质量事实数据资源的保障和建设也会提出更高要求。特别是在国际关系研究中,没有丰富的国别研究资源,没有来自这些国家内部的文献与数据资源,仅仅依赖于西方国家的数据库资源不仅是欠缺的,甚至可能是十分危险的。举例而言,作为国家战略性决策的"一带一路"战略,涉及包括东南亚、南亚、西亚、北非、中东欧及中亚、独联体在内的诸多国家。与如此众多国家进行经济贸易交往,可能遭遇的问题非常多;面对问题,政府决策部门不仅需要国际关系专家,更需要东南亚问题专家、巴基斯坦问题专家、中亚问题专家等国别研究专家,就具体问题提出理论参考和解决思路。

智库研究资源的建设不能仅仅满足于一般数据的汇集,而要实现从薄数据(thin data)到厚数据(thick data)的关联。所谓厚数据,是指"利用人类学定性研究法来阐释的数据,旨在揭示情感、故事和意义"。薄数据呈现的是事实,而厚数据不仅呈现事实,还包括事实的前后联系和意义,简言之,厚数据能够更多揭示表面数据背后的内在原因及其发生机制。仅仅知道"WHO,WHEN,WHERE,WHAT"这些薄数据是不够的,还要知道"WHY,HOW"这样的厚数据。两者结合,才能更全面、更深入地把握和理解问题,完成对研究对象的问题解决和理论创新。

正因如此,美国一流的社会科学学术机构都非常重视对于相关社会科学数据资源的建设,例如芝加哥大学综合社会调查项目(General Social Survey, GSS)、密歇根大学社会研究所(Institute for Social Research, ISR)以及校际政治和社会科学研究联盟(Inter-university Consortium for Political and Social Research, ICPSR)、哈佛—麻省理工社会科学数据中心(Harvard MIT Data Center, HMDC)等。其中 ICPSR 收藏了超过 50 万份社会科学研究的数据文档,涵盖了政治学、社会学、人口学、经济学、教育学等 16 个学科。[①]

---

① 张计龙,朱勤,殷沈琴.美国社会科学数据的共享与服务[J].大学图书馆学报,2013(5):13-17.

　　我国智库研究水平不高的一个重要原因是缺乏定量分析和实证研究所需要的大规模专题研究资源与数据。我国学者在研究中更多倾向于采用历史分析方法,或借助于某一理论视角进行阐述,而不擅长见微知著的数据分析和实证研究。因此,围绕研究问题建立高度专题性的事实数据资源,不仅是研究的基础,也是研究结论可靠的保障。智库所希望实现的对战略发展方向的科学定位、对政策需求的准确预测与快速响应等,无一不是建立在充分的信息准备基础上的,只有在信息尽可能完全的基础上,克服信息不完全带来的信息不对称,才有可能作出相对正确的选择,同时将决策过程中的风险性降到最低。因此,高质量高水平的智库离不开精确、全面和专业的研究资源的支撑与保障,专题研究资源是智库发展过程中最活跃、最具生命力的要素和重要保证。专题研究资源的建设问题已经成为制约智库发展的瓶颈,面向研究问题的专题资源建设是智库研究与发展中不可或缺的因素。

第四节　中国特色新型智库——人大重阳

　　中国人民大学重阳金融研究院(人大重阳)成立于 2013 年 1 月 19 日,是上海重阳投资管理股份有限公司董事长裘国根先生向母校捐款 2 亿元的主要资助项目。该院以"立足人大,放眼世界;把脉金融,观览全局;钻研学术,关注现实;建言国家,服务大众"为宗旨,依托中国人民大学财政金融学院丰富的学术资源,广泛吸纳全国乃至世界范围内有思想、有影响力的行业精英,对经济社会热点进行深度剖析,提出具有建设性、可操作性的政策建议。

　　人大重阳聘请了来自 10 多个国家的 89 名前政要、银行家、知名学者为高级研究员,与 30 多个国家的智库开展实质合作。

　　目前,人大重阳被中国官方认定为 G20 智库峰会(T20)共同牵头智库、中国金融学会绿色金融专业委员会秘书处、"一带一路"中国智库合作联盟常务理事、中国—伊朗官学共建"一带一路"中方牵头智库。2014 年以来,人大重阳连续两年被选入由美国宾州大学推出的、国际公认度最高的《全球智库报告》的"全球顶级智库 150 强"(仅七家中国智库连续入围)。

一、起步与建设思路

　　2012 年秋,中国最优秀的私募基金公司"重阳投资"董事长裘国根先生向母校中国人民大学捐款 2 亿元。在人大校长陈雨露教授的极力推动下,这笔钱的相当一部分用于成立新型智库。这是 2013 年 1 月 19 日人大重阳的建始背景,也是该智库的执行副院长王文眼中最重要的两大基础。

人大重阳认为,智库的机制、人员和运营与传统学院有很大不同。学院着重做学术研究,智库做政策研究;学院的重心在影响学术界、高校界,智库的重心在影响社会和决策;智库更加社会化和国际化,更加讲究现实。现实变化快,智库研究也要适应这种变化。于是,人大重阳的智库建设思路是寻找一些很少有人触摸过的大问题、新问题,很快就开成了 G20 国家智库论坛、丝绸之路经济带 12 国智库论坛、APEC 高官会等大型议题的国际研讨会,并推出许多高质量的报告与书籍。有人评价道:中国与金融、投资相关的三大对外战略背后,都有人大重阳的智力身影。

王文把这些进展归结为"大金融"理论的指导。作为人大重阳立院的理论宗旨,"大金融"概念是中国人民大学 20 多年来长期研究积累下来的思想精华,堪称"金融学的中国学派"。2013 年陈雨露教授出版了大金融理论的集大成之作《大金融论纲》一书,将该理论推到了新高度。该理论讲求微观与宏观、实体经济与虚拟经济的统合,主张高效、稳定和危机防控的三维一体,体现了人大金融学科全国高校第一的实力,也应和了目前中国金融改革的时代需求。

二、定义智库新模式

经历了 30 多年改革开放之后,整个中国进入了第二轮创业和第二轮改革的关键时期。从决策的角度来讲,国家也需要有一批全新的智库,需要智库界的创业者。在结合了时代需要、决策者诉求以及运营摸索的基础上,人大重阳走出一套自己的智库特点。王文把它概括为八个字:咨政、启民、伐谋和育才。

人大重阳内部的一项重要工作,就是"思想转化"。人大有中国最为优秀的智力资源,只要能发掘出这个资源,在人大建金融智库就是生逢其时。于是就有了人大重阳在银行改革、金融消费者、互联网金融等方面的重要位置。

人大校友裘国根设立的中国人民大学重阳投资教育基金中的相当部分,用于建立重阳金融研究院。裘国根在接受媒体采访时说:"我们出钱,同时代为管理。这是一种全新模式的开创。"事实证明,这一模式是成功的,重阳金融研究院目前已经跃升为国内外知名智库,完成一系列全球金融治理方面的研究项目,包括 G20、一带一路、绿色金融等有特色的金融研究。

目前,人大重阳有八种系列产品,包括宏观日报、研究动态、金融简报、研究报告、论坛集锦、宏观周报、出版物、调查报告。八种产品各自针对不同的服务对象。如果把人大重阳比喻成一个思想工厂，它每天会为不同的决策人群和公众专供各种思想产品。

一位智库研究者说，互联网很重要的一个特点就是把整个社会变得扁平化。过去智库是非常神秘的，现在就是在破除神秘。智库只是生产思想服务给不同的人而已。智库除了为决策者服务之外，还要服务于大众，因为大众也需要严肃的专业化的具有国际视野和具有务实理念的思想的生产者。

三、团队：成分多样、形式灵活

"人大重阳"的研究力量基本上分为三部分：第一部分是全职的研究人员，能够高效地生产内参报告。第二部分是高级研究员，大概有 50 多位，由来自 16 个国家的前高官、金融大腕和著名学者组成，比如前联合国副秘书长、前伊朗外交部长等。前伦敦商业与经济署署长罗思义（John Ross）是最"火"的人大重阳高级研究员，2014 年 10 月初，他对英国虚伪香港政策的批判在新浪微博持续保持着数日的第一关注度，得到数千万人阅读。前瑞士苏黎世州银行北京首席代表是高产的高级研究员，他提出的"美国需要改革开放"后来曾被高层引用。第三部分研究力量是因项目需要而邀请的研究人员，有数百人，通过各类研讨会，经常会提出很好的建议。

第四章　智库研究的理论基础及理论框架

智库研究作为一个新兴的研究领域,无疑有其固有的研究范畴、理论基础、研究规律与基本框架。[①] 智库的存在及其发展并不取决于个人的智慧和头脑,而是基于跨学科的理论和综合研究,评价一个智库的水平和影响力,也不仅仅看产品数量的多寡,而要看其能否生产出有针对性的、有质量的思想产品。因此说,智库的价值及其影响力的产生始终是和研究密切关联的,而研究又无疑与政治、社会、经济学、管理学等理论发展紧密相关。换言之,智库专家及其研究才是智库发展的根本之道。正因如此,才有必要去认识和理解智库研究的理论基础及其在研究过程中借鉴和依托的理论流派和理论框架,从而厘清智库发展的轨迹,更为深入地探索智库的可持续发展道路。

第一节　信息不对称理论

对于智库而言,其产生和存在的最根本原因,就在于各级各类行政决策机构无法在充分占有相关信息的基础上作出完全和准确的判断,正是因为存在着信息不完全和信息不对称,智库才有了存在的必要和发展的土壤。

一、信息不对称理论

信息不对称(Information Dissymmetry)是信息不完全表现出的情形之一。[②] 信息不对称是指交易双方对于交易对象的信息掌握和了解程度不同。在市场经济活动中,各类人员对有关信息的了解是有差异的;每个市场参与者都不可能获得所需要的全部信息,即对于某种经济环境状态的全部知识;掌握信息比较充分的人员,往往处于比较有利的地位;而信息贫乏的人员,则处于比较不利的地位。相关信息在交易双方的不对称分布,可能对市场交易

---

① 周小毛,黄海,周湘智."智库学"范畴、规律与框架[EB/OL]. (2015 - 02 - 04)[2016 - 09 - 14]. http://www.china.com.cn/opinion/think/2015 - 02/04/content_34730125.htm.

② 高莉.基于不完全信息理论的商业银行信贷风险管理[J]. 现代企业教育,2009(6).

行为及其市场运行效率产生影响。①

　　信息不对称理论是信息经济学研究的一个核心内容,用来描述和解释在不完全信息市场上的交易活动及其后果,这一现象早在 20 世纪 70 年代便受到 3 位美国经济学家乔治·阿克罗夫(G. Akerlof)、迈克尔·斯彭斯(M. Spence)、约瑟夫·斯蒂格利茨(J. E. Stiglitz)的关注和研究。乔治·阿克罗夫 1970 年在《柠檬市场:质化的不确定性和市场机制》中提出了不完全信息理论的基本思路。通常情况下,卖方比买方更了解有关商品的各种信息;掌握更多信息的一方可以通过向信息贫乏的一方传递可靠信息而在市场中获益,因此,卖方总是可以凭信息优势获得商品价值以外的报酬;而买卖双方中拥有信息较少的一方,总是会尽可能努力从另一方获取信息,或寻求外在的第三方帮助以补充相关信息;总之,占有信息的人在交易中获得优势,这实际上是一种信息租金。信息租金是每一个交易环节相互联系的纽带,就如同地租和资金的利息一样,信息也是一种重要的资源。

　　人们常说的“隔行如隔山”“外行没有发言权”,这里所谓的“山”,其实就是信息不对称,不对称信息实际上可以被看作对信息成本的投入差异,由于买方或者说消费者往往没有对商品的诸如生产信息等信息进行投入成本,就必然与卖方,或者说生产者之间产生信息投入成本上的差异,生产者利用信息投入差异来获取利润,其实正是为了补偿先前付出的信息成本。而消费者如果要获得这些信息,就需要付出成本。

　　信息不对称理论不仅说明了信息的重要性,更说明因获得信息渠道之不同、信息量的多寡,交易主体会承担不同风险和收益。信息不对称现象的存在,使得交易中总有一方会因为获取信息的不完整而对交易缺乏信心,担心因此而造成利益损失。此时,如果能够通过第三方获取和弥补信息的不足,发现并显示市场信号,则在一定程度上可以弥补信息不对称的问题,带来信息上的相对平衡。信息不对称问题的存在说明了信息传递的重要性,正是因为人与人之间需要沟通与对话,相互传递信息,交易双方才能取得交易的成功,避免出现市场失灵。②

　　显然,在政府和社会公众之间也存在着严重的信息不对称现象。这种情况的存在,不仅仅增加了管理租金,加大了交易成本,还可能是滋生特殊利益

---

① 杨欣. 博弈论在不完全信息条件下的应用[J]. 中国信息导报,2006(12):16 - 17.
② 高莉. 基于不完全信息理论的商业银行信贷风险管理[J]. 现代企业教育,2009(6).

集团的肥沃土壤,使得民主决策过程中的公众参与度下降,最终影响到决策的有效性。此外,从根本上讲,政府是一个代理组织,而民众是委托人。决策主体在大多数情况下不仅不可能具备完全信息,而且在现实社会中他们发现、分析和利用信息的能力也十分有限,因此其决策行为就面临着许多的不确定性。为了消除政府与公众之间普遍存在的信息不对称,以及由此而产生的种种消极后果,有效的方法和途径就是制定和执行政府信息公开制度,实行政府开放数据,同时,大力发展智库这类"外脑"作为支撑。

在一个充满不确定性、高利润与高风险并存、快速多变的"风险经济"的时代,信息不对称现象比比皆是,决策者如何才能了解与掌握比较充分的信息,研究生产力发展的规律和趋势,把握住经济、技术和社会的发展动向,是一个极为重要的问题。市场竞争中的信息不完全和不对称是进行科学决策的主要障碍,也是对智库研究需求的主要原动力。信息不对称理论的宗旨是分析在各种可能制度或契约安排下,交易各方的信息如何实现尽可能对称,从而提高市场运行效率。而对于智库的"消费者"而言,他们在获得智库的支持和顾问的同时,也需要弄清楚各地各行业各领域有哪些值得信赖的智库,有哪些值得信赖的专家,以便消除政策研究供给方和需求方之间的"信息不对称"。

归根结底,信息不对称产生的根本原因是社会分工与知识专业化。由于社会分工的不同,强化了专门知识,知识之间的专业壁垒带来认知上的差距,造成理解上的隔膜。信息不对称带来的影响是多方面的,政府在行政管理过程中,信息资源一般是未均匀分布的,客观上就导致政府部门和公众之间的信息不对称。在这种情况下,如果发生信息传输通道不畅,那么,公众的信息就不能有效到达政府,而政府部门对于公众信息也了解得不够全面;另一方面,政府内各部门之间也存在着信息不对称,这种信息不对称会严重影响到政府办公效率,因此需要通过不同部门之间的协作来完成,智库在很大程度上就充当了消弭政府决策、企业决策之间的信息不对称的重要桥梁,因此智库也被称为"思想的掮客""知识掮客"。

二、信息资源共享理论

与信息不对称理论相对应的是信息资源共享理论,信息资源共享是由信息的可共用性决定的。信息资源共享理论表明,社会信息可以同时被多个社会成员占有和使用,实现多向传递;同一信息可以同时为众多的社会成员所接受和利用,而这种接受和利用并不影响信息的再传递和再利用;信息可以多种形式进行大量复制,所复制的信息与原信息具有同一性;信息在使用中将发生增值。所以,一定范围内的信息共享,可以充分发挥信息资源的作用与效能,最大限度地产生效益。

由此可以推论,在排除技术制约和人为约束的条件下,信息资源不仅可以,而且应该共享。政府不仅要重视机构内部资源的建设和管理,而且越来越多地需要外资源的支持,尤其是对智库研究成果和知识资源的采纳。对内外部资源的整合能力体现了政府的社会资本存量和网络能力。各级政府机构及其内部相关人员和外部公众在合法的前提下享用同一信息时,他们之间并不存在明显的竞争关系。为了最大限度地共享政府中的数据信息资源,各级政府机构理应充分挖掘其潜力,尽可能多地吸收整合内外部相关知识、信息与技术,充分利用外部社会资本,提升决策水平和效率,发挥其在政府沟通和决策支持中的重要作用,加强政府的管理创新能力。

第二节　竞争力理论及其发展

自 20 世纪 80 年代以来,关于国际竞争力理论的研究迅速兴起。从某种意义上讲,竞争力理论对于智库研究,特别是对国际关系的研究是至关重要的,正如迈克尔·波特(Michael Porter)教授所指出的,一个国家的竞争优势也就是企业、行业的竞争优势。一个国家经济地位上升的过程就是其竞争优势加强的过程。比较分析企业、行业的竞争差异,进而发现国与国之间的竞争力差异无疑是作出正确战略决策的前提和基础。

竞争力的概念是竞争主体在与竞争对手在市场竞争过程中产生的。对竞争力的研究最早始于实业界和政府,早在 20 世纪 80 年代美国就出现了竞争力热。竞争力可分为产品竞争力、企业竞争力、产业竞争力、区域竞争力和国家竞争力。竞争力可以理解为在竞争环境中竞争主体相对于竞争对手对竞争目标实现的能力。随着经济全球化和信息化进程的加快,以一套完整的理论体系来揭示国际竞争力演变规律的理论逐渐出现。目前,国际竞争力理论中最具代表性的有竞争优势理论、核心竞争力理论、IMD 国际竞争力理论等,颇具影响的国际竞争力评价体系有 IMD 国际竞争力评价体系、WEF 国际竞争力评价体系和 UNIDO 工业竞争力评价体系等。

早在 1985 年,世界经济论坛(World Economic Forum,WEF)就首次提出了国际竞争力的概念,认为国际竞争力是"一国企业能够提供比国内外竞争对手更优质量和更低成本的产品与服务的能力"。1994年瑞士国际管理发展学院和世界经济论坛修改了这一定义和评价准则,认为"国际竞争力是指一国或公司在世界市场上均衡地生产出比其竞争对手更多财富的能力"①。随着时代的发展,国际竞争力概念从微观层次向中观层次乃至宏观层次发展,逐渐成为一个多层次和综合性的概念。如经济合作与发展组织(OECD)将国际竞争力划分为宏观竞争力、微观竞争力和结构竞争力。宏观竞争力是指国家法规、教育、技术层次的竞争力;微观竞争力是指与企业取得市场和增加利润相关的竞争力;结构竞争力是指与技术基础设施、投资结构、生产类型、外部性等相关的竞争力。由于竞争力的主体不同,其相应的理论定义、概念的内涵与外延,以及测度指标也不相同。总的说来,国家竞争力是指一国提供能够创造增加值和积累国民财富的环境的能力。

一、竞争优势理论

美国哈佛大学迈克尔·波特是研究当代国际竞争力理论的代表人物,他在1980—1990年相继出版了《竞争战略:分析产业和竞争者的技巧》《竞争优势:创造和维持优良绩效》《全球产业中的竞争》和《国家竞争优势》4部著作。从管理学的角度,分别提出了用以解释国家竞争力的"国家竞争优势模型"、用以解释产业竞争力的"5种竞争作用力模型"、用以解释企业竞争力的"价值链"分析方法等理论观点,形成了一个涵盖国家、产业、企业三种竞争力主体的国际竞争力理论体系。波特在1990年出版的《国家竞争优势》一书中提出了"国家竞争优势模型"(The Competitive Advantage of Nations),认为一国的国内经济环境对企业发挥其竞争优势具有很大影响。一国的竞争力取决于其生产发展水平,只有那些生产力发展占有优势的国家才会拥有真正强有力的竞争力。从本质上说,竞争优势就是生产力发展水平的优势。

国家竞争优势的取得,关键在于国家是否具有适宜的创新机制和充分的创新能力。而创新机制包含三个层面:微观竞争机制、中观竞争机制和宏观竞争机制。

微观竞争机制认为,国家竞争优势的基础在企业内部活力。企业缺乏活力,国家就难以树立起整体竞争优势。企业的创新活力体现在从研究开发、生产、销售到服务的各环节都能使产品增值。企业竞争力理论是国际竞争力理论的重要组成部分。1990年加里·哈默(Gary Hamel)和C. K. 普拉哈拉

---

① 迈克尔·波特. 国家竞争优势. 李明轩,邱如美,译. 北京:华夏出版社,2002.

德(C. K. Prahalad)又进一步提出了"企业核心竞争力"的概念。核心竞争力是指企业长期形成的,蕴含于企业内部的,企业独具的,不可引进或模仿的,支撑企业过去、现在和未来竞争优势并使企业长期在竞争环境中取得主动的核心能力。建立"核心竞争力"是公司长期竞争优势的来源,核心竞争力在企业各种能力(如技术开发能力、市场开拓能力、管理创新能力、生产组织能力、社会协调能力等)中处于中心和支配地位;企业核心能力是企业保持长期竞争优势的源泉,它隐含在企业文化、员工的观念和行为方式之中。

中观竞争机制认为,企业的创新还涉及产业和区域。

宏观竞争机制认为,个别企业和产业的竞争优势,并不必然导致国家竞争优势,国家整体竞争优势由四要素和二辅助要素的整合作用所决定。"四要素"即生产要素、需求状况、相关及支持性产业和企业的战略、组织结构与竞争理念,"二辅助要素"即政府的作用和机遇要素。一个国家之所以能够兴旺发达,其根本原因是这个国家在国际市场中具有竞争优势,而这种竞争优势来源于该国家的主导产业具有竞争优势,主导产业的竞争优势又根源于企业具有创新机制。波特认为,一个国家在国际竞争中最有可能取胜的是那些"四要素"环境特别有利的行业,例如美国的金融业和娱乐业、瑞士的银行业、意大利的时装业、日本的电子产业。因此,国际竞争力既是一国传统、历史和价值体系变迁的结果,也是政治、经济和社会发展的产物。

二、国际竞争力评价体系

在塑造国际竞争力环境中,存在着 4 种力量,即引进吸引力(attractiveness)与输出扩张力(aggressiveness)、本土化(proximity)与全球性(globality)、资产(assets)与过程(processes)、个人冒险精神(risk taking)与社会凝聚力(social cohesiveness)。一个国家只有主动把握与平衡这 4 种力量,才能推动国际竞争力的发展。为了评估一个国家的竞争力水平及其环境,国际竞争力评价体系应运而生。这一评价体系也成为智库研究中最常用的分析框架和理论。

国际竞争力的评价体系创立于 20 世纪 80 年代,它以国际竞争力理论为依据,运用系统和科学的统计指标体系,从经济运行的事后结果和发展潜力方面,对一国经济运行和社会发展的综合竞争能力进行全面和系统的评价。目前颇具影响的国际竞争力评价体系有 IMD 国际竞争力评价体系、WEF 国际竞争力评价体系和联合国工业发展组织(UNIDO)工业竞争力评价体系。

瑞士洛桑国际管理发展学院(IMD)的国际竞争力计算公式是:竞争资

产×竞争过程＝国际竞争力。所谓竞争资产是指自然资源、土地、人口等继承而来的资产,竞争过程则是一国把资产转化为增加值的能力。IMD 国际竞争力评价体系是运用和借鉴经济、管理和社会发展的最新理论,设立国际竞争力成长的基本目标,包括经济推动力、工业效率、市场导向、金融推动力、人力资源、政府影响、自然资源利用、国际化等要素,对世界各国或地区国际竞争力的发展过程与趋势进行测度,从而分析一国或地区的国际竞争力的优劣,提出提升国际竞争力的发展战略与政策。自 1989 年起,IMD 每年出版《世界竞争力年鉴》,它是目前国际上有关国际竞争力的最权威的年度报告之一。通过对各国国际竞争力最差指标的单独排序和模拟排名,向决策者提出了提升国际竞争力的政策建议。

从 2001 年开始,瑞士洛桑国际管理发展学院精炼简化提出了新的四要素,即经济运行竞争力、政府效率竞争力、企业效率竞争力和基础设施竞争力。这四要素又包含 300 多个指标。总之,IMD 对国际竞争力的评价是建立在大量的统计数据和调查数据的基础之上,形成了比较全面和成熟的国际竞争力综合评价体系和方法,是当今世界上最著名的国际竞争力评价体系之一。通过对世界各国竞争力的排名揭示了国家之间的竞争力差距,指出了各国国际竞争力的强弱,便于进行各国之间国际竞争力的比较。

与之相对的,是世界经济论坛 WEF 国际竞争力评价体系。WEF 国际竞争力评价体系以新古典经济增长理论、技术内生化经济增长理论、竞争优势理论等为基础,科学界定国际竞争力的内涵,系统解释国际竞争力的来源,从而构建国际竞争力评价的指标体系。随着国际竞争力内涵的变化,WEF 国际竞争力评价体系进行了调整和充实。1996 年 WEF 国际竞争力评价体系由 3 个国际竞争力指数组成,即国际竞争力综合指数、经济增长指数和市场增长指数;1998 年,WEF 国际竞争力评价体系增加了微观经济竞争力指数;2000 年 WEF 国际竞争力评价体系调整为由增长竞争力指数、当前竞争力指数、经济创造力指数和环境管理制度指数构成的体系;2003 年开始 WEF 国际竞争力评价体系调整为两大指标,即由增长竞争力指数和企业竞争力指数两大指数系统组成,前者主要衡量一国经济增长的潜在前景,后者主要衡量一国当前的生产潜力。自 1989 年起 WEF 开始与 IMD 合作出版《世界竞争力年鉴》。自 1996 年开始,WEF 独自出版《全球竞争力报告》。

WEF 与 IMD 的国际竞争力评价体系在理论原则、指标体系、评价方法、指标结构等方面均存在较大差异。在理论原则上,WEF 将国际竞争力定义为一国保持人均国内生产总值持续高速增长的能力,它侧重于经济持续增长的能力;IMD 则定义为一国创造使企业有竞争力的环境的能力,它强调创造和积累国民财富的能力。在指标体系上,WEF 由 4 大指标体系调整为 2 大指标体系;IMD 则由 8 大国际竞争力要素调整为 4 大国际竞争力要素。在指标构成上,WEF 大量使用定性指标,软指标占全部指标的绝对多数;而 IMD 使用的硬指标则占 2/3,硬指标远多于软指标。在评价方法上,WEF 注重从国际竞争力的来源评价一国的竞争力,更多体现的是动态分析;IMD 则着重于从一国竞争力的结果来评价各国的竞争力,更多的是静态分析。

与 WEF 与 IMD 的国际竞争力评价体系有比较大差别的是 UNIDO 工业竞争力评价体系。联合国工业发展组织(UNIDO)的各国工业竞争力指数(Competitive Industrial Performance Index,简称 CIP),反映的是一国生产工业制成品的竞争能力。UNIDO 工业竞争力评价体系由体现一国工业制成品生产和出口能力的指标所构成,综合反映一国生产工业制成品的竞争能力。2002 年联合国工业发展组织发表了《2002/2003 年工业发展报告:通过创新和学习参与竞争》,第一次公布了世界各国工业竞争力指数排行榜。与 IMD 和 WEF 国际竞争力评价体系相比,UNIDO 工业竞争力评价体系专注于产业竞争力的层次。①

近年来竞争力的研究不仅是一种经济发展的战略性问题,更是智库研究关注的重点。综合国力、国家经济竞争力问题,已经成为长期发展战略的基本问题。基于竞争力理论,智库专家开展了广泛的研究,为决策者在处理社会、经济、科技、军事、外交等各方面问题出谋划策,提供最佳理论、策略、方略、思想等的公共研究机构,成为影响政府决策和推动社会发展的一支重要力量。以资源基础学派的竞争力理论为代表和先驱,连同其理论分支的延伸,即能力理论的多种竞争力观点,对智库研究和智库建设具有很强的借鉴和应用价值。②

第三节　价　值　理　论

在人们的实际生活中,"价值"是一个非常普通但又极为重要的概念。事

---

① 李平.国际竞争力理论的产生与发展[J].黑龙江社会科学,2003(5):25-29.
② 李安方,王晓娟,张屹峰,等.中国智库竞争力建设方略[M].上海:上海社会科学院出版社,2010:52.

实上,价值与人们的日常生活密切相关。社会生活中人与人之间所建立的关系无疑是错综复杂、多种多样的,但归根结底最根本的关系还是利益关系,尤其是经济利益关系,其他社会关系都是利益关系所派生出来的,并在本质上都是为利益关系服务的。而人们之间的这种利益关系,实际上就是一种价值关系。从本质上说,价值关系是一切社会关系的核心内容。人们的一切行为必然会考虑其实际价值和意义,在从事任何一项工作或完成一项任务的时候,总是不可避免地需要去权衡和判断其价值以及意义大小,价值关系是人类一切社会关系的基础和核心。任何社会事物的运动与变化都是以一定的利益追求或价值追求为基本驱动力的,社会事物之间的相互作用在本质上就是价值作用,人的一切行为、思想、情感和意志都以一定的利益或价值为原动力,不同的价值思维和价值取向将对人的思想和行为产生巨大的影响。因此,价值理论不仅是经济理论的基础与核心,也是任何社会科学都无法回避的问题。几乎所有社会科学都或多或少地与价值理论存在某种联系,都自觉不自觉地以某种价值理论为假设前提。

社会科学是研究社会事物相互联系、相互影响及其变化规律的科学,社会事物之间相互联系的方式可以是政治的、经济的、文化的、血缘的,但本质联系或核心联系还是利益联系。例如,经济联系的建立有利于建立、维持和发展双方互利互惠的经济交往;政治联系的建立有利于建立、维持和发展双方的政治利益,政治利益又往往通过经济利益具体体现出来;文化联系的建立有利于建立、维持和发展双方互利互惠的文化交流。法律虽然是用于维持社会秩序的,但它最大限度地保护生产力,为生产力的发展创造良好的社会环境;历史学则是站在时间的角度来分析和评价社会行为、社会现象、历史事件、历史行为及其影响;社会学是站在空间的角度,通过对人的行为进行分析来研究和解释社会现象、社会结构和社会过程;而经济学研究社会怎样决定生产什么、如何生产和为谁生产的问题;管理学则运用现代科学手段对各种生产要素进行合理配置,以求达到最大的价值增长率。

所有这些研究都离不开对价值的认定和判断,以及在此基础上形成的决策,因此说,价值理论就是关于社会事物之间价值关系的运动与变化规律的科学。

一、价值理论的本质

经济学的系统性发展源自亚当·斯密,中间经过大卫·李嘉图、西斯蒙第、穆勒、萨伊等伟大的经济学家的研究和拓展,逐渐形成了一个经典的经济学理论体系,这就是古典经济学(Classical Economics)。20世纪以后,经济学又历经了张伯伦革命、凯恩斯革命和理性预期革命等三次大的革命性变革,形成了包括微观经济学和宏观经济学的基本理论框架,这一新框架被称为新古典经济学(Neoclassical Economics)。

古典经济学认为:价值是凝结在商品中的无差别的人类劳动。在新古典经济理论中,认为实际上并不存在"价值"这个东西,取而代之的是满足人的物欲的优先次序问题,即价值就是如何最优化的配置资源。相较于古典经济学,新古典经济学在研究方法上更注重证伪主义的普遍化、假定条件的多样化、分析工具的数理化、研究领域的非经济化、案例使用的经典化以及学科交叉的边缘化。从根本上讲,经济学其实就是研究人如何在生活中相互交易,获得价值,也就是个人或群体如何作出正确、最优的决策。

而所谓决策,也就是如何在一个目标与另一个目标之间,面临各种不同的权衡,进行价值判断,进而作出取舍。价值判断在经济研究中是无处不在的。例如在现代社会里,在保障良好的生态环境和国民高收入水平之间就存在着深刻的价值判断和权衡取舍。众所周知,污染管制无疑会带来青山绿水的环境,以及人们健康水平的提高,但其代价是企业、工人和消费者的收入减少了,以及工业发展步伐的减缓。

在社会生活尤其在政府行政管理领域,另一种权衡取舍发生在效率(efficiency)与平等(equity)之间。效率是指社会能从其稀缺资源中得到最多的东西。平等是指将这些资源的成果公平地分配给社会成员。这两个目标往往是不一致的。例如,如果希望实现更平等地分配经济福利的政策,如福利制度或失业保障等,那么从某种意义上讲就减少了对辛勤工作的奖励,其结果更大可能是降低了人们工作的动力,换句话说,这些福利政策对于实现更大的平等有益,但却是以降低效率为代价的。

因此,面对错综复杂的关系权衡和取舍,只有在充分占有相关信息,充分比较可供选择的行动方案的成本与收益后,才有可能作出最优决策。决策者必须能够认识到伴随每一种可能的行动而来的机会成本(opportunity cost)以及边际变动(marginal change)。边际效用论,实际上是指物对人满足的次序关系,边际效用论研究的是如何最优配置资源。根据"信息论"的观点,信息的本质就是"消除不确定性"或"提高确定性","提高有序性"或"降低无序性"。换言之,信息论研究的是信息的有效处理和可靠传输的一般规律,信息的本质就是提高系统的功能有序性或增加系统的有序性功能。人类社会之所以高速发展,关键在于信息和知识的高速积累。由此,可以推导得出一个重要结论:"信息其实可以被认为是一切价值的唯一源泉。"公共决策者应该充分认识到,一项政策的制定和实施一定会改变人们面临的成本或利益,从而改变其行为。例如,征收燃油税,必然鼓励人们更多地乘坐公共交通,减少出行开车,鼓励开小型、节油型汽车。如果决策者未能充分考虑到他们的政策对人们行为的影响,分析带来的边际利益和边际成本,就会发生政策的偏差,带来意想不到的后果。例如 20 世纪 20 年代美国政府提出的宪法第 18 号修正案——禁酒法案(又称"伏尔斯泰得法案"),其初衷是为了保护妇女权益,提高工作效率,但修正案的实施,实际上引起了越来越凶猛的非法酿造、出卖和走私酒类饮料的新的犯罪行为,禁而不止,联邦及各州政府不得不以酒税补充其财政收入,1933 年国会最终颁布宪法第二十一条修正案废止了禁酒令。

在绝大多数情况下,人们通过比较边际利益与边际成本,考虑边际量来作出最优决策。只有当一种行动的边际利益大于边际成本,一个理性决策者才会采取这项行动。任何一项决策实际上都涉及决策的依据是什么,如何权衡利益及其风险,如何作出价值判断,如何作出决策,以及决策之后产生的交易行为及其影响。而所有这些信息和相互交易共同组成了"决策"。决策的分析和价值的判断在面对单一问题和简单情境时,是容易作出决断的,但一旦面对复杂情境,以及涉及意识形态或文化差异时,就可能发生分析上的偏差,最后带来决策的失败。

如何充分获取、分析信息,消除决策中的不确定性,提供确定性,不仅是决策者关心的问题,也是智库从业者的职能所在,是智库产生的深厚土壤,以及其可持续发展的空间所在。智库是以知识为媒介的社会性组织,智库发挥科研和服务社会的职能是以知识为媒介的。

二、价值工程学的基本思想

由此,引发出价值工程学的理论。价值工程中的"价值"的含义有别于政治经济学中所说的价值——"凝结在商品中的一般的无差别的人类劳动",也有别于统计学中的用货币表示的价值。它更接近于人们日常生活常用的"合算不合算""值得不值得"的意思,是指事物的有益程度。价值工程中关于价值的概念,更多反映了功能和成本的关系,其目的是为分析与评价产品的价值提供了一个科学的标准。价值工程学的基本思想是以最少的代价换取最大的功能效应,因此它把"价值"定义为:"对象所具有的功能与获得该功能的

全部费用之比"，即

$$V = F/C \tag{1}$$

式中，V 为价值，F 为功能，C 为成本。

价值工程学所谓的"成本"是指人力、物力和财力资源的耗费，由于不同形式的价值可以进行统一度量，因此价值工程学所谓的"成本"实际上就是系统对于所有价值资源的投入量。价值工程学所谓的"功能"实际上就是系统对于所有价值资源的产出量。由此可见，价值工程学所谓的"价值"实际上就是价值的产出量与价值的投入量之比值，这就是人们常说的"价值投入产出比"。由于"价值投入产出比"没有把时间因素考虑进去，因此，又提出"价值率"的概念：

设投入的价值量为 Q_i，产出的价值量为 Q_o，时间为 T，则得出价值率 P 的公式：

$$P = Q_o/(Q_i \times T) \tag{2}$$

更进一步，价值增长率就是：生产系统在单位时间内价值增量与投入价值量之比值，用 Z 来表示，即

$$Z = (Q_o - Q_i)/(Q_i \times T) \tag{3}$$

价值工程学的基本思想是以最小的代价获取最大的功能效应，而系统的"投入产出比"不能全面而准确地反映价值工程学的基本思想，只有系统的"价值率"才能全面而准确地反映价值工程学的基本思想。而智库存在或者说智库研究的价值，就在于满足决策者获得最大的价值率，"投入产出比"不是社会系统最重要的价值特性，"价值率"才是社会系统最重要的价值特性。追求"最大价值率"是一切社会系统（经济系统、政治系统和文化系统）都必须遵循的基本法则。

价值工程学通常用于工程系统的价值分析。事实上，价值问题是人类社会最为一般的、普遍存在的问题，人们的社会活动都与价值有着密切的联系；社会和人自身所追求的物质目标和精神目标，都是价值的具体体现；任何形式的社会关系如经济的、政治的、文化的关系，在本质上都是价值关系；一切形式的目标管理，在本质上都是以特定价值内容为主导方向的价值管理；许多社会指标如经济指标、政治指标和文化指标，实质上都是某种价值指标；一切形式的"达标"活动，实质上都是以特定价值内容为标准而展开的活动。物质文明和精神文明的任何发展，在本质上都是价值创造活动的成果，最终都

表现为价值的提升和增加;人们的一切消费和消耗,在本质上都是价值的消费和消耗;人类社会的一切矛盾都可归结为价值关系的矛盾;社会事物的一切变化,实质上最终都是一种价值的变化;社会制度和社会结构的变化以及政治体制和经济体制的改革,实质上都是价值关系的调整或重构;社会目标的控制,都是对社会各种价值关系的方向、大小和秩序的改变。人们对于社会事物的根本态度在根本上取决于这一事物对于自己和社会的价值利益关系;人的精神境界和思想品质的高低在本质上反映了价值观的层次高低,人生观、世界观都是价值观的一种表现形式。

传统的观点认为,只有经济领域能够创造财富,而政治领域和文化领域只是进行价值的消费,只能为经济领域的价值创造过程构筑必要的社会环境。事实上,经济领域只是直接创造财富的社会生产领域,政治领域和文化领域是间接创造财富的社会生产领域。政治虽然以权力为导向,但其最终的目标是追求一定社会区域的价值率,通过调整和控制各种生产要素的配置规则,以缓解社会矛盾,降低社会内耗,协调各方关系,平衡各方利益,以调动各阶级、各民族、各团体的积极性,充分利用有限资源,以达到财富可持续的价值增值的目的。同理,文化研究和文化发展以追求人类社会长远的价值率为基本目标,文化领域对于财富具有间接作用,例如宗教信仰普遍提倡富人和强者对于穷人和弱者实施救助。进一步分析可以发现,所谓经济,其实就是关于价值资源比例的"配置",而政治关注的则是关于价值资源的"配置之规则",文化是关于价值资源配置规则的土壤和环境。因此,价值理论不仅是整个社会科学得以健康发展的重要前提,更是社会决策的基础。社会科学中所存在的许多矛盾与争论,最终可归结为价值理论上的矛盾与争论。

智库是现代社会重要的社会行为体之一,智库的社会角色和功能存在于智库与其他社会行为体之间的相互建构和相互作用之中。智库的社会价值得以体现的主要载体是智库在对有关社会现实问题进行深入系统研究基础上形成的思想主张、政策方案等智力产品,并通过一定的传播渠道和机制作用于其他社会行为体;与此同时,其他社会行为体在与智库的社会互动中,又形成对智库功能、角色和作用的一种社会建构,进而形成对智库的评价与认识。由此,智库的价值在这种社会评价和认知建构过程中被确立起来,换句话说,智库的社会形象其实可以被看作是智库社会价值的外在表现,反映了其他社会行为体对智库及其智力产品的社会认同程度。①

　　智库在政策决策过程中发挥的作用主要体现在政策的形成过程中,由于政策问题的复杂与模糊性,政策参与个体往往容易受到各种复杂因素和变量的影响,包括自身所在组织的利益、政策环境背景和制度约束、个人的政策信念偏好、时间与精力的管理、政策相关信息的可得性等,在政策的制定中有意识或无意识地作出对自己利益最大化的意见和建议,从而促成政策目标向着有利于自己的方向调整。因此,必须要形成一种机制,通过一定的专业组织渠道,从独立第三方的角度以其专业能力的发挥实现对政策的影响和监督,对政策产生过程施加影响,而这正是智库的价值所在。如美国兰德公司、布鲁金斯学会等智库以及专业机构一直都是美国公共政策评估的活跃力量,其研究报告和决策评估不仅成为政策制定者进行科学有效评判的依据,更成为对决策失误或执行不力者问责的有效渠道和途径,从而对政策制定者进行反向监督。②

　　因此,智库不仅承担着学术创新和理论创新的重要使命,还肩负着咨政、启智、创富、聚才等重要功能,是经济社会有效避免利益冲突,健康长远发展的重要助推剂。在现代社会政策体系中,即便是对政策具有较大发言权的政府官员,也往往很难对错综复杂的国际国内社会环境下的政策走向给出胸有成竹的最终判断,必须要借助外脑去理清头绪,分析现实利害,给出决策的依据和证明。作为拥有专业知识与政策研究技能的智库机构,作为政策过程的参与者,智库对政策思想的产生、传播和发展起了重要的作用,包括在对重大社会现实问题进行深入系统调查研究的基础上,提出相应的理论观点和政策方案,并通过智库一系列理论产品的传播,影响社会公众对社会现实问题的认知和态度,塑造和引导社会舆论的发展方向。智库对社会重大现实问题的理论判断和反应,能够在得到社会公众的认同和支持的基础上,影响社会资源的配置格局,进而影响社会生活。换言之,智库主要是通过其政策方案和理论观点的社会吸引力和社会认同来实现其对社会生活的影响。③

　　从更深层次上看,智库理论产品所坚持的价值理念和社会公益能在多大

---

　　① 李安方,王晓娟,张屹峰,等. 中国智库竞争力建设方略[M].上海:上海社会科学院出版社,2010:100-102.

　　② 如何让"第三方评估"发挥威力[EB/OL].(2015-03-06)[2016-09-19].http://finance.ifeng.com/a/20150306/13533580_0.shtml.

　　③ 何华兵,万玲.发展中的政策过程理论——我国政策过程理论发展回顾与展望[J].云南行政学院学报,2006(6):71-73.

范围及多大程度上整合社会公众群体,决定了智库所具有的社会民意基础,从而决定了智库的社会影响力。而智库社会影响力的内在基础在于智库政策方案、思想主张和理论观点的公益性、前瞻性和独立性,在于智库通过其理论产品所体现的价值理念和社会责任意识。智库社会影响力的大小,在根本上取决于智库自身所选择和维护的价值理念和政策方案及其所代表的社会公共利益的吸引力。在智库立场和社会舆论交流沟通的互动过程中,一方面有利于社会民意的表达和传递,另一方面也有助于纠正社会公众舆论中存在的短视性和片面性。智库这种基于专业性、独立性和前瞻性之上的立场和观点,相对容易获得社会公众的信任和认同,从而实现智库塑造和引导社会舆论的作用。

如果说智库理论产品的理论性和专业性,构成了智库社会影响力的内在基础和主观要素,那么,社会认同则是构成智库社会影响力的外在依据,社会公众如果认可智库对社会重大现实问题的思路和方案,智库就能够发挥塑造和引导社会舆论的作用,智库的观点主张实际上就是政府部门和利益集团之外对社会公众舆论的理性回应。社会公众对智库提出的思想观点、政策主张、规划方案等理论产品的认同程度,是智库发挥社会影响力的主要社会基础。而且,社会公众对智库的认同程度也是智库社会知名度和社会声誉的基础。社会公众信任和认同智库的观点主张,智库就能够引导社会舆论的发展方向。因此,智库的社会声誉一旦受损,失去社会公众的尊重和信任,智库的社会影响力就将大大削弱。

第四节　国际关系相关理论

随着社会的发展和全球化趋势的深入,智库的关注对象与研究内容突破了一个国家和地区的范畴,全球性和普遍性问题在智库研究中的地位和比重不断上升。国际关系是政治学的一个分支,主要研究国际社会之间的外交事务和关系,如国家、政府国际组织、非政府国际组织、跨国公司等。国际关系既是学术的领域,也是公共政策的领域。简而言之,国际关系是指人们超越国家界限建立起来的一种特殊社会关系,它主要包括政治、经济、军事、社会等关系。作为政治科学的一个重要范畴,国际关系无疑和经济、历史、法学、地理、社会、人类学、心理学、文化研究紧密联系。国际关系理论(International relations theory)的研究范畴十分广阔,从全球化到领土争端、核危机、民族主义、经济发展、恐怖主义、人权等,都是国际关系研究范畴的议题。智库的研究内容越来越多的包括国际政治问题、国际关系问题以及国际议题设置问题等。智库只有被国际社会和同行所了解和接受,其思想、理论和主张才能在国际上获得一定的受众基础,才能体现其存在价值。

另一方面,世界各国智库在国际层面上的交流与合作也日益增多,相应地在国际舞台上的竞争也日渐白热化。不难想象,智库在全球化时代关注和研究的对象急剧扩大,不可能不在共同利益和共同关心的问题上遭遇交锋,进而形成竞争关系。世界各国智库除了在热点问题上的话语权竞争之外,另一个竞争领域就是研究课题和热点议题的选择和设置。研究课题和热点议题的选择设置越来越成为智库在国际舞台上展现实力和竞争力的重要方式。

一、议程设置理论

议程设置理论不仅源于传媒学领域,同时也是国际关系研究领域的热点和前沿。这一理论认为大众传媒虽不能影响公众的思想,但却可以通过提供信息和安排相关的议题来有效地左右人们关注的内容和意见,以及他们关注这些事物的先后顺序。因此,"媒体的主要影响是可以设定的。换句话说,即媒体对某个问题的关注量影响着公众对该问题的重视程度"①。从这一理论中不难看出,议题设置实际上正是智库发挥影响力的主要方式。

国际议题设置对智库国际影响力的建设具有重要意义。智库通过选择某一问题作为研究课题展开深入的前瞻性研究,从而掌握某一问题或领域的研究制高点,并以此获得引领有关研究和讨论的"权力",进而引起国际社会的普遍关注。在这一过程中,智库也就因此获得了相应的国际影响力。所以,智库对课题选择和议题设置的敏锐和前瞻性,在很大程度上就决定了智库的先发优势,从而为智库的发展和国际影响力的提升打下基础。与此相对,国际议题设置并不是想当然的行为,也不可能仅仅通过意识形态的强调和政府的政策支持就可以实现。因为,国际议题设置所面向的是整个世界,必须有国际化眼光和全球意识,关注全球化问题,在此过程中不仅涉及智库发现问题和议题的能力,更关系到智库在研究课题选择和议题设置上的内在能力。如果说国际话语权反映的是不同智库在同一议题或话题上的话语资源和话语能力,那么国际议题设置反映的则是智库发现和发起议题与话题,以及引领世界诸多智库展开研究和讨论方向的能力。因此,智库在国际议题

---

① 刘旸辉.美国新闻界对社会舆论的报道与研究[J].中国记者,2010(2):96-97.

设置上的关键之处并不在于提出一个话题和问题,而在于智库所提出的话题能否得到国际社会和同行的认可并追随这一话题展开研究和讨论。显而易见,国际议题设置能力建设是智库国际影响力建设的重要方面。

国际话语权,在本义上是指在国际上发表意见的权力,通俗地说就是有机会在国际上说话。国际话语权不仅是智库国际影响力的集中体现,而且是智库综合实力的反映。从国际影响力角度来说,智库的国际话语权不仅是指智库在有关问题上发表意见的权力和机会,更多的是指智库在国际上发表意见的能力,智库话语在国际上的传播、接受范围和重视程度,智库话语在国际上的地位和分量。

智库要在有关国际热点问题上获得话语权,就必须要有独到的思想见解。缺乏理论深度、缺乏见地的观点是不可能具有说服力和吸引力的。要提高话语权,首先应注重对西方智库的学习和研究,加强对国际舆论的反馈认识;其次是要打破西方智库和媒体的垄断,释放中国国际话语权的空间。要想具有强大的话语能力,智库必须在有关问题上对其他智库的观点作出迅速而明确的回应和评论,在国际同行中发出自己的声音。智库要掌握国际话语权,不仅需要相当的话语资源,还应该具有整合这些话语资源并将其鲜明地表达出来的话语能力;而最为重要的是真正做出扎实可信的研究,提出有深度和见地的观点。智库话语不能仅仅是舆论宣传,而更应该来自智库在长期关注和独立研究基础上积淀下来的成果,源自智库研究人员长期理论思考和调查研究的积累。因此,智库国际话语权的内在基础就在于智库所具有的话语资源储备。

举例来说,在经济研究领域,一流智库有布鲁金斯学会、布鲁盖尔研究所、彼得森国际经济研究所、亚当·斯密研究所、查塔姆社、卡托研究所、米尔肯研究所等。它们在当今世界共同关心的热点问题领域,如全球环境变化、能源发展以及医疗卫生等,积极发挥了其专业与综合的能力。在环境领域,著名的智库包括美国的世界资源研究所、布鲁金斯学会等。在国际关系领域,清华大学国际问题研究所研究的主要方向是国际安全战略、国际军控与裁军、经济外交、中国对外政策、国际政治思潮、国际关系理论。世界与中国研究所则关注中国基层民主以及公共预算改革等社会政治改革前沿问题。清华大学于 1997 年成立了国际问题研究所,于 2008 年成立了国际关系学系,2009 年重组政治学系。在"一所两系"的基础上,于 2010 年成立了当代国际关系研究院(简称"当代院")。2015 年 12 月,清华大学讨论决定将清华大学国际问题研究所与当代国际关系研究院合并为一,更名为清华大学国际关系研究院,简称"国关院"。国关院是一个研究与教学相结合的单位,下设 7 个研究中心、3 个研究项目和 2 个编辑部。所有教学与研究人员均承担科研与教学双重任务。

上述这些智库的经济研究主要分析世界、国家当前及以后的经济政策,促进经济理论研究水平的提高,解决制约经济发展的瓶颈,使经济理论和实践发展相结合。由于注重具体问题,如货币、税收、财政、金融等,一般都持比较开放的态度,支持市场经济和自由贸易。因此说,智库研究在促进世界的经济发展和繁荣方面起到的作用极具建设性。

二、国际关系理论

国际关系有广义与狭义之分。广义的国际关系是指主权国家之间的一切互动关系,既包括政治、外交、军事方面的关系,也包括文化、科技和法律方面的关系;既包括政府之间的关系,也包括民间的关系。而狭义的国际关系仅指主权国家、政府间的官方政治外交关系,即国际政治。[①] 主要有三种国际关系理论:现实主义、理性主义、建构主义。[②]

(1) 现实主义是当代西方国际关系理论中主要流派之一,第二次世界大战后成为西方国际关系研究中的主要流派。从学源上追溯,古希腊修昔底德所著的《伯罗奔尼撒战争史》为现实主义理论的先驱,其他包括托马斯·霍布斯的《利维坦》、马基雅维利的《君主论》等都是现实主义理论的源泉。早期的现实主义者如汉斯·摩根索(Hans Morgenthau),其代表作《国家间政治——权力斗争与和平》是一部囊括国际关系研究诸多领域的系统工程,至今仍指导着现实主义国际关系的研究;爱德华·卡尔的《二十年危机》(*Twenty Years Crisis*)被视为杰出的经典现实主义理论成果,在西方学界产生了巨大的影响。

现实主义理论提出了四个最为主要的假设:

第一,在国际关系研究中,国家是基本的分析单位,国际关系研究就是这些单位之间关系的研究。国际政治被理解为主权国家互动的一个领域。

第二,从悲观主义的人性观出发,认为国家是自私的、追求利益的理性参与者;国际政治的本质是冲突。国际关系被理解为列强争夺支配权的斗争;

---

① 李兴."国际政治"与"国际关系"概念辨析[J]. 现代国际关系,2002(2):58-60.
② 黄凤琳. 两极世界理论:在世界历史的进化结构中发现通往共产主义之路[M].北京:中央编译出版社,2014:4.

各国如何实施其国际行为取决于势力均衡的复杂作用,理解势力均衡机制也就是理解国际政治。

第三,国家的生存和安全,在诸多国际问题的排列次序中通常处于最高的位置,军事和相关的政治问题支配着世界政治,而经济和社会问题是次要的或低级政治问题。因此,国家实力是一个关键概念。

第四,国家本质上是根据国家利益进行决策的理性行为体。在一个理性的外交决策过程中,决策者必须要估价每一种选择,然后决定其中获益最大化(代价最小化)的一种。毫无疑问,要做到这一点是困难的。政府决策者不可能拥有决策所需要的所有信息或知识,也不可避免地会遭遇使人误入歧途的个人偏见和认知错误,因此整个决策过程就会出现不确定性。现实主义在研究国际问题时,通常把国家利益置于核心地位,因而非常注重对客观国际环境的分析与研究,尤其需要借助外脑的支持,获得更多的信息支撑,以便作出理性的决策。

(2) 理性主义(Rationalism)是西方国际关系理论中的主要研究范式。其理论的出发点是假设国家是类似于人的具有理性的行为体,其目的无疑是寻求权力和利益的最大化,而国家的理性在于调和各自的利益,通过建立国际机构,避免战争冲突。国家必须运用合理、明智的手段和措施,在既能做到成本最小、获益最大的同时,又能使行为控制在自己的能力范围之内,强调理性对国家行为的影响。主张通过成立全球性的协商治理机制,解决国际关系的无政府状态。理性主义的研究范畴更多关注国家的理性行为及其互动进程与后果,其中心术语包括:国家、国家利益,以及道义、权力、安全、结构、制度等;主要的理论模型有国家利益与权力理论、均势理论、博弈论、国际制度理论等。由于国家是处于无政府状态中的理性的基本的行为体,因此要实现利益(道义、权力、安全、福利)最大化,就必须实行集体安全互相保护、占有权力维持均势、增强实力实行自助、创设国际制度进行合作。

理性主义研究范式不仅被运用于国际关系领域,也被广泛地用于政治学、经济学等领域。理性主义虽然强调通过建立国际组织和集体安全来维护和平,但其基础仍然是国家间的利益调和。20世纪80年代以后,理性主义在理论和实际应用方面的种种局限性逐渐显露,特别是在冷战结束之后,传统的理性主义已经越来越不能解释诸多国际现象,而需要更多运用规范、文化、认同等新的概念或研究视角,而这些正是建构主义产生的基本背景。

(3) 与现实主义相对,建构主义是反理性主义的。建构主义国际关系理论认为权力主要是由观念和文化情境建构的,权力分配的意义在很大程度上是由利益分配建构的,而利益的内容又在很大程度上是由观念建构的。也就是说,权力和利益之所以具有它们实际上的作用,是因为造就权力和利益的观念起了作用。美国芝加哥大学政治学教授亚历山大·温特在《国际政治的社会理论》一书中提出,任何结构都包括三种因素: 物质因素、利益因素、观念因素。物质结构只是国际体系的表层结构,文化结构才具有决定性意义。建构主义认为国际体系的结构为文化结构,国家是这一体系中的基本行为单位,文化结构同国家行为体行为之间是一种建构关系。建构主义所强调的结构主要是社会意义上的结构,更准确地说是观念的分配(distribution of ideas),社会和文化观念构成了行为体的共有观念。由此可见,建构主义国际关系理论的意图,是寻求在理性主义和现实主义之间走出一条"中间道路"。在世界观方面,建构主义否定纯粹物质主义,提倡重视观念的作用。在认识论方面,建构主义坚持科学实在论,承认客观存在的重要性。建构主义致力于从社会学方法来解读国际政治,从观念论、整体主义以及结构主义为主要角度来分析国际关系,因此,它更倾向于从体系层面而不是国家层面来进行理论研究。建构主义理论的主要贡献之一就是重视和强调观念因素的建构作用,涉及国家、身份、利益、权力、主权、制度等几乎所有的基本概念,因此,建构主义极大地推动了国际政治社会学研究的深入、系统发展。

当然,任何一种理论,其实都不足以解释当代世界政治的全部纷繁复杂的问题,每个时期都会有不同的特征,理论会随着时代应运而生,甚至同一时期不同阶段、不同事件也会有不同理论加以诠释。例如随着全球化经济的发展,又出现了国际相互依赖理论、均势理论、和平竞争理论等新的理论,用以解释经济活动的日益国际化,包括商品生产的国际化、技术应用的国际化、投融资的国际化以及区域经济集团化。经济活动的国际化必然导致国家之间的相互依赖、相互适应和相互协调关系的发展与加深。

随着国际关系的变化以及研究的深入,对于智库思想产品的需求也变得更为多元。从政策变迁的角度来看,多源流理论认为政策变迁是由三个源流——问题源、政策源、政治源决定的。上述三源一旦汇合到一起,出现在一个关键的时间节点时,问题就会被提到议事日程上,这种汇合即所谓"耦合"(coupling),这样的时间点称为"政策之窗"(policy window)。多源流理论将政策源比喻为"漂浮"着多种意见主张的"政策原汤"(the policy primeval soup),它们是由官僚、国会委员会成员、学者和思想库中的研究人员等提出的。思想库主要参与的是政策议程设定阶段中的政策源。根据多源流模型的观点,思想库可能没有能力去影响政策制定者最后的决策,但它们可以将自己的力量更有效地集中于备选方案,以影响政策循环中的议程设定阶段——让行政决策机构和政府认识到某项政策问题必须马上得到解决,使它们开始考虑这方面的问题,并为它们提供政治上可接受且技术上可行的备选方案,这就算智库的价值和功能体现。①

　　与多源流理论相平行的精英理论(elite theory),则认为政策是由少数有权势的社会精英决定的。美国社会学家赖特·米尔斯(Wright Mills)在他论述精英理论的著作《权力精英》一书中指出:美国的权力精英主要由政治精英(即美国政府中少数身居要职者)、经济精英(美国几百家最大的公司首脑)和军事精英(即军方最高级领导人)三大部分人组成。他强调,大众通常不具备足够的能力来处理复杂的决策,因此需要精英来激励他们,由领导者来组织他们。而由于精英往往具有高于普通人的能力,大众很容易对其产生心理依赖和盲信。此外,庞大组织的运营需要复杂的专业能力和管理技术,只有精英能够掌握这些能力和技术,于是组织的管理领导层由精英们占据,并在组织内形成一个特殊的阶层。② 根据精英理论的框架,思想库中的负责人和研究人员对政策的产生具有很强的影响力。③ 美国智库机构与政府部门的"旋转门"机制,保证了对国际事务最资深的学术专家和行政官员,能够加入到智库人才队伍中。美国很多卸任的官员选择到智库从事政策研究。而智库的研究者很多到政府担任要职,从研究者变为官员。他们在任期已满后,多数会选择回到智库组织,继续进行研究并实施政策影响力。著名的国际政治学者、《大棋局》及《大抉择》的作者布热津斯基,就是从国际战略研究所进入卡特政府内阁的;布鲁金斯学会主席斯特普·塔尔博特被克林顿任命为常务副国务卿、总统特别助理;企业研究所的著名经济学家劳伦斯·林赛出任小布什政府的总统经济顾问。奥巴马总统的国家安全团队名单中,有多名智库研究专家,包括由美国大西洋理事会主席琼斯(James Jones)出任白宫国家安全顾问、国家亚洲研究局国安部门主任布莱尔(Dennis Blair)接任美国国家情报总监(DNI),以及布鲁金斯研究所研究员莱斯(Susan Rice)出任美国驻

---

　　① 柏必成.政策变迁动力的理论分析[J].学习论坛,2010(9):50-54.
　　② 查尔斯·赖特·米尔斯.权力精英[M].王崑,许荣,译.南京:南京大学出版社,2004.
　　③ 吕鹏."权力精英"五十年:缘起、争论及再出发——兼论"权力精英"的中国叙事[J].开放时代,2006(3).

联合国大使等。现任布鲁金斯学会 200 多名研究员中,有 1/2 的人具有政府工作背景。这些"旋转门"机制中脱颖而出的政府官员的实践经历,会对智库的国际化研究起到很大帮助。西方智库秉承的精英理论,为智库的发展提供了人才保障。例如,近年来中国的崛起引起西方智库的兴趣,为保证前瞻性、深刻性的分析,美国布鲁金斯学会约翰-桑顿中国中心在 2014 年 2 月聘任华裔研究员李成教授为中心主任。李成凭借对中国领导人的深入研究,成为美国顶级中国问题研究团队的领军人物。他带领的团队成员包括曾任美国国家安全委员会亚洲事务主任的杰弗里·贝德、克林顿时期任国家安全事务总统特别助理的李侃如、布鲁金斯学会东北亚政策研究中心主任卜睿哲等,李成的任职加强了中美两国年轻学者的交流,加强了布鲁金斯学会与中国的联系。①

值得指出的是,虽然智库精英是国家政策和行政决策的重要参与者,但智库并不能代替政府作出最终的政策产出。事实上,与之相反的情况更为常见,即国家的意志最终影响智库的分析和判断,并最终左右智库的参与。因此,国家理论对于智库的发展和智库研究而言,也许是更具影响力的存在,这也在一定层面上解释了为什么某些进入政府工作的智库专家,其最后起草出的政策却与其初衷不尽相同。②

智库的研究虽然受到国际关系理论的深刻影响,但智库研究归根结底还是基于国家理论的,智库的根本使命是影响政策。不论是直接影响还是间接影响,智库都需要适应与国情相对应的政治制度和文化,并以此为基础进行研究、传播和募资工作。国家的意志是所有研究与决策的前提,不同的国家都会因其自身发展状况的不同和历史文化渊源的差异特点,带来政治文化、公共决策制度、外交体制的显著不同。目前常常提及的标杆智库大多是美国智库。智库在英美政治体制和文化下要求从研究到组织形式都独立于政治机构,但现实情况是,绝不可能存在将英美智库的模子套用到中国智库中的可行性。因此,切实构建起适合自己国情的一系列具体程序,造就出符合其自身文化特点和需要的政策参与模式,是中国智库发展和深化研究的必由之路。

智库的功能和最终目的是为公共决策提供思想和行动方案,及时反映和

① 王辉耀.中国智库国际化的实践与思考[J].中国行政管理,2014(5).
② 朱旭峰."思想库"研究:西方研究综述[J].国外社会科学,2007(1):60-63.

汇集国内外各种意见和需求,对政府和行政决策机构所面临的较为复杂、棘手的问题进行研究和分析,提出政策建议和寻求方案;对长远问题进行系统思考和分析研究,提出前瞻性、战略性的思路,最后影响政府的政策;在此过程中,架构起沟通政治和学术的桥梁;为社会提出新的思想观点和价值目标,引导公众舆论和社会走向;在新闻传媒上发表见解看法,引导公众对政策问题的认识和理解,引起对社会政策的关注,强化对政府政策的理解,从而间接提高公共管理部门的管理水平。

第五章 智库研究流程及实施策略

　　智库体系是国家重要的智力资源平台。智库的作用体现在对重大问题的咨询，既包括前瞻性的战略策划，也包括为实现目标的实施部署分析和技术层面预测等。从某种意义上讲，智库的数量多少不重要，重要的是智库研究的水平，而智库研究的水平又体现在智库的产品上。就智库产品而言，其产出的数量（字数、篇数、发表文章、出版书籍等）固然重要，但更为重要的是智库产品对决策发展进程产生的影响。对智库而言，一切努力都应围绕提升咨政建言能力，贡献前瞻性、战略性、指导性的咨询报告、调研报告、对策建议等产品而展开。①

　　作为思想产品的提供者，智库的产出均应被视为智库产品。智库产品可能是一个观点、一个创意、一个策略、一个设计，以报告或文章等形式体现。智库产品属于智力劳动成果，像所有其他产品一样，也有功能、质量、效益、价值、品牌、标准等特性。决定智库影响力的最核心要素是智库产品，对智库的要求其实是对思想产品的要求。因此，衡量一个智库水平的高低最终还是要落实到其产品的质量优劣上。②

　　智库要提供高质量的决策知识，就必须采取科学、规范的咨询研究方法和程序，对知识产品的生产创造过程（即决策分析过程）进行管理。全球著名智库都在课题管理上建立了规范的立项与研究程序。例如，日本野村综合研究所（NRI）是以盈利为目的的上市咨询公司，主要通过与客户签订合同获得咨询项目经费。为了确保咨询活动顺利开展，NRI不仅在金融市场通过发行债券、股票等有价证券进行融资，在资金使用上做到按项目管理，进行项目论证并跟踪考核，更为重要的是NRI尤其重视咨询研究的流程化，明确设计了智库研究的基本流程，并落实到业务工作流程的各个环节。NRI对咨询工作的服务流程有着清晰的界定，提出了从发现问题到解决问题的7步走方案，

---

　　① 新亮点　新态势　新思考——2015中国智库年度发展报告（下）[EB/OL]. (2016-01-15) [2016-09-25]. http://www.cnta.gov.cn/xxfb/xwlb/201601/t20160114_758100.shtml.
　　② 王文涛, 刘燕华. 智库运行和智库产品的评价要点[J]. 智库理论与实践, 2016(2)：14-19.

如图 1 所示。

从发现问题到解决问题的7步走
"指南服务 × 解决方案"

解决问题

⑦ 商务活动的开展支援
⑥ 外包服务、系统运营
⑤ 提供系统设计及系统解决方案
④ 提出企业经营、业务改革的解决方案
③ 企业经营、政策制定的相关建言
② 市场分析、业务分析、经营诊断
① 社会、产业的预测和展望

发现问题

Navigation × Solution

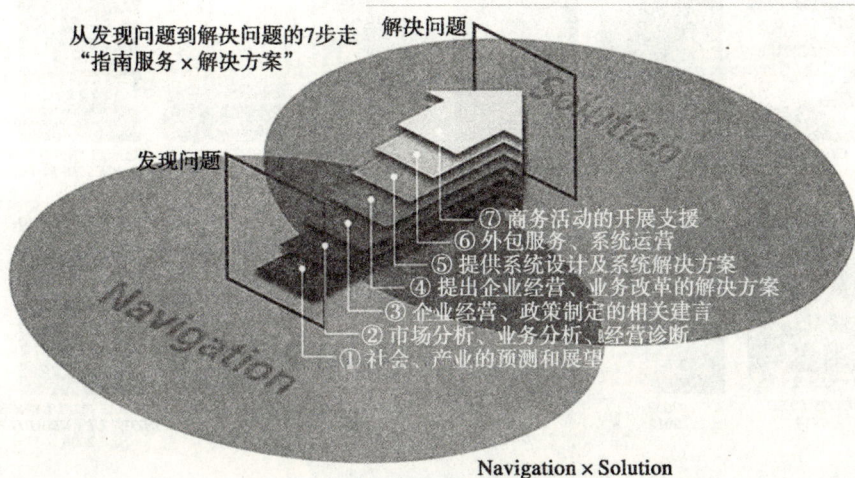

图 1　NRI 咨询 7 步走方案

著名的罗马俱乐部对其选题的确定有着极为严格的控制,不仅针对选题,而且监控整个研究过程,以确保研究能够有高质量的呈现,其项目研究流程如图 2 所示。虽然它们一共只出版了 13 个智库咨询报告(图 3),但每一个报告都产生了巨大的社会和学术影响力,不能不说这与它们的研究流程管理有着极为重要的关联。

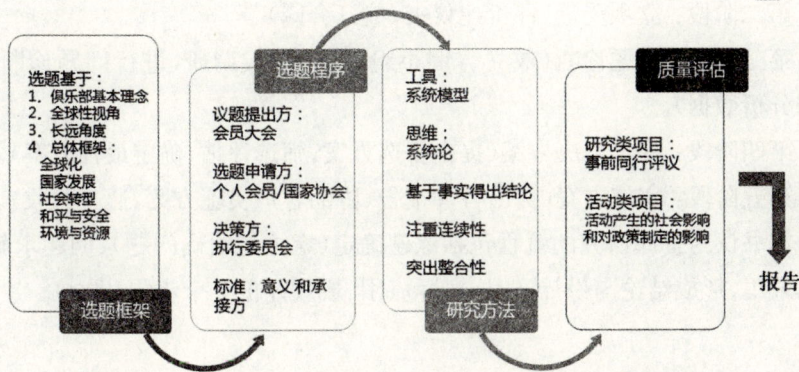

选题基于:
1. 俱乐部基本理念
2. 全球性视角
3. 长远角度
4. 总体框架:
　全球化
　国家发展
　社会转型
　和平与安全
　环境与资源

选题程序

议题提出方:
会员大会

选题申请方:
个人会员/国家协会

决策方:
执行委员会

标准:意义和承接方

选题框架

工具:
系统模型

思维:
系统论

基于事实得出结论

注重连续性

突出整合性

研究方法

质量评估

研究类项目:
事前同行评议

活动类项目:
活动产生的社会影响和对政策制定的影响

报告

图 2　罗马俱乐部项目研究流程

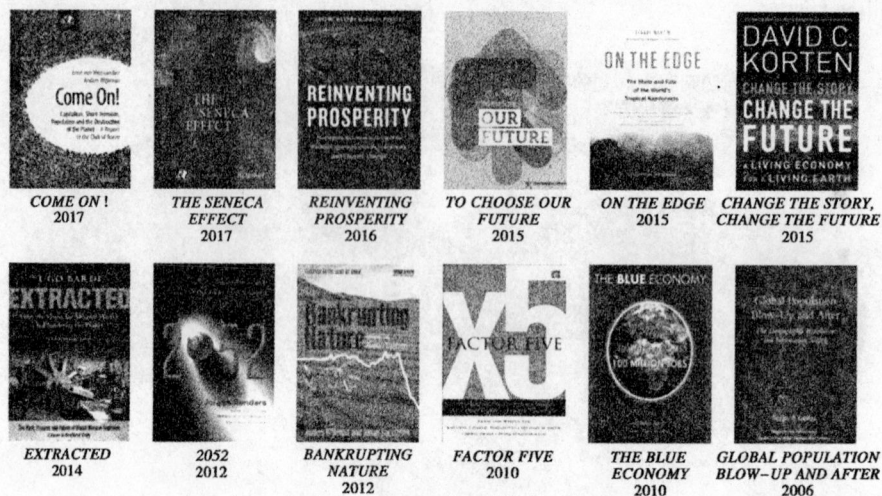

COME ON !
2017	THE SENECA
EFFECT
2017	REINVENTING
PROSPERITY
2016	TO CHOOSE OUR
FUTURE
2015	ON THE EDGE
2015	CHANGE THE STORY,
CHANGE THE FUTURE
2015
EXTRACTED
2014	2052
2012	BANKRUPTING
NATURE
2012	FACTOR FIVE
2010	THE BLUE
ECONOMY
2010	GLOBAL POPULATION
BLOW-UP AND AFTER
2006

图 3   罗马俱乐部的重要咨询报告

智库产品生产的流程是指针对课题选择、求解问题、采集数据、转识成智、形成结论(最终产品)的过程。[①] 我国学者刘岩等将科技创新智库研究基本流程分为选题阶段、研究阶段、应用阶段、评价阶段 4 个阶段。[②] 也有观点认为智库咨询分为 5 个阶段:

第一阶段:立项准备(客户委托,初步洽谈,初步调查,提出项目建议书)。

第二阶段:立项受理(评价建议书,签订合同)。

第三阶段:问题诊断(成立咨询小组,开始正式调研,进行问题诊断,收集和分析数据)。

第四阶段:提出解决方案(提出备选方案,筛选评估,确定最佳方案)。

第五阶段:实施方案(提出咨询报告,协助客户实施方案,通过验收)。

本书认为智库研究的流程包括课题确定(定位与明确问题)、问题求解与信息采集、形成结论与设计产品、实际应用、成效评价 5 个步骤(图 4)。

---

① 张心源,赵蓉英,邱均平. 面向决策的美国一流智库智慧产品生产流程研究[J]. 重庆大学学报(社会科学版),2016,22(2):132-138.
② 刘岩,刘宝瑞,刘伟东. 面向科技创新智库的信息资源保障体系建设研究[J]. 现代情报,2017(2):78-82.

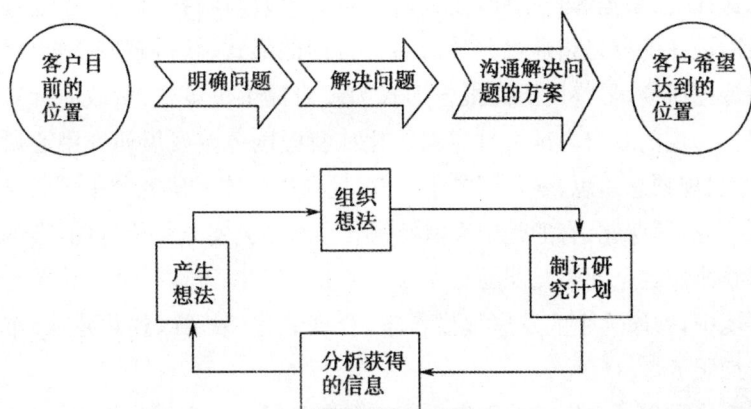

图 4　智库一般研究流程

第一节　智库研究课题确定

智库的日常课题开展,可以分为定期规划课题和专项课题。定期规划课题一般结合智库重点研究领域和社会发展形势选定,多为智库自主进行的前瞻性研究,对时效性要求不强。专项课题则根据研究工作需要随时研究,即时立项,多为服务用户点题或重大舆情事项分析。

在具体业务过程中,智库选定某项课题,又可分为"委托研究"和"自主研究"两大类。

一、委托研究

委托研究是根据智库服务对象的委托点题需求,就明确的研究课题要求进行研究求解。除了服务对象直接委托外,智库或决策咨询机构也会以投标形式参与到政府或企业的特定需求招标,中标后,进行课题研究。对于委托课题,智库普遍采用"委托课题—研究—评审—发布"的运作模式。

委托模式的收入来源清晰,谁受益谁支付,由发出委托的政府、企业或其他机构提供研究所需的各种费用。不过,对于标榜自身坚守独立性原则的智库而言,接受企业委托的课题难免使得结论带有一定的倾向性,可能有违智库的独立性原则,难以得到大多数人的信服。而其选题又大多集中于宏观或中观层面,以此为依据制定出的政策,可能会破坏智库咨询正常的市场竞争环境。

总体而言,根据客户不同,委托研究可分为政府委托课题和企业委托课题。政府委托课题是指通过与政府签订合同的形式,获得政府资金支持,独立开展课题研究,最终以研究报告形式为政府提供决策咨询,政府针对课题内容提供一定的政府内部文件资料。比如我国国务院发展研究中心研究的"'十二五'规划总体思路研究""'十二五'规划指标体系研究""中国碳交易市场机制研究"等课题,有的是中央财经领导小组办公室直接交办的,有的则是与各部委协作。企业委托课题是在当今经济全球化、互联网冲击传统行业等经济环境中,智库为企业发展提供科学、合理的管理指导、优化建议、市场分析等咨询服务。

智库接受委托而形成的研究报告与咨询公司的咨询报告类似,只不过从选题角度而言,智库的选题相对宏观,大至国家,小至产业,较少为某一具体的公司或是公司的具体业务提供咨询。

委托研究初期,智库和委托人需要经过多次洽商甚至实地调研,明确问题,并就研究方式、研究期限、成果形式、费用支付等达成协议,双方签订项目的正式合同后,研究课题正式立项。

二、自主研究

自主研究课题是指智库根据全球政治、经济等形势变化,结合自身研究特长,自由选择开展的研究项目。该类项目的研究成果往往通过互联网、发布会等形式传播,以此迅速打开市场,提升自身品牌价值和社会影响力。比如,兰德公司对朝鲜战争的研究报告,胡润研究院研究发布的涵盖胡润百富榜在内的一系列排行榜等。科普顿中心的总监 Tim Evans 说,针对比特币和互联网金融,他会组织研究金融的小组分别研究英国、美国、中国等国互联网金融的发展情况,这样结合新型趋势自主选择的热点问题研究,既能帮助研究所对热点问题作出快速反应,保持其在媒体和外界的声音和声望,又能为研究所未来该领域的研究打下基础。

张心源[1]等调查了兰德公司、布鲁金斯学会和胡佛研究所三家智库,对其自主课题的研究方向和类型进行汇总、分析(表7)。

---

① 张心源,赵蓉英,邱均平. 面向决策的美国一流智库智慧产品生产流程研究[J]. 重庆大学学报(社会科学版),2016,22(2):132-138.

表 7　兰德公司、布鲁金斯学会、胡佛研究所研究项目类别

研究方向	兰德公司	布鲁金斯学会	胡佛研究所
经济法律	法律与商业	商业贸易 经济 财政政策 法律	经济政策 法律
教育历史医疗	教育与艺术 \ 健康与医疗保健	教育 \ 健康	教育 历史 医疗保健
社会	儿童与家庭 基础设施与交通 人口与老龄化	城市问题 社会问题	价值观与社会问题
能源与环境科技	能源与环境 科学技术	能源与环境 科技	能源与科技
政治、军事与安全	国际事务 恐怖主义与国家安全 国家安全 公共安全	国际事务 防御安全 全球发展 政治与选举 美国政府	外交事务与国家安全 美国政治

目前,对于自主研究课题,多数智库通常遵循"选题—筹资—研究—评审—发布"模式。独立型智库通常会在每年某月制定下一年的研究课题计划,然后寻求资金支持,再开展研究。一些独立型智库甚至明确规定每个资助者的最高资助金额,以防止课题研究成果明显偏向于课题资助者。例如,亚当斯密研究所就规定每个企业捐赠者每年捐赠额度不得超过 5 万英镑。但一些实为党派型的独立智库,对捐赠者结构和额度范围对外保密,例如政策研究中心(CPS),这也就难以保证其观点的中立性了。事实上,目前,美国的保守主义智库在数量上已远超自由主义智库。美国 3/4 的保守主义智库在遴选专家时首先考虑其政治和意识形态,其次才是专业知识水平和媒体或公共事务经验;而自由主义智库则更注重专家的专业知识和教育背景。自由主义智库在美国拥有悠久的历史,主要致力于政策分析与研究;但目前也在某种程度上背离其固有传统,研究也较多地从过去的政策前端研究诸如世界形势预测、战略研究、政策研究等,转向政策后程对特定政策方案的宣传和政策方案的提出,呈现出越来越明显的政治立场、价值取向或

意识形态倾向。[①]

　　在课题选题阶段，较大的智库通常会成立选题小组，成员为智库内每个研究部的领导或权威，对资深研究员们提议的课题题目和计划进行评审，最后根据计划研究课题数量作出决定，例如海外发展研究所；而一些小的智库则直接由智库的一把手决定选题，如政策研究中心和改革研究所等；还有一些有党派或政府背景的智库在选题时还会听取议员、政府官员的意见，以便提高研究的实效性和针对性。

第二节　问题求解与研判

　　选定课题后，智库需要对课题的核心问题进行求解，并提出针对性信息采集与分析方案，主要包括：解析课题意图（立项准备、立项受理）、诊断/研究课题（问题诊断/研究过程）、提出多种解决方案、评估并实施最终方案。

一、解析课题

　　为充分了解课题背景与客户情况，签约前后，智库会与委托人就课题进行初步洽谈，根据委托人的要求和意图，做项目讨论实施前的准备工作。如从各研究小组中抽调研究人员组成咨询课题组，拟定项目研究建议书、研究路径、调查提纲，设计调查表格或专家征询书，制订工作实施计划等（图5）。

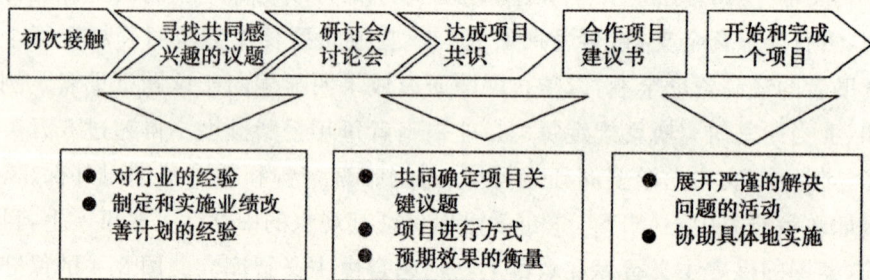

图5　研究策略

　　在解析课题过程中，对用户需求、用户行为、用户能力、用户心理几个方面的把控尤为重要。用户需求主要指用户提出的信息产品或服务的消费请

---

　　① 安德鲁·里奇，杨敏. 安德鲁·里奇：美国智库专业知识与意识形态的政治[EB/OL]. (2016-11-28). http://www.hnzk.gov.cn/zhikuqianyan/5658.html.

求,这是第一重要的用户因素。没有需求就没有消费,没有消费就没有产品与服务的生产与提供。

用户行为是用户需求与心理活动的外在表现形式,包括咨询问题的形成、表达、提交,与咨询专家的互动交流,对咨询结果的满意度表示及其相关意见的反馈等。用户行为的恰当性、清晰性、彻底性等,影响着咨询策略的制定、咨询洽谈的过程及其深入、咨询信息收集整理与加工以及咨询结果方案的形成等。

用户能力是指用户为实现某项需求的满足而必须具备的相关知识与技能等。用户能力决定用户行为,一个人的行为几乎不可能超出其能力可以达到的最大范围。咨询用户能力通过用户行为对咨询过程,特别是咨询专家的行为发挥作用。

用户心理是指用户围绕信息需求的形成、提出、满足等系列过程而产生的心理与思维活动,包括信息需求的动机、对信息需求满足的期望、对信息需求服务提供方的认知、对信息需求满足过程与结果的感受等等。在信息咨询活动中,用户需求源自于用户心理,用户心理通过用户需求、用户行为对咨询过程产生作用。

为此,智库人员可以通过以下几种途径,充分收集用户信息,以便作出准确判断。

(1)开展专门的网络问卷调查。通过 E-mail、Web 表单、BBS 等多种渠道向目标用户和潜在用户发放调查表。

(2)分析用户的咨询问题。用户提出的咨询问题一般反映了用户当前或近期关注的问题和兴趣。通过对用户的咨询问题的长期分析,可以总结出该用户的研究领域、研究重点,并预测其以后的研究方向;通过对某段时间内各类用户咨询问题的统计分析,可以总结出不同时期某领域的热点和动态。

(3)通过咨询洽谈了解用户信息。一个有效的咨询过程实际上是一个咨询专家与咨询用户不断进行信息交流的过程,咨询洽谈仍然是收集用户信息的重要渠道。

(4)用户成果分析。用户已有的研究成果往往反映科研人员身份、研究方向、专长等信息,通过对用户的成果的系统分析,可以获得比较全面、准确的用户信息需求情况与身份信息。

(5)用户主动反馈。用户主动提供的信息一般来说具有更高的准确性和可靠性。

二、研究分析

成立研究小组后,进入研究分析阶段。此阶段的主要任务是搜集任务主题资料和数据,并实际运用相关研究方法进行定性或定量的分析,根据不同步骤的结果与客户反复交流并交换意见,对项目进行系统研究,提出多种方案进行优化比较。一些大的研究所有时也会邀请外部专家参加,以提升对特定课题研究的能力。

为了使研究分析做到科学化,兰德公司提出了"理性管理"的思想,建立了一整套被称为"兰德式理性程序"的理性化、程序化思考方法模式,即"4W"思考模式:发生什么事(What's going on)? 这事为什么发生(Why did this happen)? 应采取哪一条行动路线(Which course of action should)? 前途如何(What lies ahead)? 由此而将理性活动即研究分析活动划分为状况评估、问题分析、决策分析和预测分析这四个既相互区别又相互联系的方面或环节,并为之发展出一系列可操作的结构化、程序化的研究分析工具和方法。如"启发式规划""线性和非线性规划""动态规划""德尔斐法""成本效用分析""系统分析"等。他们研制的"计划、程序和预算编制系统"(PPBS)已被美国政府广泛用于军事预算和联邦政府预算的编制。原兰德公司总裁莱斯认为"兰德工作之所以如此重要,一个重要的方面是它为政策研究提供了分析工具"。从长远的观点看,关于方法的创造性研究才是兰德最经久不衰的成就。

所谓信息分析,就是指通过已知信息来揭示客观事物的运动规律。换言之,即通过对大量已知信息的分析研究,获得新的信息。综上所述,信息分析是对已知信息进行深加工的智力劳动,它包括信息的收集整理、研究、结果的表达以及价值的评价,是一项社会系统工程,所涉及的方法包括信息收集的方法、加工整序的方法、研究的方法、信息表达的方法和信息分析成果的评价方法等。信息分析是建立在用户需求的基础上并最终服务于用户的;是对各种相关信息的深度加工,是一种高层次的或深层次的信息服务,是具有科研性质的智力活动;需要借助一定的研究方法和手段,经历一系列相对程式化的研究环节;其最终结果应具有一定的预测性和前瞻性,以对用户的科学决策和实践活动起到辅助甚至指导作用。

从信息分析的研究性质上看,可以分为以下四大类型:

(1)探索性研究:即研究者对所要研究的领域知之甚少,或对研究的问题或范围还不甚明确时,可采用探索性的调查研究。主要作用是:发现问题,查明问题产生的原因,找出问题的关键,为进一步深入研究打下基础。属于定性研究。

（2）预测性研究：与探索性研究很类似,也要通过搜集一些历史性资料和间接资料,或请教专家、内行,或参照类似问题的实际例子来进行研究。所不同的是需要作一些定量的预测计算。属于定量研究。

（3）描述性研究：是对研究的问题作如实的反映和具体的回答。如市场情况的分析、产品的研究、销售渠道的研究、销售成本的分析、竞争情况的研究等,均属于描述性研究。

（4）因果关系研究：主要目的是要弄清楚原因和结果之间的数量关系。

整个研究活动的过程如图 6 所示。从根本上讲,信息分析的过程就是化无序为有序,从局部看整体,由现状测未来,最终实现对其所研究的对象进行整序、评价、预测和反馈四项基本功能。

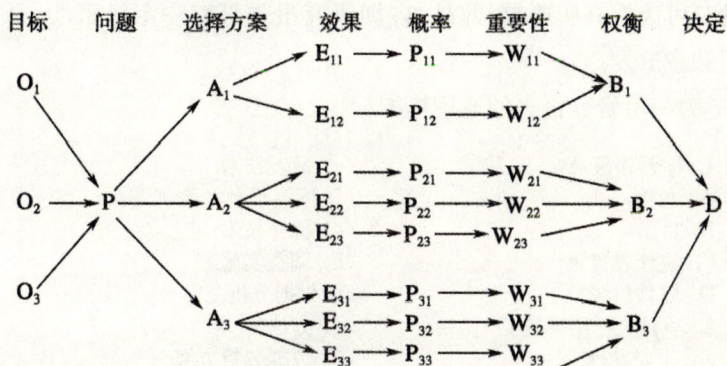

图 6　智库研究的一般过程

三、初步结论

根据对调研资料和采集信息的分析判断,形成对课题的初步结论,这些结论大都以报告形式呈现,包括总报告、分报告及有关附件等。但考虑到研究的严谨性,此阶段的报告仅为初步成果,尚需进行一轮或多轮评审,评审标准包括但不限于研究成果是否具有科学依据、论证是否充分、研究报告的陈述是否有效、结论是否客观公正等。

通常情况下,智库研究的初步结论主要包括以下几个部分：

（1）开篇：背景介绍,陈述客户的总体情况,项目缘起,问题所在,扼要观点。总结整理所收集的各种数据,以示为了客观彻底地把握本项目,已充分利用了各种可能的调研途径,并据此对客户情形作进一步描述。

（2）陈述研究成果，解释对所收集到信息的判断与评价。此部分承上启下，必须有理有据，言之有物。

（3）清晰表达推荐方案，以及为此所应该开展的工作，论证实施推荐方案后可能给客户带来的现实利益，尤其是财务优势——入市份额的提高、可能降低的成本等，同时也要指出方案如果没有得到实施或实施不利可能产生的风险。

（4）结尾要加上附录。需要界定或解释的术语、正文不宜展开的图表和数据、对所采用方法体系的解释及其他未尽事宜都可以放在这部分。

研究报告是智库咨询活动的主要成果和验收依据；研究报告的制作、提交和验收要按照咨询合同要求进行；报告内容应包括研究方法、研究过程和研究成果，当然也要指出尚未解决或存疑的问题；研究报告与一般的学术报告和学术论文是有所区别的，更强调目的性和现实性，因此对深入浅出、图文并茂、具有可读性有所要求；此外，咨询研究报告具有一定机密性，要妥善保管，不得随意散发。

图 7 为一份研究报告的通用框架。

1. 标题和目录	（e）量表技术
A. 封面	（f）问卷设计及测试
B. 目录	（g）抽样技术
C. 统计表目录	（h）调查实施
D. 附件目录	D. 数据分析
2. 项目执行结果摘要	（1）方法
A. 主要发现	（2）数据分析方案
B. 结论	E. 调研结果
C. 建议	（1）基本结果
3. 报告正文	（2）分组结果
A. 问题的定义	（3）关联性分析结果
（a）问题的背景	F. 局限性及一些必要的解释说明
（b）问题的表述	G. 结论及建议
B. 处理问题的途径	4. 附件及展示品
C. 调研方案设计	A. 问卷
（a）方案设计的类型	B. 图表
（b）所需的信息	C. 技术细节说明
（c）二手数据的收集	D. 统计输出部分结果显示
（d）原始数据的收集	E. 其他

图 7　研究报告的通用框架

四、评审与跟踪

国外智库都很重视咨询研究的质量管理，建立了严格、完善的创新成果评审制度。例如兰德公司就制定了一套内部质量标准,称为《高质量研究与分析标准》。除了常规标准以外,兰德公司还制定了反映其战略研究抱负、体现其战略研究议程的"杰出"研究的标准。兰德公司将这些高质量标准作为确定"兰德型"战略研究的必备标志。通过使用领先的实验方法建立了非常严格的"内部评审制"。兰德公司对每一项研究计划,通常都聘请两位未参与该研究计划的资深研究人员作评审员,负责计划开始后的期中审查和计划临近结束时的期末审查。兰德公司还从社会上聘用了约 600 名全国有名望的教授和高级专家,作为特约顾问和研究员,主要任务是参加兰德的高层管理并对重大课题进行研究分析和成果论证,以确保研究质量及研究成果的权威性。

美国国家研究理事会(NRC)是隶属美国国家科学院的咨询机构,以其为政府提供高质量的科学与技术政策咨询而享誉世界。NRC 的任何报告在向公众发布之前,都必须接受严格的专家评审。评审机制为同行评议制。NRC 设有评审委员会,由国家科学院、国家工程院和国家医学研究院约 30 人组成,负责对评审程序进行监督。项目管理单位与评审委员会协商指定一组独立的、对报告的关键议题持各种观点的评审专家。报告作者将报告草稿提交给评审专家。评审专家根据评审标准手册给出对报告的书面评审意见。报告作者收到所有评审意见后需提供书面答复,书面答复最终会被监督人员(由报告评审委员会指定)和/或评审协调员(由管理部门指定)进行评估。直到评审过程完全完成,并且所有作者同意修改后的草稿时,报告才会提交给项目委托方或向公众公开,并发布其研究结果。

世界资源研究所(WRI)专门有"科学与研究部"(S&R,类似于国内科研机构的"科技处"),负责对研究的知识成果的评审。WRI 对研究成果的质量要求是"报告全面、写作完善、观点中立、价值突出"。WRI 对其研究成果——研究报告与问题简报、工作论文、技术文件、在线工具与应用软件、数据信息图等不同产品,都有严格的内外部评审程序。以研究报告与问题简报为例,出版计划(由研究部门主任、S&R 共同审定同意)→报告初稿(研究部门主任、S&R 共同审定)→内部评审(S&R 同意并送内部专家评审)→外部评审(S&R 同意并送外部专家评审)→正式出版报告(S&R 同意出版或发布)的循环,要经过研究部门主任、科学与研究部的审阅同意,评审过程一般需要 6 个月的时间才能完成。

经评审合格,委托人接受智库的成果后,此课题主体部分基本完成。不过,智库的最终目标在于通过决策咨询帮助服务对象改进决策水平,提高决策质量。成果提交后,委托人与智库仍应保持定向交流,协助客户实施报告方案,追踪初期方案实施效果,甚至会对方案进行修正后实施。

任何一项智库研究项目,都有一个评审和总结的管理过程。智库不是依托于某一个人的个人智慧,而是一个机构的运作,涉及流程管理和人才培养,需要传承和优化。因此,针对研究内容和研究成果存在一个管理和提炼的过程。详见图8。

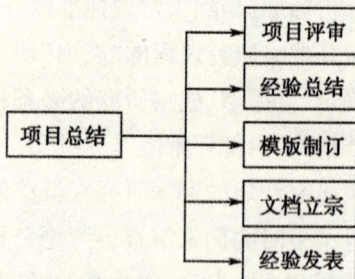

图 8　研究内容和研究成果的管理和提炼过程

第三节　智库产品

智库的核心竞争力在于思想、智慧。智库的地位和作用在于其"产品"是否为经得起时间检验的真知灼见。智库产品包括政策产品、世界观产品、思想方法产品、文化产品、战略产品等。智库决策能否成功,最后的环节还是要看能否有引人瞩目的各种智库产品。只有不断推出符合社会需求的各种智库产品,通过标志性智库产品树立智库形象,满足政府和社会的决策需要,解决广大人民的精神文化需求,才能保证智库的影响力和生命力。[①] 决策者对思想产品的要求不仅仅是快速、及时、简要、准确,还有更高的要求,包括具有较高的公信度,具有较大的国际影响力等。[②]

一、智库产品设计定位

智库产品属于智力劳动成果,具有功能、质量、效益、价值、品牌、标准等特性,智库产品的定位与设计对于智库的生存和发展而言是至关重要的,因此需要认真对待,审核一个智库产品的要点包括选题、问题分析、信息源与分析方法、策略分析与验证、风险评估等 5 个方面。

(一) 选题

包括选题的类型和性质(区域性/全局性、战略性/前瞻性)、选题层面(区

---

① 王健. 智库转型:理论创新与实践探索[M]. 北京:生活·读书·新知三联书店,2012:5.
② 国务院发展研究中心公共管理与人力资源研究所"国外智库管理体系研究"课题组. 需要一流智库提供一流思想产品[J]. 中国发展观察,2013(3):31-32.

域层面、时间层面、对象层面)、答案求解序列等方面(如图9)。

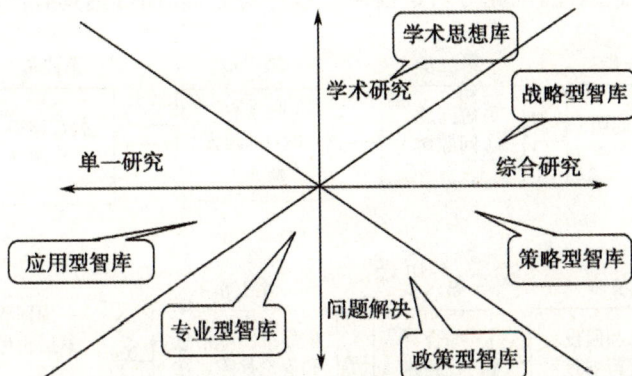

图9　选题策略

智库产品的生命力,在于提出问题和设计问题。能够提出好问题,代表了智库产品对宏观的把握和判断水平。首先,要明确选题的不同类型,包括战略性选题、前瞻性选题、区域性选题、全局性选题等;其次,选题的评价需要有明确的分层,即区域层面、时间层面和对象层面来判别。区域层面指选题属于国际、国内、地方性问题,或者属于行业、部门性问题;时间层面指对过去、现在或今后问题的分析;对象层面指为宏观决策、规划设计方案或具体操作而提出的参考意见。

任何智库产品选题必须要回答四个基本问题:发生了什么、为什么会发生、应采取什么行动、会产生什么结果。第一是行动判别的基础,从无序到有序,最后确定优先序的分析;第二是对问题进行充分的因果分析;第三是对行动目标与行动路线作出选择;第四是对行动产生结果的预测分析,预测将来会产生的正面或负面影响。

(二) 问题分析

包括定义问题、问题结构分析、问题简化、潜在问题分析几个方面。

确定好选题之后,不见得就会把问题分析清楚,需要把握:定义问题,从果找因,分析实现目标(或出现失误)的过程,确定转折点;问题结构分析,审核问题是目标偏差,还是手段偏差,偏差的时间、地点、广度、作用力和连锁反应等;问题简化,在诸多复杂现象中提取关键要素(一般不超过3个),进行预检测推断;潜在问题分析,包括情景与征兆模拟、不协调关节点、可能的伤害分析及应采取的修正行动等。问题分析也称为机会捕捉。有明确目标才能发现和找出关键所在(图 10)。智库产品要能够为满足(部分满足)需求方目标提供机会。因此,问题分析也要研究服务对象,以期得到具有价值的应用。

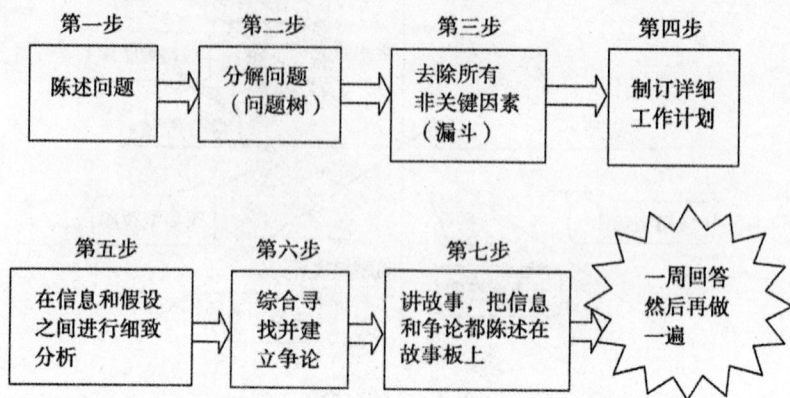

```
第一步              第二步              第三步              第四步
┌────────┐         ┌────────┐         ┌────────┐         ┌────────┐
│ 陈述问题 │ ──▶     │分解问题  │ ──▶     │去除所有  │ ──▶     │制订详细  │
│        │         │(问题树) │         │非关键因素│         │工作计划  │
│        │         │        │         │ (漏斗)  │         │        │
└────────┘         └────────┘         └────────┘         └────────┘

第五步              第六步              第七步
┌────────┐         ┌────────┐         ┌────────┐         ╱╲╱╲╱╲╱╲
│在信息和  │ ──▶     │综合寻   │ ──▶     │讲故事,把信息│        一周回答
│假设之间  │         │找并建   │         │和争论都陈述在│        然后再做
│进行细致  │         │立争论   │         │故事板上  │        一遍
│分析     │         │        │         │        │         ╲╱╲╱╲╱╲╱
└────────┘         └────────┘         └────────┘
```

图 10   分析解决问题的 7 个步骤

(三) 信息源与分析方法

如信息种类(定性、定量)、多种来源的信息、多种分析问题的方法、结构与表达方式(文字/图表)等。

智库产品源于信息加工,那么信息准确性是质量的保障。来自于单一渠道的信息,往往可信度偏低。没有独立获取信息能力的智库产品往往也显得单薄。多渠道信息和多种分析手段是防止片面性偏差的重要手段。信息收集需经历验证、核准、分析和筛选,信息框架分析是各类信息的关联格局和可能隐含的趋向。

由于现代分析方法和手段非常多,某一种分析方法与另一种分析方法所得出的结论会有很大差距,因此智库产品必须有方法学的验证,否则,会出现误导的可能性。对信息结构和系统关联的表达描述,是知识加工的基础;经验表达模型,用以对认知和智慧的阐述;验证更新的修正,用以对知识体系自我学习和错误的纠正;各类能力的聚合,用以通过集体共识将无形知识加工为有形的价值。为帮助提高信息分析的准确性,可以采用征询精英的判断、对结论进行优先排序、案例比较、模型分析等方式。

就信息分析方法而言,大致可以分为如图 11 中的 3 大类型。

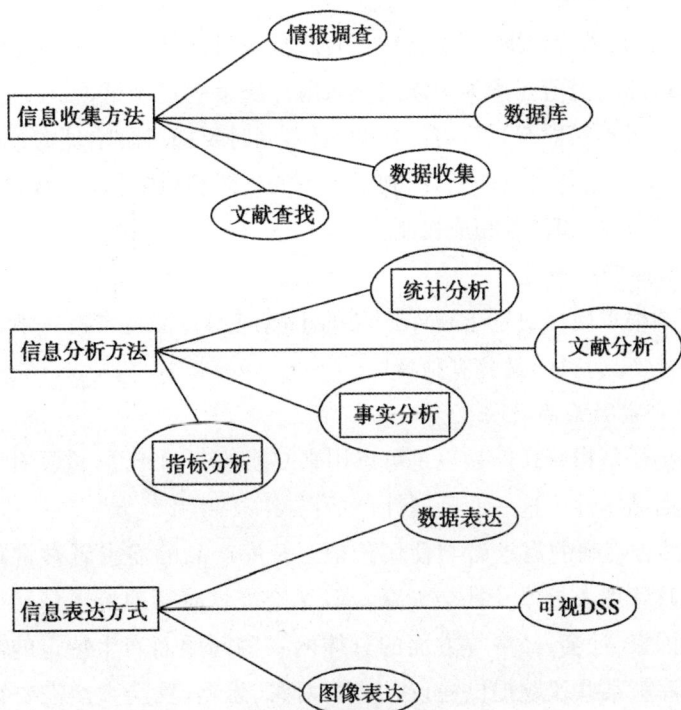

图 11　按照信息分析的步骤分类示意图

（四）策略分析与验证

包括策略方案、贡献策略、可行性验证环节。

策略分析的基本目标在于达成备选策略共识。策略验证指对方案后果预估，分析情况条件发生变化后，可能产生的新的外部环境及系统内部的改变。对于不同类型的问题，如初始性问题、完善性问题、复杂性问题、较量性问题、渐进性问题、突发性问题等，要有进一步的预测。

智库产品的价值在于其预见性和可行性。有些问题能够通过理性、科学性、战略性、技巧性研究得出结论，而有些问题还难以用已有知识、经验去得出数量化的结论。在这种情况下，就需要变换产生问题的思维，从另外的视角得出答案。

策略验证应包括五个方面：影响环境的各因素消长和功能的变化、可能产生的新矛盾、产生的新关系图（互动或制约的格局）、可能出现的极端与表现形式、可能的经济社会反响与反应（情景预测）。

（五）风险评估

如新结构、风险判别（识别、分析与评价、应对、监控、预警、应急等）。

智库产品的价值在于为决策规避风险。决策一旦作出，就可能无法再挽回。风险分析不仅要有风险可能性的预估，同时要把风险治理的策略进行梳理，防止决策早熟与决策冲突，以利于决策的决断和风险防范，形成决策回馈与调整、决策审核和任务完成机制。

二、智库产品特征

智库的根本属性决定了智库产品的市场应用特征既具有一般性商品特征和知识性产品特征，又具有独特性。

（一）一般性商品特征

这一特征是指智库产品也是可以用来交换的劳动产品，也具有同其他商品一样的商品属性。这一商品属性包括：

（1）具有明确的需求者与使用价值。智库产品的需求者常常是政府各级机关行政管理人员以及社会大众。但无论是政府管理者还是社会大众往往是针对国家、社会、经济等方面的具体的一些问题而产生特定的需求。政府需要智库就某些议题提供建议、方案、对策、思路，社会大众需要智库就某些问题、政策或制度答疑解惑，沟通信息。智库的这些功能与作用使智库产品具有明显的使用价值。

（2）智库产品具有可交易性。智库产品的价值某种程度上可在市场中以一定的价格形式体现出来，需求者可以以合适的价格购买。此外，智库组织也可以通过赠予或免费公开等方式将产品提供给社会大众或政府官员。

（3）智库产品的生产过程与一般工业品相一致，也需要原料，会产生成本，也要求生产效率、生产效益。智库产品生产的主要原料是数据、信息、情报、知识，而生产成本则体现为智库组织为获取各种数据、信息、情报、知识的种种努力，购买的各种为分析数据而用的设备、软件以及人力资源成本。

（4）智库产品具有竞争性。同工业品一样，在智库产品市场上，既存在一定的智库产品垄断，又存在智库产品的多方竞争。除却一些涉及国家秘密或者事先不能完全公开的智库产品，一般的议题总会有不同的智库进行竞争，竞争的目标是使自己设置的议题或产品获得政府或社会大众的理解、认可、接纳、采用、满意，从而引领议题潮流，树立自己的品牌、形象。

（二）知识性产品特征

智库产品在本质上是研究者依靠自己所掌握的各种有用知识而产生的

知识性成果。从内容上看,智库产品表达的是思想、观点、建议、对策、方法,呈现知识性特点。

首先,智库产品围绕某一议题告诉需求者为什么、是什么、如何做、谁提供等一系列的知识。这些知识同一般性的技术工艺手册、教科书等知识性产品的内容相一致,都是研究者自己隐性知识显性化的成果,或者是种种数据、信息、知识按照一定逻辑再次整合,而需求者也并不需要太多的成本就能高效地获取、理解的知识。

其次,智库产品的生产具有事前、事中的高成本而事后形式修改、批量生产的低成本性。生产智库产品的高成本主要体现于较高的调研费用、数据及信息收集分析加工费用以及最为重要的人工成本。

智库产品一是体现着智库组织资源的投入程度,二是体现着智库组织对智库成员知识培训程度及能力培育程度,同时还体现了所消耗时间多少的程度。好的智库产品需要研究团队反复讨论、修改,而这些通常要消耗大量的财务资源与时间资源。但一旦智库产品成形,已经定稿,那么依靠现代化的印刷技术与电子文档软件技术进行重复生产、渐进的形式改善将变得较为容易与简单,复制成本显著下降。简言之,智库产品的研发成本较高,但制作成本较低。

再次,智库产品的传播与沟通同知识性产品相类似。通过现代化的大众媒介、互联网技术、发达的信息移动终端设备,智库产品能够做到多人参与、多人共享、多人互动,能够较快地传递给需求者,同时可以超越时空地域的限制被需求者所查阅。

（三）智库产品的独特性

智库的功能是为政府提出思想与建议、促进沟通、培养人才、引导社会舆论。智库的这些功能主要通过向需求者提供高质量的智库产品来实现。但是具有社会性的智库产品凝结着智库组织、研究者个人的智慧、价值观、思想以及智库所处社会、国家、民族、地方的社会制度、风俗习惯等,因此以上这些功能只是基本功能。智库产品的另类功能可称为影子功能,强调智库在满足使用者的需求后带来的额外的非货币收益,主要包括:智库产品或智库组织品牌以及智库形象的建立与提升,使得使用者更加青睐、更加信任下一轮智库产品,获得先入为主的被选择优势;智库产品传播了智库组织所拥有的价值观等思想意识形态,使使用者从对产品的满意上升到对智库组织的满意,进而上升到对其思想的认同。这两点最终将使得一些跨国智库垄断议题发言权,间接输出价值观与意识形态,具有隐蔽性。一般性工业品与知识性产品容易将产品与无形的思想输入分割开,功能具有单一性。同一般商品以及单纯的知识性产品相比,智库产品又表现出独有的差异性。

(1)适用有限性。首先,智库产品所解决的问题具有动态性、复杂性、地区或国家的差异性,从而使问题本身具有特异性与挑战性;其次,智库组织所能够提供的智库产品研发资源、整体研究能力、研究人员自身的研究能力以及社会所允许其具有的研发条件都具有有限性,难以获取最优的研究资源、研究条件。这样,智库产品不仅难以达到最优,而且需求动态调整,更要与现实特定问题相对应。这种适用有限性导致智库产品的唯一性突出,即虽然容易被复制且传播较快,但是智库产品一旦脱离具体的社会、国家、地区、城市,其使用价值就会被削弱。而一般工业品或知识性产品很容易被复制且其使用价值并不因为国家、地区、城市的不同而减弱。

(2)同题差异性。显然,一般工业品与知识性产品会因目标用户的差异而在品种、规格、包装、等级、价格等方面存在不同。同样,智库产品也会因需求者的部门、地位、级别、类别的不同而在传播渠道、产品质量、研究方法上有所差异。

但在面对同一需求者、研究同一议题的情况下,智库产品表现出同题差异性,这种差异性表现在智库产品之间的辅助性、互补性、相反性等关联性或矛盾性上。此时,研究同一议题的智库产品或只研究了议题的某些方面,或达到某些深度,或存在某种欠缺,或有所侧重,但智库产品之间存在关联性,可以归类、聚合从而可使统一整合后或改善后的智库产品更加具有说服力、实用性。而有些智库产品得出的结论具有相反性,体现矛盾性,特别是预测未来的宏观经济、国家安全等重大社会问题,智库产品之间的这种相反性更加突出,往往智库产品间的结论互相矛盾。智库产品所具有的这种同题差异性是一般工业品与知识性产品所不具有的。这将导致智库需求者处于选择的困境,一方面需求者需要智库提供多个有差异的智库产品,另一方面还要对这些有差异的智库产品进行可能的再次改善与整合,还可能纠结于两个对立的智库产品。此时,在增加较满意的智库产品的同时,也增加了选择的困难与成本。

(3)产品价值模糊性。智库产品解决的问题从层次上看主要具有地区性、国家性或全球性,从内容上看主要指社会性、经济性、文化性、安全性、军事性、环境性等重点、难点、热点方面的问题,本身具有宏观性、长期性,而提供的是方案、建议、知识,本质上讲是一种理念,一种思想,解决这些问题并没有一劳永逸的方案,反而需要不断完善。解决这些问题除了带来明显的物质收益之外,还会为社会、国家带来声誉、精神风气、文化上的收益以及从某种程度上能够改变需求者的立场、观点、思想,从而带给需求者心理上、精神上的收益都难以精确估价,但这种收益却十分重要。而一般工业品或部分知识性产品的价值可以通过计算使用者的购买价格与货币收入进行较精确的衡量。

(4)质量评价复杂性。一般工业品可用很明确的参数、标准、证书、说明书、运行时间、故障次数等指标来衡量其质量,知识性产品的质量也可由易理解性、内容完整性、文字的出错率、印刷质量等指标来衡量。一些研究运用智库产品被政府接受并得到运用的比率来衡量智库产品的质量,也提倡智库产品应管用、实用、可用。

但是智库产品所研究的问题具有动态性、复杂性,而且由于研究者的研究能力有限、研究条件有限,智库产品同其他知识产品相似,只提供方案、设想或者只是纸上的理论性知识,要进行实践并且要产生预期的成果,仍然需要克服实施智库产品内容的实际困难,同时也要协调相关部门、领域的力量才能较好解决智库产品所要解决的问题。因此事前与事中都无法较精确地评价智库产品的质量,而事后要实现应用价值也并不能如所设想的那样容易或者一致,结果是既可能超过预期又可能低于预期。这样,智库产品所带来的效益总是具有长期性、滞后性、无形性,而实现预期的效益又具有复杂性。由此,智库产品的质量难以精确评价。政府需求者只能凭借智库的品牌与声誉、智库产品表现出的理论说服力来选择解决问题成功性概率较大的智库产品。

三、智库产品类型

广义上来讲,智库的所有产出都可以看成是智库产品,可以是一个观点、一个创意、一个策略、一个设计,不过在具体体现形式上,以报告或文章等居多。

国务院参事、中国人民大学国家发展与战略研究院(简称人大国发院)研究员、人大国际关系学院教授时殷弘认为智库要注意所影响的对象,不仅仅局限于学界或政府部门,同时还要扩展到舆论,让社会更多地了解智库的研究成果。因此,智库产品应包括政策产品、世界观产品、思想方法产品、文化产品、战略产品等。

　　本书认为,智库产品的主要形式有报告类(调查报告、研究报告、咨询报告、政策简报等)、学术类(著作、期刊文章、报纸文章等)等出版物,这些出版物属于正式信息交流产品,具有可靠性、权威性、系统性、可保存性和可复制性,是衡量智库学术水平和影响力的主要标准。除此之外,智库的产品还可以拓展至传统媒介类(电视讲座、广播讲座、各种会议等)、新媒体类(互联网、移动互联网、各种社交媒体等)、工具平台类(评价工具、分析工具、收集系统等)。

　　为便于理解,本书将智库产品分别按面向对象、发布周期和发布形式三个维度进行分类说明。

　　根据不同智库研究的范畴(科技、政治、产业、经济等)和产品面向对象(政府、企业、媒体、大众等),智库研究的产品大致可分为政策建议类、解决方案类、基础研究类 3 类。政策建议类产品主要面向政府机构,包括政策分析报告、政策方案设计、政策评估报告、政策快讯、工作简报等;解决方案类产品侧重行业咨询,包括商业咨询报告、规划设计、调研数据;基础研究类产品指智库对未来发展所做的前瞻性、预判性成果,以研究报告、论文和专著为主,如科技或行业发展报告、行业深度评论、论文、书刊等。

　　根据产品发布的周期,智库研究的产品也可分为 3 类。

　　一类是定期发布的日报、周报、月报等简报类产品,出版周期较短,时效性强,以事实报告为主,较少进行加工处理。此类产品主要考虑到政策制定者们公务繁忙,没有很多时间能够阅读智库生产的大块产品,因而其设计较简短,推出较快。智库若要影响决策,就必须考虑这种情况,以"短、平、快"的产品,供给影响对象,吸引其眼球,使自己的产品能得到阅读和吸收。比如,美国中央情报局每日报送给白宫的高度机密的情报文件《总统每日简报》(President's Daily Briefing,缩写为 P. D. B)。《总统每日简报》是一本蓝色的三环活页笔记本,封页上印着"总统每日简报"。内容是中央情报局认为在过去 24 小时发生的最重要的事情和信息,包括针对国际上正在发生的大事、美国的潜在恐怖威胁以及外国领导人的身体状况等。曾担任克林顿总统首任中央情报局局长的詹姆斯·沃尔西称:"如果有什么新的、令人兴奋的以及重要的事情,这都是《总统每日简报》的主要内容,就像是报纸的头版。"

　　另一类是智库本身年度报告。规模较大、人员队伍齐整的智库一般都发布年度报告,综述过去一年的主要活动、成绩、人员变动、财务收支情况等。规模越大的智库,发布的报告篇幅也就越大。

　　还有一类是因业务需要,不定期发布的针对性智库研究产品,多以报告形式出现,一般作为各机构的主题产品,篇幅较长,分析深入透彻,分析方法既有定量方法又有定性综合分析,参与人员众多。

　　根据产品发布的形式和渠道,智库研究的产品又可分为著作、公开报告及媒体文章、刊物、网络新媒体等。

　　(一)著作

　　很多大规模、高资质的智库本身就设有出版部,用以出版该智库研究人员的产品。比如,布鲁金斯学会的学者经常是世界知名的专家,他们的研究成果出现于顶尖学术期刊上,其出版著作经常是标杆式的。该会学者写作和出版颇有深度又明白畅销的专门著作。

　　还有一些学会如英国皇家国际事务研究所,一般是与特定的出版公司合作。

　　其中又包括两种,一种是个人著作,另一种是集体著作,比如以学会讨论会为基础的文集。

　　(二)公开报告及媒体文章

　　报告是各类智库最为常用的一种产品形式。相对于著作,生产报告所需的时间相对较短,其篇幅不用很长,可以就当前某一专门问题撰写报告,及时推出,赢得"话语权",并尽可能广泛地为众人所知晓。国际知名智库较少依赖大部头的连篇累牍的研究,而更偏爱使用朴实无华的、易于理解的语言来撰写观点简明的论文,在其中提出明确的建议和未来可能的方案。美国企业研究所注重通过会议、评论文章、电视台政策类型节目等多种途径宣传自己的政策主张。这些智库将其自身的研究计划与相关的政治目标群体的中期计划相互协调,在各种论坛上推销新的研究成果,积极与媒体接触——首先是出版物,其次是电视,偶尔也选择教堂,并越来越多地利用互联网。许多同类的智库愿意聘用那些不仅在自身领域内有较高声望,同时掌握超常的口头和文字交流技巧的学者。①

　　国际知名智库还将与媒体建立良好关系作为工作重点之一。国际知名智库充分利用和依靠媒体的作用引导公众舆论和发挥社会影响力,更为直接,也更有针对性和时效性。"它们的人员频繁出现在新闻广播和政治类谈话节目中,与大众分享它们关于焦点政策话题的观点……为政策制定者提供

---

① [德]M. 蒂纳特. 德国的思想库[J]. 国外社会科学,2005(1):99-100.

及时、简明、通俗易懂的政策制定方案;并且花大量的时间、精力用于'产品'的市场营销,以扩大影响力,建立良好的公众关系"①。"智库召开记者见面会,使它们的言论在记者们刊发的讨论当前时事问题的报道中被引用。通过广播和书面媒体,智库的成员们可以引导公众思考政治时事,并起到借助公众舆论监督政府的作用。智库影响时事政治的方式还包括为报纸撰写评论文章"②。

（三）刊物

智库自办的刊物是一家有影响力的智库的品牌性产品,比如对外关系委员会的《外交》。国际知名智库一般都有国际公认的刊物,早在1993年,美国企业研究所和布鲁金斯学会的出版物分别为110种和84种。两个机构都有专门的出版发行人员,采取推销和赠送相结合的办法尽力使其研究成果传播到最广泛的社会领域。美国历史上最悠久的智库——卡内基国际和平基金会出版的《外交政策》是世界上最有影响力的国际政治经济期刊之一,读者遍布150多个国家。实际上,这类产品有的已经成为各国政界和精英阶层决策概念的来源,因而它本身也成为智库舆论扩散的象征。③

传统基金会则有非常敏锐的营销直觉,该基金会采取提供简洁、及时的政策建议的战略,以"幕后消息"和"简报"的形式出版。每一期都针对当前时事问题,如贸易谈判、德黑兰人质问题、枪支管制立法甚至城市管道管理等,篇幅大都短小精悍。④

（四）网络新媒体

随着互联网的飞跃发展,网络媒体正在越来越深刻地影响着经济社会活动和政治生态。内容丰富、参与便捷、互动性强、虚拟性、隐蔽性、发散性、渗透性和随意性是互联网的特点,这就使网络传播从根本上改变了"以传播者为中心"的传统媒体传播模式,打破了传统新闻媒体对舆论的控制和对信息的垄断,使传播过程中的传受双方变得更加自由和平等,具有非常独特的双向沟通特征,既有点对面的传播,又有点对点、点对面、多点对多点的传播。发布各种信息和参与传播的主体规模大,自由且分散。由于不受个人真实信息和身份认证的约束,每个人都可以在网上发布信息、展开讨论、表达意见,

---

① 林芯竹. 为谁而谋:美国思想库与公共政策制定[M]. 北京:知识产权出版社,2007:9.

② 林芯竹. 为谁而谋:美国思想库与公共政策制定[M]. 北京:知识产权出版社,2007:35-37.

③ 纪忠慧. 美国思想库的舆论扩散[J]. 国际关系学院学报,2008(2):56-57.

④ 林芯竹. 为谁而谋:美国思想库与公共政策制定[M]. 北京:知识产权出版社,2007:10-13.

在总体上形成一种散布型网状传播结构。在这种传播结构中,任何一个网络节点都能够生产、发布信息,所有网络节点生产、发布的信息都能够以非线性方式流入网络之中。同时随着互联网技术的日益提高,网站提供给网民发表意见的渠道也越来越多,如论坛、BBS、帖吧、新闻留言、博客、播客、网络杂志、掘客等,同时基于网络的即时通讯工具也越来越多,如 ICQ、QQ、网易泡泡、雅虎通、MSN 等,再加上手机短信、手机上网,网络传播已经呈现出多种渠道共生的特征。在这种背景下,欧美智库纷纷借助网络新媒介,向全球网络用户推广其思想和观点,从而潜移默化地在全球范围内构建自己的影响力。[1]

随着新媒体技术和传播方式的日益丰富,智库产品的形式也逐步多样化,除了传统的图书、期刊、报告等,还开拓了多种新的传播方式,比如电视或广播栏目频道、研究者博客、系列视频、社交网站或媒体、线上线下主题交流活动等。国际知名智库十分重视将智库在有关问题上的立场、观点迅速通过互联网向世界传递,以此扩大智库成果传播的针对性和有效性。近年来,网络新媒体以其信息传播的快捷、互动、全球化成为欧美智库众多传播渠道中的新宠。

"两微一端"(微信、微博、新闻客户端)是为了满足人们对信息的需求而提供便利服务的软件。人们可以根据自己的喜好下载 PC 版或移动版 APP(应用程序)进行信息的传递和交流。[2] 智库的媒体化发展是智库实现自身价值的内在要求。智库的存在目的是为政府公共决策提供咨询和参考,因此其智慧成果的转化机制就显得尤为重要。从理论研究成果转化为政府决策,传播功能是极其重要的一环。可见,智库必须具备一定的媒体功能,传播也是智库的核心影响力和竞争力的一部分。正因如此,现在的智库大都有自己的报刊、网站,近年来许多智库及其学者还通过博客、微博、微信等自媒体对自己的智慧产品进行传播。可以说,智库其实已经成为一种"亚媒体"[3]。与传统媒体相比,"两微一端"(微信、微博、新闻客户端)的出现,及时、便捷、丰富、海量的信息大大弥补了人们对信息的需求。[4] 对新媒体的认知能力、运用能

① 朱瑞博,刘芸. 智库影响力的国际经验与我国智库运行机制[J]. 重庆社会科学,2012(3):110-116.
② 李志业. 两微一端(微信、微博、新闻客户端)传播模式浅析[J]. 科技经济市场,2016(4):14-15.
③ 李昇. 推动媒体与智库融合发展[J]. 现代国企研究,2015(15):46-53.
④ 李志业. 两微一端(微信、微博、新闻客户端)传播模式浅析[J]. 科技经济市场,2016(4):14-15.

力,将直接决定智库传播的成效和社会影响力。比如,斯坦福大学胡佛研究所,研究成果除了图书、期刊、论文等出版物外,还开拓了多种新形式传播其研究成果,包括胡佛频道(Hoover Channels)、研究者博客(Fellows Blogs)、视频系列(Video Series)、播客(Podcasts)等。胡佛频道中的"Military History in the News"是胡佛研究所的一个每周专栏,通过研究过去发生的事件解释现今发生的令人困惑的暴力事件并传达智库的观点和思想;"Immigration Reform"则是在过去一个年度里由学者、政治家和胡佛研究人员召开的有关美国移民体系的结构和成就方面的会议、会面、会谈的大量成果,为公众和立法机构提供移民改革方面的讨论内容,为决策者和政党提供无偏见的信息。研究者博客是每一位研究人员的博客。视频系列中的"Uncommon Knowledge"是胡佛研究所十多年以来一直在坚持制作的系列视频节目,为政界领袖、学者、新闻记者和当代著名思想家与全世界分享他们的观点和思想提供的一个平台,1997年创办之初是电视系列节目,目前则通过网站独家传播,并已成为影响广泛的品牌栏目;另一个视频系列是"The Numbers Game with Russ Roberts",汇集了学者发表的公共政策方面重大时事问题的简短谈话视频,每一集都贯穿了图、表、曲线和配有声音的动画,意在使复杂的概念通俗化,使经济学更好地为生活服务。播客则是由胡佛研究人员做固定主持人,对不同的话题进行的人物专访集,如"EconTalk"是每周一次以日常经济生活为主题的访谈节目,采访嘉宾包括从小企业主到诺贝尔奖获得者;"The Libertarian"是就美国国内公共政策和法律方面的突发事件所做的新闻报道。

此外,国外知名智库不断地组织各种高层论坛、学术研讨会和学术沙龙等,邀请世界各国政要和国际知名学者等参加会议,向这些国际高层人士传递智库的观点信息,从而通过这些知名人士的影响力扩大智库成果的国际传播效果。国际知名智库通过诸如国际问题研讨会、纪念会、报告会、培训班、讲座、答谢宴会等组织传播方式,为社会公众、决策者、专业人士构建了一个意见交流的平台。"在布鲁金斯学会有一个专门负责职业培训的部门,通过定期组织各种短期培训项目帮助来自各个层次的决策者们更好地理解美国和世界政治局势和外交政策。布鲁金斯学会在2007财政年度举行的大型公开会议有200多次。美国国际战略研究中心每年举办700多次会议。美国企业研究所在2005年举办了100多次会议"①。

---

① 王莉丽. 思想库是如何影响公共政策和舆论的[N]. 南方周末,2009 - 04 - 16:14.

第四节　智库成果评价

美国宾夕法尼亚大学由麦甘博士领衔的"智库与公民社会研究"(Think Tanks and Civil Societies Program, TTCSP)项目组从 2006 年开始主持启动了全球智库的调查,并逐步形成了相对稳定的排名机制和流程。2011 年出版的《全球智库报告》中,开始用量化和排名的形式分析各国智库的优劣,量化标准包括:智库参与公共政策数量、智库成果被公共政策引用数量等。《全球智库报告 2016》成为连续第十年为全球智库进行综合评价的权威报告,是国际上年度最具权威和最有影响力的全球智库报告。①

在公共政策决策领域,智库成果的作用越来越凸显其重要。智库成果在具体政策决策过程中的具体应用,体现出政治文明的发展和决策的民主化、科学化进程。作为拥有专业知识与政策研究技能的智库机构,其作用正是通过提供智库产品,通过智库成果在协调与整合政策过程中个体政策倾向的作用得以体现。对于智库成果的评价就体现出它们对政策思想的产生、传播和发展方面究竟起了怎样的作用,是否真正发挥了对政策决策的影响作用。②

社会科学研究成果的评价问题,一直以来都是困扰哲学社会科学研究和管理工作者的难点。对于智库来说,如何合理地评价智库研究成果,建立科学的智库研究成果评价体系,尚缺乏共识。

著名的评价专家斯克里文(Michael Scriven)1991 年出版的著作 *Evaluation thesaurus*(4th ed)对社会科学的研究与评价的关系进行了深入的探讨。他指出评价的意义在于指明什么是有价值的事物,评价的过程就是采用科学的方法和理论,采用事实,如可观察的结果、可计算的数据来替代经验性的判断,从而界定和区分相关研究的价值和水平,并将评价的结论整合到相关的社会科学的研究中去。

何绍辉提出,评价一项智库研究成果的优劣,决不能只看一项指标,"只见树木不见森林",而要全方位地评价,构建多元化智库研究成果评价体系,坚持定量与定性、即时与延时、行政与学术兼顾。如此,才能真正地激发智库

---

① McGann James G. The Think Tanks and Civil Societies Program 2016[R]. Philadelphia: University of Pennsylvania, 2017.

② 何华兵,万玲. 发展中的政策过程理论——我国政策过程理论发展回顾与展望[J]. 云南行政学院学报,2006(6):71-73.

研究人员的积极性、主动性与创造性,才能推动智库研究成果的学习、宣传与转化,才能发挥智库评价在智库建设与发展中的推动作用。[①]

叶继元在《人文社会科学评价体系探讨》一文中首次提出全评价体系,构建起"六位一体"的全评价体系框架。他认为所有的评价都可以分成形式评价、内容评价和效用评价三种方式或评价指标的三个方面。形式评价是评价主体对评价客体外部特征的评价,内容评价指评价客体内涵特征,是关于质量的评价。效用评价是实践、时间与历史对评价客体实际作用和价值的验证或最终评价(图12)。

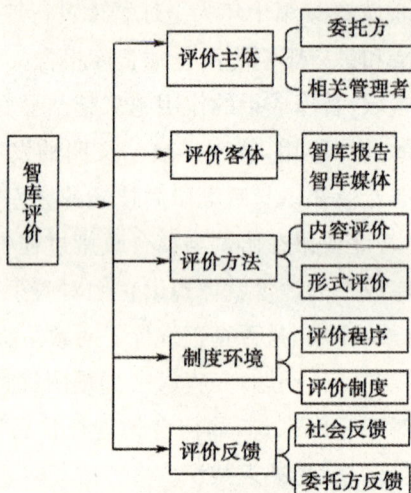

图 12　智库评价

一、评价主体与客体

智库评价的主体主要是两个来源,其一是委托方,其二是相关管理者和同行。前者无疑有着绝对的评价权,智库产品不同于一般的学术研究成果如专著或论文,智库报告带有明显的知行合一特征,其咨询报告或研究报告是面向委托方的需求的,面向具体的问题和现实,因而委托方有着绝对的评价权,是无可置疑的评价主体。例如野村综合研究所就明确指出其咨询报告发布的评价准则如下:

➤　确定客户需解决的问题

➤　提供独特的解决方案

---

①　何绍辉.智库研究成果评价要做好"三个结合"[N].中国社会科学报,2014－12－17.

➤ 为客户提供恰当切实可行的项目管理和操作方法

➤ 通过运作，能够解决问题，为企业带来收益和创新

除此之外，对于智库及其产品的评价还有着另外一个维度，那就是来自社会公共领域的评价。公共领域的专家同行和管理决策机构对于一个智库的研究能力和水平有着直接的认识和判断。例如由南京大学中国智库研究与评价中心联合《光明日报》智库研究与发布中心自主研发的"中国智库索引"（简称 CTTI）系统，是我国首套全面描述、收集智库数据，为用户提供数据整理、数据检索、数据分析、数据应用等功能的智库索引系统。CTTI 的成功上线填补了我国智库数据管理和在线评价工具的空白，对于推动中国特色新型智库建设、促进智库更多地出思想出成果出人才，有其积极作用。CTTI 设置了机构数据库、专家数据库、机构产品数据库和机构活动数据库 4 个数据库子集。其中，机构数据库子集包含智库机构自然概况、社会联系、机构影响力等总共 50 个大类 305 个字段；专家数据库子集包含智库专家自然概况、任职经历、身份、成果、荣誉、影响力等总共 36 个大类 238 个字段；产品数据库子集将智库产品进一步细分为报告、电子出版物、论文、内参、期刊等 10 个大类共计 234 个字段；活动数据库子集将智库的活动细分为会议、培训、调研考察以及接待来访四大类共计 94 个字段。因此 CTTI 可以实现全面准确地描述和反映智库基础信息、人员、成果、活动、影响力等方面的情况。CTTI 还通过完备的字段支撑和多角度查询的方式，方便政府、企业事业单位、社会团体与相关智库进行有效对接。

评价客体即包含了智库学者、智库机构、智库媒介（学术期刊）、研究成果以及相关的研究项目。智库媒介，作为智库传播的一种特殊媒体，是智库研究和智库影响力发生的主要论场，是智库学者发表研究成果，进行知识发声的主要媒介，因此对于智库产出的评价，不仅局限在研究论著方面，也包含其他类型的有助于推动智库研究的成果。

二、评价制度设计

科学有效的考核评价体系的重要价值与作用在于具有导向和激励功能，能够引导智库可持续发展，促进研究智库的提升，以及各方面的相互协调。目前应用于人文社会科学的两种基本评价方法——同行评议和文献计量方法，分别对应于实质评价和形式评价。但在智库评价中，同行评议和文献计量评价还不是最根本的，对于智库研究而言，效用评价显得尤为重要。因为智库研究更多地是面向现实问题而展开，尽管是一种学术研究，但现实指导

性和应用性更为突出。因此,智库评价更注重价值性判定与客观性判定相结合、学术价值和社会价值相结合、定性标准和定量标准相结合,形成以文献计量方法、同行评价与社会反馈三位一体的智库评价"三角校正"关系。"调查员和航海者通过多个位置的观察来测量两物体之间的距离。通过不同的角度或观点观察事物,他们就能确定它的实际位置。这个过程被称为三角校正(Triangulation)"①。

　　智库成果的影响力主要表现之一来自学术,因为智库是以知识为媒介的社会性组织,智库发挥科研和服务社会的职能是以知识为媒介的,而"学术是与知识相联系的概念,是人类对自然、社会以及人自身真谛的探求与认识,它既是知识活动的过程,也是知识活动的结果,是人的本质特征的一种表现,反映了人类探求和掌握未知世界的追求与需要,是人类特有的问题"。智库作为社会组织其生存与发展有赖于同社会的交换,交换的基础是其智力产出即智力成果,智库利用所掌握的资源创造出新的思想方法和产品,并且把它们转化为社会价值、经济价值和财富的能力,主要体现为智库的学术声誉、学术水平和学术成果。智库的实力在很大程度上体现在智库成果的学术竞争力和影响力上。对智库学术影响力的评价不但涉及学术,也涉及对学术知识的判别。② 对智库成果的形式评价,主要侧重于智库成果的学术水平,这是保持智库研究独立性的基础。学术不仅是对高深学问的理论性探索和发现,也包括学术研究在社会、政治生活中的应用。

　　同行评价是指同行专家对评价客体内涵知识的本身特征的评价,对智库成果的内容评价可以是由同行专家通过直接观察、阅读、讨论来进行,为了计算方便,可能也会将定性评价转换成数字,但最终的评价通常用文字或数字加文字来反映,如"此方案一致通过"等。

　　效用评价是指实践、时间、历史对评价客体实际作用、价值的验证或最终评价。它既强调用一段时间、有限的实践、已有的历史事实来评价,更注重长时间、更多实践和事实的评价。比如,智库研究成果通过一定的渠道送达有关领导和部门之后,如果该项研究成果对于解决现实社会问题、作出决策建议或政策出台有实际参考价值,相关领导和部门往往会在第一时间作出肯定性批示。因此,有无领导批示常常成为管理部门考核和评价智库研究成果的

---

①　[美]劳伦斯·纽曼. 社会研究方法[M]. 郝大海,译. 北京:中国人民大学出版社,2007:15.
②　李安方,王晓娟,张屹峰,等. 中国智库竞争力建设方略[M]. 上海:上海社会科学院出版社,2010:87.

重要指标。在已有智库研究成果评价体系中,往往认为对智库研究成果作出批示的领导行政级别越高,智库研究成果的档次相应也就越高、质量也被认为越好。实际上,领导批示作为智库研究成果的一种反馈形式,除了从对成果作出批示的领导者身份的角度进行评价之外,还可以从批示的研究成果本身所起的实际效果以及领导作出批示的具体内容,尤其是领导批示之后有关部门是否采纳以及采纳的程度如何等方面结合起来进行评价。

从广义上讲,效用评价是指智库成果影响社会发展和变化的现实能力,以及社会对智库成果的信赖、尊重和认同程度。狭义上则是指智库成果在社会公众中的社会知名度和威望信誉,同时包括智库的议题设置能力、话语权、对社会公众的动员能力和号召力,教育社会公众、塑造社会公众认识和引导社会公共舆论方向的能力和作用。

国外非常重视智库成果对政府决策、民众生活质量与社会思潮的影响作用,所以智库研究成果的社会转化问题与社会影响力测评一直是国外学者讨论的热点。国外智库研究成果,大多围绕社会生活和社会问题进行,事实上美国社会科学在 20 世纪 60 年代的迅速发展,是与种族歧视、家庭危机、生态与环境等问题的出现密不可分的。美国的智库研究成果一般会对社会与政府决策产生很大的影响。因此社会效益和社会反响成为检验智库研究成果的一个重要方面。而我国在这方面一直没有大的举措,智库成果的社会效益评价一直是学者、科研管理者、政策决策者和社会受众普遍忽视或轻视的一个评价指标。

从社会的角度来看,对于智库的研究成果,一个观点正确与否,需要时间和历史的检验,才能完全认识到它的意义和价值。从某种意义上来说,历史评价和社会评价才是智库研究成果的终极评价。

三、评价反馈

智库社会影响力的内在基础是智库的理论产品。智库主要是通过其政策方案和理论观点的社会吸引力和社会认同实现其对社会生活的影响。智库在对重大社会现实问题进行深入系统调查研究的基础上,提出相应的理论观点和政策方案,并通过智库一系列理论产品的传播,影响社会公众对社会现实问题的认知和态度,从而塑造和引导社会舆论的发展方向。换言之,智库对社会重大现实问题的理论反应,在得到社会公众的认同和支持的基础上,能够获得相应的社会资源并影响这些社会资源及其配置格局,进而广泛、深刻地影响社会生活。

　　从深层次上看,智库社会影响力的内在基础就在于智库政策方案、思想主张和理论观点的公益性、前瞻性和独立性,在于智库通过其理论产品所体现的价值理念和社会责任意识。智库社会影响力的大小,在根本上取决于智库自身所选择和维护的价值理念和政策方案及其所代表的社会公共利益的吸引力。智库理论产品所坚持的价值理念和社会公益能在多大范围及多大程度上整合社会公众群体,决定了智库所具有的社会民意基础,从而决定了智库的社会影响力的广泛程度。

　　如果说智库理论产品的理论性和专业性,构成了智库社会影响力的内在基础和主观要素,那么,社会认同则是构成智库社会影响力的外在依据。社会组织的凝聚力和吸引力实际上就是社会对象对社会组织形成的社会认同,它们直接决定社会影响的有效性。凝聚力和吸引力产生的前提是客体对主体的认同,社会组织的凝聚力、吸引力是社会对象完成对社会组织评价后的产物,意味着它们将对主体影响作出积极回应。社会公众认可智库的观点和主张,智库就能够发挥塑造和引导社会舆论的作用。

　　社会公众对智库的认同主要来源于智库产品中关于社会现实问题的理论产品。社会公众对智库提出的思想观点、政策主张、规划方案等理论产品的认同程度,是智库发挥社会影响力的主要社会基础。而且,社会公众对智库的认同程度也是智库社会知名度和社会声誉的基础。智库的社会影响力与智库的社会知名度和社会声誉密切相关,社会公众信任和认同智库的观点主张,智库就能够引导社会舆论的发展方向。因此,智库的社会声誉一旦受损,失去社会公众的尊重和信任,智库的社会影响力就将大大削弱。

　　塑造和引导社会舆论是智库社会影响力最直观的表现形式,反映了智库对社会思想引导和动员整合能力,与智库话题设置能力和话语权的大小密切相关。智库作为现代社会的重要社会组织,凭借其专业权威和价值中立的特质,直接或间接地参与社会公共政策的形成和决策过程,对国家和社会的长远发展具有深远的意义。因此,智库在重大社会现实问题上的立场和见解,不仅对政府决策具有重要影响,而且对社会公众在有关问题上的认识具有特殊的作用。

　　智库将对社会重大现实问题的理论反应作为一种政策思路和选择方案,实际上成为政府部门和利益集团之外对社会公众舆论的理性回应。智库立场和社会舆论交流沟通的互动过程,既有利于社会民意的表达和传递,同时也有助于纠正社会公众舆论中存在的短视性和片面性。智库基于专业性、独立性和前瞻性之上的立场和观点,相对容易获得社会公众的信任和认同,从而实现智库塑造和引导社会舆论的作用。

根据传播学理论,理论产品的社会影响力大小,不仅取决于产品的内容和质量,而且还与理论产品的传播方式和能力密切相关。传播渠道和机制是智库发挥和实现社会影响力的重要手段和方式,发达顺畅的传播渠道和传导机制能够为智库发挥社会影响力提供宽广的平台,从而有效地扩大智库理论产品的传播规模和宣传效应。因此,智库的传播机制和能力是构成智库社会影响力的重要因素。

智库除了有效利用自身主办的专业性、学术性的期刊的社会传播作用,还应该积极利用现代社会为智库理论产品的传播推广所提供的一系列重要平台和机制,其中包括报纸、电视、互联网等大众传媒工具。智库应该将大众传媒工具作为自己宣传和推广智库产品的宣传平台,让这些现代传媒工具参与智库的理论产品的传播和宣传。而且,智库在提升理论产品质量的基础上,必须注重对自己的智库理论产品进行必要和有效的包装,通过一定的形式向社会进行宣传推广,否则一些有价值的理论产品就有可能淹没在信息的海洋中。

简而言之,智库社会影响力是智库内在能力和品质在社会层面的运用和表现。智库社会影响力的主要载体是智库在对有关社会现实问题进行深入系统研究的基础上形成的思想主张、政策方案等智力产品,通过一定的传播渠道和机制作用于其他社会行为体。其他社会行为体在与智库的社会互动中,形成对智库功能、角色和作用的一种社会建构,进而形成对智库的评价与认识。智库社会形象在这种社会评价和认知建构过程中得以确立,智库社会形象是智库社会影响力的外在表现,也反映了其他社会行为体对智库及其智力产品的社会认同程度。[①]

---

① 李安方,王晓娟,张屹峰,等.中国智库竞争力建设方略[M].上海:上海社会科学院出版社,2010:100-102.

第六章　智库研究资源组织和建设

智库思想的得出,往往需要强大的信息收集和情报分析能力。没有信息或信息不准确,智库的研究成果就毫无意义。智库的情报保障来源于对信息资源的综合分析和判断。因此,信息资源成为整个智库研究活动的前提和基础,特别是在大数据环境下,可靠的信息源不仅直接关系到智库产出成果的质量,而且已逐渐成为智库机构生存和发展的关键。

国外智库十分重视研究成果和研究数据的积累,重视构建领域数据库、知识库,建设领域知识的可视化平台。如兰德公司在业务研究中,开发和积累了大量的特色数据库,包括统计数据库、调查数据库、案例库等,很多统计、调查类数据库还能开放使用,如 RAND State Statistics、RAND Texas Statistics、RAND California Statistics 等。伦敦国际战略研究所建设有"武装冲突数据库",通过该数据库可以查到 1997 年以来的冲突报告和数据。

第一节　智库信息资源管理

安楠、祝忠明选取《全球智库报告 2016》中排名靠前的十余家具有代表性的国外智库作为研究对象,对其信息组织策略进行了分析,发现在智库的信息搜集策略中,主要以需要较多依靠人工参与的手动采集和半自动采集为主,其中搜集公开数据以其可操作性较强、数据范围广、相对成本低等特点成为智库最常用的信息搜集方式之一,几乎所有调研智库都将通过互联网获取公开数据作为数据搜集的最常规途径。[①]

此外,因智库研究的实时性和新颖性,智库经常对所需数据有特殊要求或涉及诸如战争形势、行为科学、药物病理等特定项目,没有完全适用的数据或先前数据参考价值不大,因此智库研究人员还需通过直接生产创造途径作

---

① 安楠,祝忠明.智库信息组织策略及其在大数据环境下的挑战[J].智库理论与实践,2017(3):25-35,50.

为对间接搜集获取途径的补充,其中文献调查法因其低成本且易开展成为使用频率最高的直接获取数据方式,例如美国布鲁金斯学会、胡佛研究所、卡内基国际和平基金会等老牌智库,其传统调研运用都是最典型的代表。当然,在调查研究过程中智库专家经常不拘泥于某种特定方法,而是各种方法相互交错、灵活运用。

智库信息资源的管理流程,大体可以划分为信息搜集和信息组织两个步骤。

一、信息搜集

信息搜集指对各渠道、来源的信息资源进行有意无意获取的过程。按照人工参与程度,信息搜集可以分为手动采集、自动采集和半自动采集。按数据获取的方式,信息搜集可以分为直接生产创造和间接搜集获取两种,其中,直接生产创造可以由开展具体调研而展开,也可能是设计实验所获取的相关数据。间接搜集获取可以由涵盖公开数据、购买数据库和自身馆藏建设的馆藏资源获取,也可以和其他机构合作共建而取得。

智库研究面向现实世界和复杂社会的具体问题,具有前瞻性、不确定性和模糊性,甚至是现有研究不曾涉足的空白点,如果没有丰富的研究资源,没有来源可靠的文献与数据资源,由此开展的研究和得出的结论不仅可能是片面的,甚至可能是错误的。智库存在的本质在于消除信息的不确定性和信息的不对称性,没有足够的专题信息资源作为储备,智库的研究与发展将只能是无源之水。正所谓"知古不知今,谓之陆沉。知今不知古,谓之盲瞽"。而没有深入、细致和精确的专题研究资源作为研究基础,要想完成有针对性的、前瞻的、具有决策现实意义的智库研究是极其困难的。

社会与信息环境的变化,促使智库研究人员在研究和交流过程中越来越重视使用和共享相关数据,数据素养(data literacy)被提到了重要的认识层面。数据素养包括 5 个方面:对数据的敏感性,即数据意识;数据的收集能力;数据的分析、处理能力;利用数据进行决策的能力;对数据的批判性思维。总之,在大数据环境下,智库研究者和从业人员必须要广泛收集与研究问题相关的数据,能够通过对数据的管理和挖掘,提高智库研究和决策支持的有效性和及时性。换言之,在大数据环境下正在兴起一种异于传统智库研究的新流程,涉及以下环节:

收集创建数据⇒分析处理数据⇒上传存储数据⇒访问复用数据

由此带来的影响是,智库研究已不再完全依赖图书馆和政府,而逐渐开

始以既有的事实数据作为研究的起点,通过内容分析和数据挖掘来探索发现
"新知"。在建立数据仓储和数字保存的同时,对于数据的重用和挖掘日趋普
遍,并有飞速发展之势。2012 年年底,汤森路透正式推出数据引文索引(Data
Citation IndexSM,DCI) 数据库。DCI 提供分析挖掘工具来搜索和发现与研
究有关的研究数据。

二、信息组织

信息组织则是将获取到的信息按照一定的形式进行组织,以便存储与分
析。常见的信息组织方法有分类法、主题法、超文本和自由文本方式等。随
着网络的发展,网络环境下又产生了一些新的知识组织工具,包括语义网、本
体和主题图等,这类工具在传统知识分类和词汇控制原理和方法的基础上,
对某些方法进行增强或结合,并结合网络发展的需要和特征,显示出新的特
点。[①] 具体如表 8 所示。

表 8　知识组织工具一览

名称	知识组织方法	特点
分类法	在学科分类的基础上,用分类号表达概念,并进行分类和排列。主要体现为分类词表,分类表通常由大纲、简表、详表及辅助表等内容组成[②]	能体现出学科性,便于按学科门类进行检索。但概念包罗度低,无法及时反映最新概念,且可修改性差
叙词表	也称主题词表,以叙词为检索标识进行字顺检索的方法,通过参照系统揭示词间关系。叙词表一般由主表和若干个辅助表构成[③]	能适应机器检索,检准率、检全率较高,直观性强。但概念数量有限,结构比较复杂,非专业人员不易掌握
语义网	包括概念和概念间关系两个部分。语义网中的概念基于知识点、信息点,包括任何可成为知识点和信息点的概念。概念间关系比叙词表更为复杂	能表达出概念间具体关系,直接推导事实;可以建立属性继承层次关系,可以建立状态和动作的描述。但是无法保证操作结论的有效性,相关解释依赖于应用程序
本体	对某一领域的概念化描述和说明,本体可以理解为是语义网概念的具体应用和增强。在语义网的基础上增加更多元素	将概念划分为类型,在以分类为主干的骨架下,揭示概念之间的关系。同时,本体还包括规则和定理,从而具备了推理的功能 不足:本体建模必须有专家参与

① 王忠红. 知识组织工具的发展和趋势[J]. 图书情报知识,2009(6):97 - 102.
② 李娜,任瑞娟. 叙词表、分类法与分布式本体[J]. 现代情报,2007(12):122 - 127.
③ 李景,钱平. 叙词表与本体的区别与联系[J]. 中国图书馆学报,2004(1):36 - 39.

续表

名称	知识组织方法	特点
主题图	在揭示信息资源的主题概念前提下,将主题概念作了连接,展示了整个资源库的知识结构,从而使用户可以在浏览关于该资源库的知识结构图的前提下,进行信息资源检索 语义网和本体也具备提供该功能的潜力	以图形方式来展示某一资源库的知识结构,从而提供信息的检索

目前国内智库对于特定主题/领域的信息资源组织往往还是以该领域的学术脉络为主,以"学科拼图式"的分类体系为主,侧重于对领域信息内容的揭示,而脱离了智库研究的真实需求。如何以智库研究的真实信息需求为基础,"量身定做"出与其需要配套的"主题导向式"知识组织方式是智库发展的核心要点之一。智库对信息资源的组织通常会有如下要求:

(1)针对性。智库研究对于信息资源的需求是广泛而多样的,但对于特定的研究及研究专家来说,所需求的信息则是具有针对性的。此时需要一个快速的导航,能够指引到特定知识颗粒,同时提供有针对性的、有深度的高质量信息资源。

(2)集成性。智库研究面向的是具体的问题和现实,因此其研究尽管有特定的方向,但涉及的方面是综合的。智库研究通常不是单兵作战,而是团队协作,团队由不同的研究人员组成,每个人的特定信息需求组成了整体的庞大而繁杂的信息需求。以智库整体来说,其所需的各具体信息应当通过一定方式集成为一体。

(3)真实可靠性。信息来源必须可靠,且具有很高的真实度。互联网发展的弊端在于产生了信息的混杂性,尤其在网络秩序尚未规范之际,劣质、虚假信息充斥着各个角落。对智库来说,如何鉴别出真实信息、筛除虚假信息成为重中之重。

(4)时效性。智库研究的目的是为了支持决策,因此智库的信息需求具有较强的时效性。尤其是对于战略性政策问题,即时利用真实有效的信息所产生的价值不可估量。而随着时间的变幻,原本价值量相当高的信息将会变得陈旧,甚至无用。

(5)与现实高度相关性。智库信息需求的最终目的在于为决策提供支持和预警,消除不确定性。所以,其所需的信息是与现实问题高度相关的。

对应于智库信息需求的集成性和知识性,智库信息资源的组织应该能够通过现实问题概念主题词和学科内各领域概念之间的联系,引导研究人员在正确的领域概念下找到能有效表达自身需求的检索主题词。将现实问题概念词表和学科研究领域概念词表中的术语集合,进行合并,会产生三个集合,其中一个相交、两个不相交(见图 13)。所有相交部分的词汇,进行规范化筛选与转化,做到对概念的规范与统一。经过专家确认后,可以补充和拓展现有学科领域的术语集合,保证信息资源的真实可靠性与知识性。

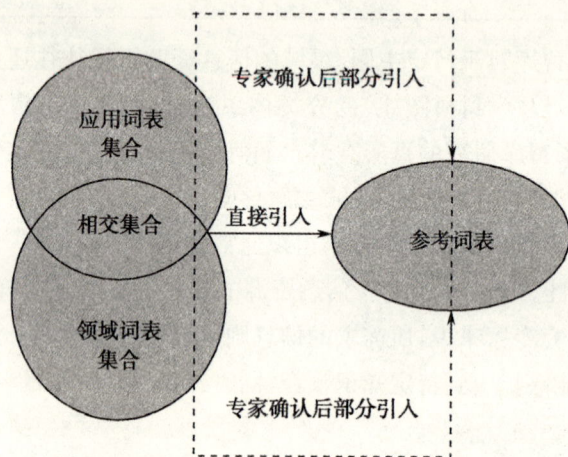

图 13　智库研究参考词汇表的构建

由此,从某一研究问题的主题出发,对智库信息资源进行查找,其检索使用的是参考词表中的概念术语,进而查找到各类准确的信息资源,实现基于语义的匹配检索。主题导向式的信息组织方式能够改变目前图书馆系统以学科分类为主体的传统信息组织模式,转而围绕智库真实的信息需求实现智库信息资源的主题导向式组织,从而有效服务于智库研究需求。

第二节　智库信息采集

一方面,智库在辅助决策,提供新的见解、思路和建议时,会面对各种复杂的内政外交问题以及针对特定项目、计划、产品等发展中遇到的问题,在开展研究前往往需要进行大量的信息调查和数据采集工作。

另一方面,考虑到时间和人力成本,智库机构还有很大一部分信息资源是通过间接获取数据资料的途径得到的,如充分利用已有数据库、数据基础设施、专业统计网站、图书情报机构以及国际数据合作项目发布的信息资源。这不仅拓展了信息类型,还丰富了机构的信息采集渠道,保障了智库研究信息源的全面性。

具体而言,智库研究资源的主要来源可以分为:

一、实地调研类信息源

调研数据是研究人员利用问卷调查、直接访谈等方法进行采集选取、统计分析后积累起来的数据集,具有广泛性、易获取性和可操作性,并且调研数据可以在综合分析和研究的基础上产出具有增值效益的研究型数据。

实验型信息源(包括实时动态监测信息源)是指研究者按照研究目的,通过建立模型,利用科学的工具或实验的方法获取特定研究领域的数据全貌。这一渠道的信息源可以得到大量客观真实的实验信息,而且数量化指标明确,便于研究人员有控制地观察分析某一现象。特别是在研究人类活动或人工干预对地球生态环境和资源质量数量水平产生的变化以及变化的程度上应用最多。

外部环境的不确定性为智库机构提供了大量的研究机会,采用问题和任务导向的信息源建设模式对于中小型智库机构而言更具灵活性。通常在确定研究目标之后,小组成员可以快速汇集相关数据和信息,同时还可以根据研究计划及时调整策略。

例如:日本科学技术政策研究所(NISTEP)将其研究活动分为科技与创新政策研究、科技系统研究、主要科技指标等七大类,获取的调研类一手数据均是基于研究课题,以问卷调查、专家访谈、大规模的统计性调研的形式采集而来。

二、公开资料类信息源

任何一家智库机构都很难凭借一己之力把相关的研究资料收集齐全,而统计部门和政府部门公布的各类统计年鉴等资料全面覆盖了国民经济各个行业,涉及社会、文化、科技和人民生活的各个方面,能够反映事物的面貌和发展变化规律,可以很好地帮助智库研究人员对事物本身进行定量定性分析,可以对不同事物进行有联系的综合性分析,既可横向对比,也可纵向分析总结历史、预测未来。国外各大知名智库发布的产品成果都离不开专门的统计机构和数据平台的支持。

兰德公司的"数据库和工具"内容版块中整合了大量的外部公开数据资

源,其中"RAND State Statistics"集成了美国国家和地方政府、各行政机构、统计机构以及附属于政府或高校的国家科研机构等发布和统计的数据资源,如美国人口普查局、劳工统计局、环保署等,覆盖了美国 50 个州,将近 200 个数据库的数据,同时还添加了关于地方州的详细数据库,涵盖人口、健康、商业与经济、就业、能源与环境等 14 个主题,并分别从国家级、州级和地市级等多个角度来阐述这些数据资源。

公开类的信息资料还包括传统纸媒(图书、期刊、报纸、年鉴、百科全书)和互联网新媒体上发布的新闻报道、政府官网或权威机构发布的政策报告以及从社交媒体等其他非正式途径获得的相关资料等。资金实力雄厚的智库还会通过购买专业数据商提供的数据库,丰富本机构的信息源。例如,德勤有限公司下属的成员事务所 GovLab 为了探索和分析政府当下面临的挑战,订购了世界上最大的统计数据门户网站 Statista 数据平台,该平台拥有超过18 000 个数据源,覆盖 170 多个行业、3 000 多个主题、超过 100 万条记录的英文统计资料。通过这类专业数据库提供的信息源,能够更快捷有效地获取本领域研究的基础数据,方便比较分析,产生增值效应。

三、灰色文献类信息源

机构信息源是指附属于智库机构的内部图书馆。图书馆作为书籍资料保存、传递和知识共享的主要场所,必然成为智库进行文献信息研究的主要信息源。事实上,国际上一些知名的智库在创立之初就成立了图书资料管理部门,专为研究人员的科研和生产提供服务。而且在多年研究经验累积的基础上,智库也建立了一批属于机构内部的知识库,用于整理和保存智库的产出成果。在某种程度上,这些成果作为未来研究的信息源,同样具有较大的参考价值。

智库还通过与各类经济信息中心、信息咨询机构、专业调查机构进行合作共建数据库,丰富彼此的数据资源,实现双方共赢。例如,美国国际经济研究所与美国人口调查局共同创建波士顿人口研究数据中心,提供对非公开人口微观数据的统计分析。

此外,一些比较零散的非公开信息源也是智库开展研究时常用的信息来源。例如韩国科技政策研究所每隔两周会举办一次科技政策论坛,旨在通过对重大科技问题的开放性讨论来激活对发展政策的选择,希望通过头脑风暴的方法激发人们对问题的思考,这些在会议过程中产生的会议记录具有指导性,也可以作为后续研究的文字依据;同时该研究所还会不定期举行不同级别的国际性会议,这些专业学术性研讨会上交流的资料,有助于研究所与国际研究社团接轨,共享交流韩国经济发展过程中积累的信息和数据、经验和技术。

第三节　智库信息资源组织

信息组织也称信息整序,是利用一定的规则、方法和技术对信息的外部特征和内容特征进行揭示和描述,并按给定的参数和序列公式排列,使信息从无序集合转换为有序集合的过程。智库的信息组织,是将智库机构所采集到的各类信息,用分类法、主题法、结构法等多种方法进行有序化整理,并存储为特定形式的过程。

一、资源组织基本类型

知识组织,就是对知识进行有效存储和规范化整序,以最终实现知识的提供与共享。一般而言,智库对于信息资源的组织大致可以分为3大类型。

其一,形式特征组织,即根据信息的形式特征,使用一套形式化的符号系统按照一定的规则组织信息的方法。包括如下几种基本方法:

(1)号码法。利用号码的唯一性和标准性组织信息,如通过身份证号组织人群信息。

(2)物名法。根据事物的名称字顺特征组织信息。

(3)专用代码法。它是在某一专业领域内采用的具有一定专业含义又形式化了的编码系统,如化学分子式。

(4)时序法。以信息形成的时间为序组织信息。

(5)地序法。以信息的空间特征为依据组织信息。

其二,内容特征组织法,是指根据信息的内容特征,使用一套含有语义的符号系统来组织信息。常用的内容特征组织法有分类组织法、主题组织法和元素结构组织法。内容特征组织法不仅具有序化功能,还具有引导和认识的功能,是信息组织的核心。

分类组织法是一种按照学科或体系范畴,依据类别特征组织排列信息的方法。它以分类标识作为检索标识,按学科性质进行系统排列,具有很好的层次性和系统性。其分类体系便于用户扩检和缩检,便于进行浏览检索,传统的文献组织多采用这种方法,同时它也是网络信息组织的一种基本方法。但由于传统的分类法存在更新速度慢、变化难度大、表述关系的能力有限等缺陷,用传统的分类法组织网络信息并非完全适宜。目前,分类组织法正根据网络信息的特点对传统分类法进行改进,以适应网络信息组织的需要。

主题组织法是根据信息的主题概念特征来组织信息的方法,它以语词作为检索标识,按字顺排列,直观性强,也是一种普遍使用的信息组织方法。该方法提供了一种直接面向具体对象、事实或概念的信息组织方法和信息检索途径。传统的主题组织法包括标题词法、单元词法、叙词法及关键词法。世界上一些著名的检索系统都采用了主题组织法来组织文献信息,如 EI、SA、SCI、BA、CA 等,这种方法也常被用于组织网络信息资源。

其三,信息效用组织法,是根据信息的实用价值来组织信息的方法,通常会根据重要性递减进行信息资源组织。信息效用组织法能够反映和满足用户的信息需求,它是一种应用性的组织方法,在实际生活中运用极为广泛。

二、智库知识库建设

对于直接或间接途径搜集到的数据,最主要也是最重要的组织方式就是将其结构化为数据库或数据集,这种结构化数据形式的优点是便于管理,共享性高,冗余度低,容易扩充。

一般而言,智库的知识库有两种基本的类型:领域/专题知识库和机构知识库。前者收集、组织和传播特定学科领域或专题的知识内容,后者主要提供对一个机构产出的知识进行保存和传播管理的服务。

知识库作为一种存储、组织和管理数字知识的机制,在科研领域已经有着较为广泛的应用,然而在智库等决策咨询机构中的应用还尚不成熟,相当一部分智库由于资金、资源等原因或者还没有意识构建智库内部的知识库,仍停留在"信息存储库"的阶段。

众所周知,从事学术资源建设的主体是学术图书馆和文献信息中心,这类机构并不主要承担学术研究任务,其对信息资源的建设往往以某一领域的学术脉络为主,着重于对学术内容的组织与揭示,其对学术资源的建设通常是基于学科分类的,实现的是资源的整体保障,而不是面向具体的研究问题或研究专题,因而并不针对智库研究者真实的研究资源需求。而承担课题和研究任务的智库专家和研究者,在一般情况下其研究主要依托对相关学术文献资源的检索和利用,往往并不认为自己有责任去建设和发展自己研究领域内的专题资源。即便收集了相关的专题资源,也只是保存在学术文档中,往往不考虑建设相关的专题资源数据库,以供相关或后续研究者利用。

这一模式一直以来都是学术图书馆和大学、科研院所专家和研究人员的分工合作模式,学者提出文献资源的需求,图书馆通过文献资源的采购予以保障和满足。但是,在智库研究领域,这样的分工合作和资源建设模式恰恰是不适用的。

举例而言,近年来在国际冲突研究中备受关注的地理问题,国外的相关研究不仅深入,而且有非常扎实的事实数据作为支撑。在学界有着卓著影响的亚伦·沃尔夫(Aaron T. Wolf)不仅是俄勒冈州立大学(Oregon State University)地球、海洋和大气科学学院地理学教授,还曾担任美国国务院、美国国际开发署和世界银行的顾问。他的研究集中于跨界水资源与政治的冲突和合作相关问题,将环境科学与争端解决理论和实践相结合,因而在国际水资源管理、水资源制度与政策分析以及环境政策分析等领域有着极高声望。他是约旦河流域水文政治研究的权威,出版过一系列著作,包括《约旦河的水文政治学:水资源短缺对阿拉伯-以色列冲突的影响》[1]《核心与周边:中东水资源综合方法》[2]以及《水冲突的管理和转变》[3]《水系统冲突预防和解决》[4]等。他还是教科文组织发展国际水文计划第六阶段(2002—2007年)[The Sixth Phase of the International Hydrology Program(2002—2007)]、教科文组织/ADC第三个千年国际水域计划(The UNESCO/ADC Third Millennium Program on International Waters)和IWRA国际合作委员会(IWRA's Committee for International Collaboration)的成员,跨界水域研究大学联盟的管理者。此外,沃尔夫博士参与制订了解决阿拉伯-以色列冲突的水方面的战略,还是"水资源冲突管理和转型计划"的负责人和指导专家[5],通过该计划,他在世界各地开办了讲习班,进行辅导和调解,并发布关于跨界水域各个方面的专业报告。

基于他持续的专业研究,也为了进一步支持和深化他的研究,沃尔夫博士开发了"跨国淡水资源争端数据库"(Transboundary Freshwater Dispute

①　Wolf Aaron T. Hydropolitics along the Jordan River: Scarce Water and Its Impact on the Arab-Israeli Conflict[M]. United Nations University Press,1995.

②　Biswas A K, Wolf Aaron, Waterbury John. Core and Periphery: A Comprehensive Approach to Middle Eastern Water[M]. Delhi: Oxford University Press,1997.

③　Priscoli J Delli,Wolf A T. Managing and Transforming Water Conflicts[M]. Cambridge University Press,2010.

④　Wolf Aaron T. Conflict Prevention and Resolution in Water Systems[M]. Cheltenham: Edward Elgar Publishing Ltd,2002.

⑤　Program in Water Conflict Management and Transformation[C/OL]. [2016-12-26]. http://opensiuc. lib. siu. edu/cgi/viewcontent. cgi? article=1038&context=ucowrconfs_2008

Database，TFDD）①，该数据库包含若干个子库，诸如国际跨境河流流域组织数据库（International River Basin Organizations，IRBO）、国际淡水条约数据库（International Freshwater Treaties Database，IFTD）以及流域风险事件数据库（Basin at Risk，BAR）等，内容涵盖与水资源有关的条约，解决水资源冲突的案例研究及其背景材料，关于与水有关的紧急冲突案件的新闻档案等。涉及跨境水资源的水量、水利设施、水资源管理、水力发电、航行、防洪、灌溉、划界问题、技术与经济合作等诸多方面。由此可见，高水平的智库研究不仅是学术研究，也是社会实践，更是学术资源的建设和发展，只有建立起高质量的专业研究资源库，才能够做出有质量和高水平的智库研究，并以此指导社会实践和政策制定，获得学术和社会影响力。

专题性的研究资料和研究数据对于智库研究者而言，不仅仅是研究工具，甚至本身就是研究。没有学术资源的储备，任何研究都难以为继。以跨境河流水域争端为例，除了 TFDD，相关的国际关系数据库还包括：冲突与和平数据库（Conflict and Peace Data Bank，COPDAB）②、全球事件数据系统（GEDS）③、国际危机行为计划（International Crisis Behavior Project，ICB）④、战争相关问题数据库（Issue Correlates of War，ICOW）⑤。这些数据库可以支持对于河流水域争端的原因分析和发展战略研究，包括环境变化因素，诸如自然环境变化、社会环境变化；以及国家、区域组织的适应能力因素，例如"二战"后的多瑙河污染问题等。事实上，我国专家在进行有关跨境河流水域研究的过程中，也在广泛使用上述专题资源。

第四节　兰德公司和德国国际政治与安全研究所知识库建设

兰德公司（RAND）是美国非营利性的研究和咨询服务机构，业务活动包括政治、军事、经济、科技、社会等方面，是综合性智库机构，被誉为现代智囊

---

① 俄勒冈州立大学的 TFDD 数据库. http://www. transboundarywaters. orst. edu/database/DatabaseIntro. html

② 密歇根大学的 ICPSR 数据库. http://www. icpsr. umich. edu/icpsrweb/ICPSR/studies/07767

③ 马里兰大学的 GEDS 数据库. http://grds. umd. edu/geds/

④ 马里兰大学的 ICB 数据库. http://www. cidcm. umd. edu/icb/

⑤ 北得克萨斯州大学的 ICOW 数据库. http://www. paulhensel. org/icowriver. html

的"大脑集中营""超级军事学院",也是世界智库领域的开创者和代言人。

德国国际政治与安全研究所(SWP)在欧洲智库排名第 11 位,其作为独立的研究机构,在国际安全、外交政策、国际经济关系等重点领域开展注重实际的研究。

两个智库都非常重视对信息资源的建设,内部馆藏丰富,数据库内容广泛。在知识组织方面均采用了分类组织的方式,依据研究主题建立专题知识库,同时也选择地区作为研究项目分类的依据。两大智库均通过技术手段开发了信息支持系统,并且都积极尝试与其他机构部门开展信息资源共享、信息共建等合作,以弥补自身专业缺陷,同时能减少数据冗余。

一、兰德公司知识库建设

RAND 的内部图书馆收藏了 53 000 本图书,134 000 份报告,3 000 种期刊,4 000 张地图,还有许多特殊形式的文件和缩微品,数据库也包括人口调查、健康、劳工、教育、统计和审计等综合信息和参考资料。

在实地调研方面,RAND 于 1972 年成立了兰德调查研究组,致力于调查数据的搜集,与各种组织合作进行国际数据收集,通过调查过程为用户提供调查规划、数据收集和数据分析。除了通过组织情报网络和帮助研究人员获取信息资源开展研究活动外,RAND 还聘用了约 600 名美国有名望的知名教授和各领域专家,作为特约顾问和研究员,以弥补在专业领域的欠缺,充分发挥专家力量。

根据不同的研究领域,RAND 将信息资源分为以下专题知识库:高龄人群资产和健康动态、家庭生活调查、健康和生育档案、退休研究、居住园区调查、全球恐怖事件数据集等。此外,RAND 还设有许多小型研究中心,包括亚太政策中心、信息改革分析中心、俄罗斯及欧亚研究中心、大中东研究中心等,以满足不同地区的研究活动需求,这些研究中心也都建有自己的信息资源平台。

在信息技术支撑方面,RAND 基于 RITA 语言设计的知识库专家系统,可以帮助恐怖主义研究人员分析恐怖分子的活动计划;RAND 还开发了Radius,通过与美国联邦政府各部门开展联合研究,可提供深层次的信息资源共享;RAND 还与多国图书馆建立馆际互借关系,通过检索它们的馆藏来满足研究活动跨地区跨领域的信息需求。

二、德国国际政治与安全研究所(SWP)知识库建设

SWP 内部图书馆有 92 000 册藏书,440 种杂志,380 部年鉴以及 130 种

报纸,设有专业资料信息部门,并同图书馆、技术管理部等部门协作。其专业资料信息部门包括国际政治与全球问题信息部、国际安全信息部、国际经济信息部、欧洲/欧盟信息部、俄罗斯与独联体信息部、欧洲以外地区信息部和文献资料汇编部7个部门。

图书馆除了咨询、借阅、采购、期刊等部门外,也设有专门的数据处理部,其工作职责中包含根据地区属性对信息资源进行分类管理。除了内部图书馆和专业资料信息部门以外,SWP还与德国国际事务和地区研究信息网络协作运行WAO(World Affairs Online)。WAO中涵盖了有关国际关系和国际领域的学术文献并为用户提供链接,包括全文电子出版物、期刊和书籍中的文章、灰色文献、官方刊物等。

SWP维护公共文献工具、参考书目、实时资料库管理系统以及相关的信息技术基础设施。为了帮助研究人员更好地利用这些资源,SWP还开发了IREON作为国际关系和地区研究的搜索门户,提供多个数据库包括WAO,PAIS,Worldwide Political Science Abstracts等的科学文献搜索服务和文献全文链接,并且考虑到用户的全球性,与欧洲其他研究机构合作开发了针对国际关系和地区研究的词库。

三、其他

布鲁盖尔国际经济研究所是一家专注于国际经济政策研究的智库,其将关于政策经济的7个专业数据集对外开放,包括:

(1) 全球及地区基尼系数;

(2) 欧元区货币总量Divisia指数;

(3) 178个国家的实际有效汇率;

(4) 全球经济下的欧洲企业:外部竞争下的内部政策;

(5) 持有的主权债券;

(6) 欧元体系流动性;

(7) 在PATSTAT应用程序上基于回归的记录链接。

斯德哥尔摩国际和平研究所(SIPRI)以其对全球安全问题权威性的评估享誉世界,SIPRI所有研究的根据和来源均完全开放,因此其研究成果成为国际政治家、研究人员及媒体人员经常使用的权威性资料来源。SIPRI拥有4个专业数据库:

(1) 多边和平行动数据库;

(2) 军费开支数据库;

（3）武器转让数据库；

（4）军需工业数据库。

此外，SIPRI还全面掌握了关于军备控制和裁军的数据集，包括军火禁运报告、国家军火报告、全球军火贸易价值报告等，这些专业数据库为 SIPRI 的研究活动提供了强有力的信息支持。

第七章　智库研究方法体系

　　随着智库的不断发展,智库的研究方法越来越重要。大部分智库注重理论与实践相结合、定量分析与定性分析方法相结合,运用各种方法的融合,不断创新与完善。在多元化智库体系建设中,智库的研究方法是决策分析的重要手段。① 在 2015 年"智库建设方法论及地方治理"讨论会上,人大国发院研究员、社会系统工程研究中心主任林坚提出智库方法论的探索,包括系统分析方法、复杂性方法、实际调查方法、创新思维方法、信息数据挖掘方法、协同控制方法等。②

　　归根结底,智库研究方法可以被纳入信息分析框架之中,而所谓信息分析即指将概念化的用户信息需求分解为各种简单的要素及其关系,然后分别进行研究,找出其中的主要因素及其关系,并以此为依据组织信息资源的方法。③ 总之,信息分析是将大量离散、无序、质量不一的信息进行搜集、选择、加工和组织,形成增值的信息产品,最终为不同层次的科学决策服务的一项科研活动。通过系统化的方法将信息转化为情报、知识和谋略,并应用于人类的各项活动和各种决策中,比如用于解决实际问题,推演事物发展变化规律,或预测事物未来发展变化情况、企业的危机预警等,涉及的范围包括世界范围发展水平趋势分析、技术经济信息分析、市场信息分析、产品信息分析、管理信息分析、战略信息分析、危机信号分析等。④

　　信息分析服务市场化的结果必然导致信息分析整体向产业化方向发展。国外著名咨询机构,如麦肯锡咨询公司、野村综合研究所等,都实现了规模经营,产业化程度很高。目前,世界范围内信息咨询产业规模持续扩大,其中很

---

　　① 赵蓉英,魏明坤. 基于 CiteSpace 的智库建设研究可视化分析[J]. 重庆大学学报(社会科学版),2016(3):122-128.
　　② 人民论坛网."智库建设方法论及地方治理"讨论会综述[EB/OL]. (2015-10-12). http://theory. rmlt. com. cn/2015/1012/404577. shtml
　　③ 余波. 现代信息分析与预测[M]. 北京:北京理工大学出版社,2011:190.
　　④ 余波. 现代信息分析与预测[M]. 北京:北京理工大学出版社,2011:3.

大一部分来自信息分析领域,这种产业化的发展还会进一步得到强化。[1] 智库机构的核心能力是信息渠道和信息处理能力。

第一节　智库研究原则

一、科学性[2]

智库研究的科学性体现在内容和产品两个方面。内容的科学性指其内容是在科学合理的研究理论与方法保证下,对研究议题进行正确、客观的解释与研究,而且其复制性生产与推广也要遵循市场需求与竞争规律。

产品的科学性强调智库研究者研究手段与方法的先进性与适用性,强调研究者对研究议题所持有的中立立场与客观态度,强调智库产品从研发到复制,再到传播都要依据相关专业领域的知识,也要遵守相关的法律制度。

智库的科学性一方面要求智库研究者或智库组织能掌握较完善、较客观、较准确的数据与信息,有一定可靠、适用的软硬件设备,有科学、经典、被验证的模型、理论或方法,有符合研究逻辑、符合事物发展规律的研究结构与思路。另一方面也要求智库研究者或智库组织运用相当程度的现代市场经营管理理念及战略管理理念对智库产品进行推广,具有较强的市场竞争意识。

二、社会性

智库研究的社会性主要指智库产品凝结着国家或地区以及研究者个人的社会文化因素,强调智库产品是一定时空限定内的社会文化的产物。不同国家、地区由于在自然环境、社会制度、法律政治、历史传统、文化习俗、发展阶段等方面存在不同,所面临的问题也将呈现多样性、异质性,对研究者也存在着较大的影响。

一方面,研究者不深入研究议题所在的社会文化因素,就无法提供专业、有针对性的客观的见解,智库产品就失去了个性;另一方面,研究者个人不能完全隔离自己的社会关系层次的因素,而潜移默化地将其价值观、信念、信仰、经历、教育程度、家底背景、收入、地位等社会关系因素融入到智库产品中去。虽然研究者并不是有意识地偏向某一利益集团,但是研究者却因难以割

[1]　卢小宾,郭亚军.信息分析理论与实践[M].北京:清华大学出版社,2013:11.
[2]　郭宝,卓翔芝.智库产品的属性及独特性研究[J].智库理论与实践,2016(2):20-26.

离的社会关系而事实上就带有某些偏向。

智库产品的社会性使其既不能脱离个人、国家、地区的特点、差异而超然存在,也不能仅仅表达建议、方案、知识,而应包括更深层次的价值观、社会制度等社会关系内容。

三、政策性

智库研究的政策性指智库产品本身就是应政府政策需求或者服务于政府政策制定与实施而生的。这种政策性要求智库产品具有:

(1)前瞻性。智库产品需要先于政府,针对当前情势的发展,设置议题,提出预见报告,进行预先处置,甚至提供多种解决方案。体现出研究者灵活、科学、应用研究工具、理论、技术、方法的研究能力,严谨、强大的洞察力,逻辑思考分析能力,持久深入的学习能力及与他人合作能力以获取新知识、新研发技能,也体现出研究者已形成的个性、价值观、已有的知识存量的差异,对社会制度、文化等社会关系的接受、批判能力。这样,一份智库产品就不是单纯的数据堆积,也不是单纯的知识普及,更不是简单的模仿,而是由智慧创造出的有价值的新思想、新知识。

(2)针对性。智库产品也需要就现有的问题提供解决方案、建言献策,提高政府决策效率与效果,强调研究者具有能够为决策者或需求者提供正确、实用的解决问题的思路与建议的能力。要求智库产品有差异与特色,不能千篇一律、完全模仿,思想要实用、管用、能用,不能假大虚空,中看不中用。

(3)系统性。智库产品需要围绕政策提供多种服务,需要对议题进行深入持续的研究。事前要预研、预判、预置,事中要提供参考意见,回应制定政策所遇难题,事后仍要对政策进行评估,对政策进行解读,答疑解惑。智库产品不单单是事实的客观陈述,也不仅仅是普及性知识的简单性组合,而更是体现出研究者显性知识隐性化与隐性知识显性化的能力。

(4)适用性。智库产品无论事后是否能转化为政策,从一开始,智库产品就意味着其最终的目标是为政策服务或者是设计相应的政策,因此,智库产品应当易懂、易于理解,所提方案或思路易于转化为政策,而不是学术论文,较难直接转化为政策。

(5)敏感性。智库产品应积极响应政府需求,又能急社会、公众之所急,想社会、公众之所想,设置议题一方面围绕明显的重难点问题、热点问题进行研究,另一方面要多方深入调研,挖掘出潜在的政府以及社会、公众没有意识到的具有相当价值的新议题。

第二节　智库研究方法体系

智库作为一个创新机构,其创新性不仅体现在新颖、独到的决策咨询观点上,也包括其研究方法、工具的创新,在很大程度上,创新的研究方法推动了具有影响力的研究成果的产生。

智库研究方法是指在进行具体研究工作时,根据研究课题性质所选用的分析方法,既可以采用常规信息分析方法,也可以采用管理学、经济学、哲学等其他学科的方法,甚至可以是同一学科的不同学派思想。在具体研究中采用的科学方法包括定标比超法、案例研究分析、成本分析、经济分析、建模模拟和最优化、绩效评估、政策分析、项目评估、风险评估与分析、战略规划、调查研究、技术评价等。例如,日本科技与技术政策研究所(NISTEP)使用的研究方法就主要有:文献计量学与科学计量学方法、专利分析、统计分析法、路线图、定标比超法、案例分析、政策分析方法、调查法、德尔菲法、专家组方法、情景分析法以及投资分析、成本—收益分析、投入产出分析等。NISTEP 的研究工作,有很大比例是其所开展的调查研究工作,在该过程中采用了各种形式的调查方法。NISTEP 非常突出的工作是其开展的技术预见研究,在技术预见过程中就主要采用了调查法、德尔菲法和情景分析法等多种调查研究方法。

从方法论的角度来看,智库研究中的信息分析方法体系,可用哲学方法、一般科学方法、特定学科专门方法 3 个层次来描述。哲学方法意指方法论层级。一般科学方法是从个别学科研究方法中提炼概括出来的具有普遍意义的方法,包括逻辑方法、历史方法、数学方法、系统方法、控制论等。专门科学方法是某一具体科学领域所采用的特殊研究方法,它以哲学方法为指导,是一般方法论的具体化。其特点就在于它将各种一般科学方法和特定学科具体的研究者、具体的研究对象、具体的研究过程结合起来,形成特定领域里的方法论体系。

一、横断科学方法

包括数学方法、信息论方法、系统论方法、控制论方法、协同论方法等。

(一)数学方法

运用数据分析,可以从研究对象中建立理论模型或抽象出基本规律,例如布拉德福定量;从基本定律或模型出发,利用数学计算或模拟,可以解决不同条件下的具体问题,针对不同的情况建立不同的数学模型。数学建模的方法和步骤大致如下:调查研究—现实问题的理性化—建立模型—模型求解—模型分析—模型检验—模型修改—模型应用。

(二)系统方法

从系统观点出发,将相关事物看作一个系统,从系统与要素、要素与要素、系统与环境之间的相互联系中去分析系统,综合考察对象的性质、特点与运动过程,做到从整体上把握系统功能、结构和动态变化规律,以便寻求最佳的处理问题的途径。系统方法在具体运用中可以分为系统分析法、系统综合法、功能分析法、结构分析法、系统工程法等。

系统分析的过程可以包括3个方面:其一,趋势分析,即在一定时间范围内观察某一时间或特征的变化情况;其二,归纳分析,即将要研究的主题按照一定的属性分类归纳,确定主要的结构因素,把握主要的特征,分析主题类别之间的相关性;其三,差异比较,即对研究对象的不同阶段或同一阶段的不同对象之间的差异性进行比较分析。系统分析法摈弃了现实有限选择的思维模式,力争将眼光集中用于简单又至关重要的问题上。著名的兰德公司利用系统思维,创建了兰德式理性程序,即将分析活动分为状况评估、问题分析、决策分析和预测分析四个程序,并创立了一系列今天广为使用的分析框架(图14)。

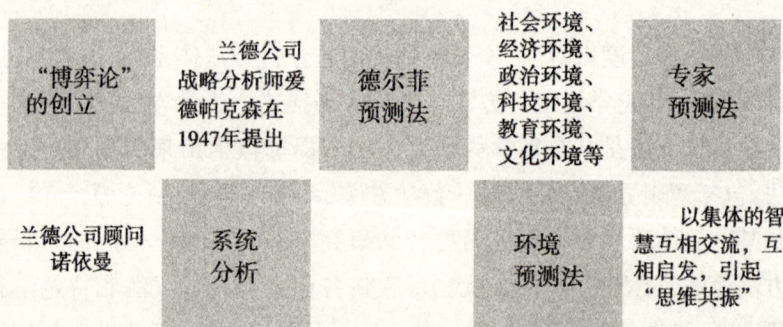

图14　兰德式理性程序

(三)控制论方法

撇开不同学科的特点,撇开研究对象的具体运动形态,不考虑分析系统内部的物质基础和个别因素,将研究对象或研究问题看作一个控制系统,运用信息这一基本概念,从信息流通上研究系统的调节与控制规律,一个控制过程即可看作是一个信息过程。分析其信息流程、反馈机制和控制机制原理，寻求能够使系统达到最佳状态的方法。为了实现预定目标，根据信息反馈，不断调整系统功能，克服系统中的不确定性。常用控制论方法包括反馈方法、功能模拟方法、黑箱方法等。

二、经验科学方法

经验科学方法是自然科学研究不可缺少的最基本方法之一，是在实践中通过人的感觉器官或借助科学仪器获取科学事实和感性认识的方法。它使人们获得丰富的感性认识，是形成、检验和发展科学假说和理论的实践基础。但这种方法所能达到的是关于事物的局部、现象和外部联系的感性认识，还不能达到关于事物整体的、内部联系的、本质和规律的理性认识。因此，通过经验科学方法获得的感性认识有待于发展到理性思维上升到理论。

经验科学方法包括调查研究方法、实地研究与实验研究方法等。

（一）调查研究方法

运用问卷、结构式访谈等具体方法系统地、直接地在相对较多的人群中收集资料，并通过对这些资料的统计分析来认识研究对象、验证问题假设，是社会科学研究者使用最多的一种研究方法。其中，抽样、问卷、统计分析是3大关键因素。

调查研究是智库有效搜集信息、求解课题，保证研究"接地气"的重要手段。兰德公司高质量的研究，与其科学的数据调查分析、科学的统计方法的支撑是根本分不开的。兰德公司为确保调查数据的质量，于1972年专门成立调查研究组（SRG），其拥有多手段专业化调查中心，主要开展人口调查、特殊人口调查、数据收集中的利益相关者参与、与多方面的机构合作、国际数据收集等工作。经过30多年的发展，SRG在创新调查计划、数据收集、方法研究等方面十分著名，并于1992年开始向外部用户提供专业服务。

根据调查对象和调查方式的不同，调查研究包括实地观察法、访谈调查法、会议调查法、问卷调查法、专家调查法、抽样调查法、典型调查法、统计调查法、文献调查法等。[①]

实地观察法是指调查者在实地通过观察获得直接的、生动的感性认识和真实可靠的第一手资料。但因该法所观察到的往往是事物的表面现象或外部联系，带有一定的偶然性，且受调查者主观因素影响较大。因此，不能进行

---

① 孙亚男.调查研究常用九大方法[J].新湘评论,2016(2)：31-32.

大样本观察,需结合其他调查方法共同使用。通常适用于对那些不能够、不需要或不愿意进行语言交流的情况进行调查。

访谈调查法是比实地观察法更深一层次的调查方法,它能获得更多、更有价值的信息,适用于调查的问题比较深入,调查的对象差别较大,调查的样本较小,或者调查的场所不易接近等情况。包括个别访谈法、集体访谈法、电话访谈法等。但由于访谈标准不一,其结果难以进行定量研究,且访谈过程耗时长、成本较高、隐蔽性差、受周围环境影响大,故难以大规模进行。

会议调查法是访谈调查法的扩展和延伸,因其简便易行故在调查研究工作中比较常用。通过邀请若干调查对象以座谈会形式来搜集资料、分析和研究社会问题。最突出的优点是工作效率高,可以较快地了解到比较详细、可靠的社会信息,节省人力和时间。但由于这种做法不能完全排除被调查者之间的社会心理因素影响,调查结论往往难以全面反映真实的客观情况。且受时间条件的限制,很难进行深入细致的交谈,调查的结论和质量在很大程度上受调查者自身因素影响。

问卷调查法即间接的书面访问,该法最大优点是能突破时空的限制,在广阔的范围内,对众多的调查对象同时进行调查,适用于对现实问题、较大样本、较短时期、相对简单的调查,被调查对象应有一定文字理解能力和表达能力。由于问卷调查法只能获得书面的社会信息,而不能了解到生动、具体的社会情况,因此该法不能代替实地考察,特别是对那些新事物、新情况、新问题的研究,应配合其他调查方法共同完成。

专家调查法是一种预测方法,即以专家作为索取信息的对象,依靠其知识和经验,通过调查研究,对问题作出判断和评估。最大优点是简便直观,特别适用于缺少信息资料和历史数据,而又较多地受到社会的、政治的、人为的因素影响的信息分析与预测课题。广泛应用于对某一方案作出评价;或对若干个备选方案评价出相对名次,选出最优者;及对达到某一目标的条件、途径、手段及它们的相对重要程度作出估计等。

抽样调查法指按照一定方式,从调查总体中抽取部分样本进行调查,并用所得结果说明总体情况。它最大的优点是节约人力、物力和财力,能在较短的时间内取得相对准确的调查结果,具有较强的时效性。组织全面调查范围广、耗时长、难度大,常采用抽样调查的方法进行检查和验证。局限性在于抽样数目不足时会影响调查结果的准确性。

典型调查法指在特定范围内选出具有代表性的特定对象进行调查研究,

借以认识同类事物的发展变化规律及本质的一种方法。在调查样本太大时，可以采用此种方法。但必须注意对象的选择，要准确地选择对总体情况比较了解、有代表性的对象。

统计调查法是通过分析固定统计报表的形式，把下边的情况反映上来的一种调查方法。由于统计报表的内容是比较固定的，因此适用于分析某项事物的发展轨迹和未来走势。运用统计调查法，特别应注意统计口径要统一，以统计部门的数字为准，报表分析和实际调查相结合，不能就报表进行单纯分析。如对某一个数据大幅度上升或下降的原因，报表中难以反映出来，只有通过实际调查才能形成完整概念。

文献调查法是通过对文献的搜集和摘取，以获得关于调查对象信息的方法。适用于研究调查对象在一段时期内的发展变化，研究角度往往是探寻一种趋势，或弄清一个演变过程。这种方法能突破时空的限制，进行大范围的调查，调查资料便于汇总整理和分析。同时，还具有资料可靠、用较小的人力物力收到较大效果等优点。但它往往是一种先行的调查方法，一般只能作为调查的先导，而不能作为调查结论的现实依据。

在调查研究中，比较研究是非常普遍的一种分析方法，指对两个或两个以上的事物或对象进行对比，以找出研究对象之间的相似性与差异性。需要注意的是，无论是横向比较还是纵向比较，比较的双方一定要有可比性，如果不掌握这一原则，那么比较研究就变成无的放矢了。

（二）实地研究与实验研究方法

实地研究又称现场研究或实地考察，指不带假设直接到社会生活中收集资料，然后依靠研究者本人的理解和概括，从经验资料中得出一般性的结论，是一种定性研究。实地研究包括2种类型：

（1）参与观察法：研究者长期深入到所研究的群体或社区之中，直接参与研究对象的日常生活，对置身其中的社会现象进行深入观察。

（2）非参与观察：研究者在被观察现象或群体之外，对现象发生、发展和变化的过程进行远距离观察。

总之，实地研究通过确定研究群体、融入群体并与研究群体建立起友好关系，运用观察法和访谈法等搜集资料，分析资料，撰写研究报告。

实验研究是自然科学研究的主要方法，同时在社会科学研究中也有所应用。实验研究是对变量之间的因果关系进行精确的评估，通常是在具备严格控制条件的社会学实验室中进行的。经典的实验设计包括实验组和对照组，因变量和自变量,前测和后测。

实验研究法和统计调查法具有一定的相似性,两者统计出来的资料都可以进行分类汇总,进行数据分析等,但两者的区别在于:一方面,统计调查的对象是自然环境下的,而实验研究的对象在实验室高度人为控制的条件下;另一方面,统计调查中变量之间的联系是本身固有的,而实验研究的变量之间是通过外加的刺激而产生或改变联系。

三、数据挖掘方法

进入数字时代以来,科研场景不断改变,科学研究的范式也发生着变化。2007 年,图灵奖得主、关系数据库的鼻祖詹姆斯·尼古拉·格雷(James Nicholas Gray)认为目前已经进入科研的第四范式,即 *The Fourth Para-digm: Data-Intensive Scientific Discovery*。格雷认为,科学研究的范式包括四个:① "经验科学"或"实验科学",主要用来描述自然现象,存在于数千年前;② 理论科学,使用模型或归纳的方法进行科学研究,诞生于几百年前;③ 计算科学,主要模拟复杂的现象,诞生于几十年前;④ 针对数据密集型科学的科研第四范式,由传统的假设驱动向基于科学数据进行探索的科学方法转变(图15)。正是由于信息技术和数字环境在科学研究中的影响日益增强,越来越多的科学研究不再从头开始,而是建立在对已有信息和科研数据的重新认识、组织、解析、分析和利用的基础上。

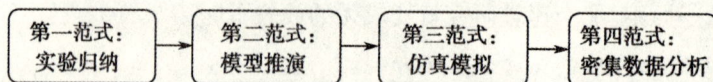

第一范式:实验归纳 → 第二范式:模型推演 → 第三范式:仿真模拟 → 第四范式:密集数据分析

图 15　科学研究的四个范式

2005 年美国科学理事会(National Science Board, NSB)发表了《支持 21 世纪科学和教育的可持续数据集合》(*Long-lived Digital Data Collections: Enabling Research and Education in the 21st Century*),强调有效地组织、挖掘、分析和维护大规模数据是支持科学研究的需要[①];如何准确找到并发现海量数据之间的联系,成为智库研究的重要挑战,由此,数据挖掘成为当代智库不可忽视的研究方法或技术之一。

数据挖掘是指从大量的数据中,通过统计学、人工智能、机器学习等方

---

① Long-lived Digital Data Collections: Enabling Research and Education in the 21st Century. http://www.nsf.gov/nsb/documents/2005/LLDDC_report.pdf

法,挖掘出未知的且有价值的信息和知识的过程。数据挖掘主要侧重解决四类问题:分类、聚类、关联和预测(定量、定性)。数据挖掘的重点在寻找未知的模式与规律,如常说的数据挖掘案例——啤酒与尿布、安全套与巧克力等,这就是事先未知的,但又是非常有价值的信息。数据挖掘的任务通常包含异常数据挖掘、关联规则挖掘、聚类分析、决策树分析4大类型(图16)。

异常数据挖掘技术:异常数据的挖掘可用于市场调研数据分析中的异常数据检测和经济行为欺诈现象,如保险欺诈、违规交易、信用卡欺诈等。

关联规则挖掘技术:就是从大量数据中挖掘出数据间内在关联和规律的方法。可以用于发现商品交易数据库中不同商品之间的潜在联系的"购物篮分析"等。

聚类分析技术:可以广泛用于市场调研、科研热点分析、交叉学科研究等方面。

决策树分析技术:提供一种展示类似在什么条件下会得到什么值这类规则的方法。比如,银行处理信贷风险预测。

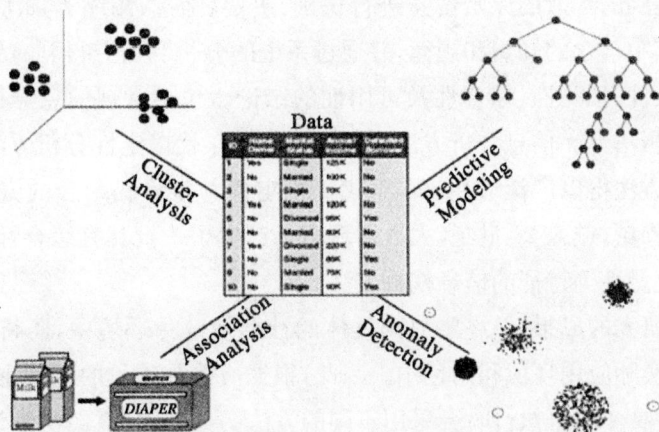

图16　四种常见的数据挖掘任务

我国目前的数据管理工作大部分由政府主导,已经建设的数据管理中心有国家农业科学数据共享中心、中国地球系统科学数据共享平台、中国气象科学数据共享网、国家人口与健康科学数据共享平台、地质科学数据共享服务平台等。2014年8月,中国科学院成立大数据挖掘与知识管理重点实验室,目标是建设一个创新、开放、国际化的科研平台,拟在数据科学与知识管理,特别是大数据、数据科学、网络与社会计算、数据分析与知识发现方面进行开拓性研究和服务。与此同步,高校图书馆系统的数字管理和共享工作也已启动,2014年复旦大学图书馆与全国20余所高校图书馆共同成立了"中国高校研究数据管理推进工作组",为推动国内高校研究数据管理的政策、数据规范、系统平台与服务支撑等制定了具有前瞻性和可行性的战略规划。

科学数据管理总的趋势是越来越趋向科研数据的开放共享。例如:欧盟成员国有政策明确"公共资金资助科研成果的科研数据应当通过电子基础设施实现公共获取、使用和重用";美国白宫科技政策办公室(OSTP)的行政命令是"无论全部或者部分受到联邦资助的科研项目,所产生的数字形式的科研数据应该进行存储,并且提供得以搜索、检索和使用的公开获取"。这些政策在很大程度上确立了国际朝向科研数据开放共享的趋势。

第三节　信息分析方法

信息分析方法是智库根据用户特定的信息需求,利用各种分析方法和工具,对搜集到的零散的原始信息进行识别、鉴定、筛选、浓缩等加工和分析研究,挖掘其中蕴含的知识和规律,并通过系统的分析和研究得到有针对性、科学性、时效性、预测性、综合性及可用性的结论。包括常规信息分析法、多学科决策分析法等。信息分析方法在20世纪70年代以定性分析方法为主,80年代数学方法得以广泛应用,90年代一批定性与定量相结合的方法活跃在信息分析领域,进入21世纪,大数据环境下产生了一批具有综合性、整体性、动态性、定量性等特征的信息挖掘方法。

智库研究的成果,最终要放到具体的社会及政治环境中,需将一般方法理论代入实际应用环境和角色中。因此,根据所接收项目的不同主题所属学科,智库在具体项目执行时会采用不同的方法。比如,针对经济学课题时,必然要使用相关的经济理论、管理模型等;进行政策研究时,要考虑公共政策相关研究方法及政治学理论;进行科技前沿分析时,则不能忽视图情领域的情报分析法等。

一、管理决策分析方法

（一）定性决策方法

1. 头脑风暴法

头脑风暴法是由美国创造学家 A. F. 奥斯本于 1939 年首次提出、1953年正式发表的一种激发性思维的方法。A. F. 奥斯本认为:在集体讨论问题的过程中,每提出一个新的观念,都能引发他人的联想;在不受任何限制的情况下,集体讨论问题能激发人的热情。

使用头脑风暴法应注意以下 4 项原则:第一,鼓励每个人独立思考、开阔思路、自由发言;第二,欢迎提出大量的方案;第三,对别人提出的方案不批评、不反驳、不作结论;第四,结合别人的意见进行思考,补充或者发展自己的意见。

头脑风暴法的目的在于创造一种畅所欲言、自由思考的氛围,诱发创造性思维的共振和连锁反应,产生更多的创造性思维。这种方法的时间安排应在 1 小时以内,参加者以 10 人上下为宜。

2. 名义小组技术

名义小组技术,是管理决策中的一种定性分析方法。随着决策理论和实践的不断发展,人们在决策中所采用的方法也不断得到充实和完善。名义小组技术是指在决策过程中对群体成员的讨论或人际沟通加以限制,但群体成员是独立思考的。像召开传统会议一样,群体成员都出席会议,但群体成员首先进行个体决策。

在集体决策中,如对问题的性质不完全了解且意见分歧严重,则可采用名义小组法。在具体使用这种方法时,管理者先选择一些对要解决的问题有研究或者有经验的人作为小组成员,并向他们提供与决策问题相关的信息。小组成员各自先不通气,请他们独立思考,要求每个人尽可能翔实地把自己的备选方案和意见写下来。然后让他们再按次序陈述自己的方案和意见。在此基础上,由小组成员对提出的全部备选方案进行投票,根据投票结果,赞成人数最多的备选方案即为所要的方案。当然,管理者最后仍有权决定是接受还是拒绝这一方案。

(二)定量决策方法

决策就是为最优的达到目标,对若干个备选的行动方案进行选择。由于存在信息不确定性和信息不对称性,以及决策者的有限理性,因此,需要定量决策方法帮助决策者提高重大战略决策的正确性和可靠性。定量决策方法可以提高决策的准确性、最优性、可靠性;一般应用数学模型和公式来解决数量化决策问题,即运用数学工具、建立反映各种因素及其关系的数学模型,并通过对这种数学模型的计算和求解,选择出最佳的决策方案。对决策问题进行定量分析,可以提高常规决策的时效性和决策的准确性。运用定量决策方法进行决策也是决策方法科学化的重要标志。

定量决策的方法包括风险型决策、确定型决策和非确定型决策(见表 9)。

表9 决策类型

类型	含义
确定型决策	备选方案只存在一种自然状态的决策
风险型决策	备选方案存在两种或两种以上自然状态,每种自然状态发生的概率可以估计的决策
非确定型决策	备选方案存在两种或两种以上自然状态,每种自然状态发生的概率无法估计的决策

1. 确定型决策方法

线性规划是解决多变量最优决策的方法,是在各种相互关联的多变量约束条件下,解决或规划一个对象的线性目标函数最优的问题,即给予一定数量的人力、物力和资源,如何应用才能得到最大经济效益。当资源限制或约束条件表现为线性等式或不等式,目标函数表示为线性函数时,可运用线性规划法进行决策。

运用线性函数规划法建立数学模型的步骤是:第一步,确定影响目标的变量;第二步,列出目标函数方程;第三步,找出实现目标的约束条件;第四步,找出目标函数达到最优的可行解,即该线性规划的最优解。

量本利分析法由美国人沃尔特·劳漆斯特劳赫在20世纪30年代首创。量本利分析法是根据产量、成本、利润三者之间的相互关系,进行综合分析,预测利润、控制成本的一种数学分析方法,通常也称为"盈亏分析法"。利用量本利分析法可以计算出组织的盈亏平衡点,又称保本点、盈亏临界点、损益分歧点、收益转折点等。其基本原理是:当产量增加时,销售收入成正比增加;但固定成本不增加,只是变动成本随产量的增加而增加,因此,总成本的增长速度低于销售收入的增长速度,当销售收入和总成本相等时(销售收入线与总成本线的交点),企业不盈也不亏,这时的产量称为"盈亏平衡点"产量(见图17)。

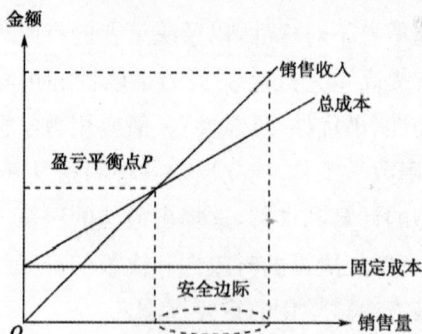

图17 量本利分析法

2. 风险型决策方法

科学决策是现代管理者的一项重要职责。在管理实践中常遇到的情景是：若干个可行性方案制订出来了，分析一下内、外部环境，大部分条件是已知的，但还存在一定的不确定因素。每个方案的执行都可能出现几种结果，各种结果的出现有一定的概率，决策存在着一定的胜算，也存在着一定的风险。这时，决策的标准只能是期望值，即各种状态下的加权平均值。针对上述问题，用决策树法来解决不失为一种好的选择。

决策树法作为一种决策技术，已被广泛地应用于企业的投资决策之中，它是随机决策模型中最常见、最普及的一种决策模式和方法。此方法有效地控制了决策带来的风险。所渭决策树法，就是运用树状图表示各决策的期望值，通过计算，最终优选出效益最大、成本最小的决策方法（见图18）。

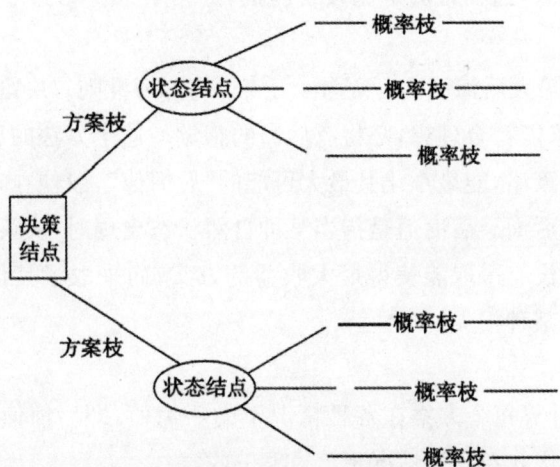

图 18　决策树方法

3. 不确定型决策方法

不确定型决策方法又称非确定型决策、非标准决策或非结构化决策，是指决策人无法确定未来各种自然状态发生的概率的决策。如果决策问题涉及的条件中有些是未知的，对一些随机变量，连它们的概率分布也不知道，这类决策问题被称为不确定型决策。由于不确定型决策需要决策的问题存在较大的风险，故使用的决策方法在很大程度上取决于决策者对风险的态度，包括悲观法则、乐观法则、后悔值法则、折中法则等；相应的，不确定型决策的主要方法有：小中取大法、大中取人法和最小最大后悔值法。

（1）小中取大法：也叫悲观法、保守法，又称瓦尔德决策准则或最大最小准则，即极大极小损益值法。这一做法显然是比较保守的，通常被一些悲观主义者所采用。其基本思想是：首先选择出每个方案在不同自然状态下的最小可能收益值，再从这些最小收益值中选择一个最大值，找出其对应方案作为决策方案，所以也称为"小中取大法"，即最大化其最小的可能收入。这种方法表明，决策者对客观情况抱悲观态度，为了保险起见，总是把事情结果估计得很不利，然后在这种最坏的条件下，选择一个好一点的方案。

（2）大中取大法：又称乐观准则、最大最大准则，或极大极大损益值法。这种方法体现了决策者的一种乐观态度。其基本思想是：首先选择出每个方案在不同自然状态下的最大可能收益值，再从这些最大收益值中选择一个最大值，找出其对应方案作为决策方案，所以称为"大中取大法"，即最大化其最大的可能收入，这一做法是比较冒险的，通常被一些冒进主义者或机会主义者所采用。

（3）最小最大后悔值法：又称沙万奇（Savage）准则。决策者在制定决策之后，若情况未能符合理想，必将有后悔的感觉。这个方法的思路是，希望能找到这样一个策略，能最小化其最大可能的"后悔值"，以使在实施该策略时，能产生较少的后悔。后悔值是指当某种自然状态出现时，决策者由于从若干方案中选优时没有采取能获得最大收益的方案，而采取了其他方案，以致在收益上产生的某种损失。

具体步骤：

第一步，计算每个方案在各种情况下的后悔值，即后悔值＝各个方案在该情况下的最优收益－该情况下该方案的收益；

第二步，找出各方案的最大后悔值；

第三步，选择最大后悔值最小的方案作为最优方案。

二、公共政策方法

在公共政策分析领域，由于其几乎涉及社会领域的每一个重要方案，因此为了增加分析的有效性和针对性，经常会从不同角度运用不同的模型对相关问题进行研究。美国著名政策科学家威廉·N.邓恩在《公共政策分析导论》一书中，对政策分析的主要模型进行了详细介绍，①本书选取目前在实际

---

① ［美］威廉·N.邓恩.公共政策分析导论［M］.谢明，等，译.北京：中国人民大学出版社，2002：169－175.

应用中较为普及的描述性模型、规范性模型和程序模型进行介绍。

（一）模型分类

1. 描述性模型：主要是为了阐述、说明和刻画公共政策系统和政策的运行规律，以及公共政策问题的存在和发展状态。它以政策选择前后的逻辑对应关系作为主要研究对象，目的在于解释或预测政策选择的原因和结果以及政策的未来发展走向。具体而言，描述性模型是要以描述现实特定关系的变动途径与方式，来说明某些变量的改变会如何影响系统内其他变量及整个系统的变化。

2. 规范性模型：与描述性模型相比较，规范性模型的目的不仅在于解释和预测，也在于为取得最佳效用或价值而提供规则和建议。即在若干可能的政策选择中，通过一定的分析规则，帮助决策者作出最佳选择。通常情况下，规范性模型在程序上首先去寻找和确定能够产生最大效益的政策的价值（作为自变量），然后再评估决策所期望得到的政策结果的价值（作为因变量），最后提出公共政策的现实选择。

3. 程序模型：主要用于未来研究，通过假设和模拟政策和结果变量间的关系，来分析阐述被认为可以影响政策问题基本特征的各种变量之间的动态关系。决策树分析就是最简单的一种程序模型。

（二）政治分析模型

政治分析模型是一种概念模型，是政治学家和政策科学研究者为了更好地帮助人们理解和解释政治生活，思考公共政策产生的原因和社会效果，以及预测社会未来发展和改进政策系统的结构与功能，而不断总结出来的各种理论模型。

美国政治学家托马斯·戴伊把政治分析模型归结为体制模型、过程模型、集团模型、精英模型、理性模型、渐进模型、对策模型、系统模型等形式。[①]台湾学者朱志宏将其分为制度模型、团体理论模型、精英模型、理性模型、渐进模型、系统模型、博弈理论模型和理想决策模型等。[②]张金马教授则将其分类为理性优化模型、非理性主义决策模型、冲突情境下的决策模型、渐进决策模型、综合决策模型、政策过程模型、系统决策模型、集团模型和组织体制模

① Dye Thomas. Understanding Public Policy[M]. 6th ed. Endlewood Cliffs: Prentice-Hall Inc. ,1987: 174.

② 朱志宏. 公共政策概论[M]. 台北：三民书局，1995: 27 - 62.

型等,并进行了详细阐述。①

1. 理性决策模型:最早应用于经济学与军事防务领域,其基本出发点是决策主体始终坚持理性化活动,不存在任何非理性成分;因此,人们在进行决策时必然遵循最大化原则,选择最优方案,谋求最大利益。其基本步骤是:

(1) 了解社会中所有的价值偏好,并权衡轻重。

(2) 寻找与实现目标有关的所有政策方案。

(3) 洞察每一个政策方案在不同条件下产生的各种后果。

(4) 考虑若采用某一种政策方案,可能对其他方案产生的各种影响。

(5) 从社会价值的成本与收益出发,选择或确定一个成本最低、获益最大的政策方案。

不过,由于理性决策模型所要求达到的条件过于严格,在现实中几乎无法实现,因此该模型遭到了众多学者的强烈批评。

2. 渐进调适模型:渐进调适模型又称渐进决策模型,1958 年由美国经济学家、政治学家查尔斯·林德布洛姆最早提出。他认为,任何一个决策者都不具备足够的知识、信息、金钱和时间,来对所有存在的政策问题作出全面、深入的审视和研究,况且人的目标、价值观和意识形态也难以统一,因而对政策的评价并不会完全一致。林德布洛姆认为渐进决策需要遵循 3 个基本原则:按部就班原则、积小变大原则、稳中求变原则。就是把政策制定过程看作是一种对以往政策行为不断修正的过程。从政治上考虑,对原有政策进行局部修正要比其他决策方式更容易达成共识,能够化解政治冲突、维护组织系统的稳定。

这种方法的特点是:

(1) 因为现实政治所推行的渐进政治,对政策问题,各政治领袖与政党的看法大致上达成共识,所能调节或改变者,只是在小的枝节问题上,因而是渐进的,在实际政治中,不一定需要用许多理论。

(2) 尽管政策分析或制定也会经常出现许多变量,但渐进分析只注重几个重要变量,方案的考虑也只限于少数几个。

(3) 价值与事实在渐进分析中交互使用,互为一体。现实政治中的基本价值已达成共识,无需再寻求各种不同的价值标准作为决定的标准。

(4) 渐进分析着重以已有的政策为前提,这样的政策更可能被社会上一

---

① 张金马. 政策科学导论[M]. 北京:中国人民大学出版社,1992:95-123.

般人所接受,并且与现实差距不大,不至于冒险。

3. 综合决策模型:综合决策模型是为了克服以上两种模型各自的缺陷而提出,但同时也带来了新的保守性和应用局限性等问题。其要点如下:

(1)用科学方法识别那些重要(非全部)的政策目标、价值判断和决策标准。

(2)通过比较分析和历史研究,注重理论与实践的密切结合,积极探求新的备选方案,特别是那些创造性的方案。

(3)通过估测有限的备选方案的期望值,进行优先排序,从而得到风险较小的革新方案。

(4)决策者可以先使用渐进决策模型检视现行方案及政策的执行情况,然后使用政策分析的各种理性方法与新方案进行比较并预测新方案的可能后果及期望值等。

4. 政策过程模型:也被称为过程理论,通过描述公共政策发展周期与运行状态达到决策分析的一种途径。其主要步骤与公共政策过程的基本环节一致:

(1)政策问题的确认:旨在引起决策者注意,泛指确认要求政府采取干预手段的社会目标,并使之列入政府议程的行为。

(2)政策方案的规划:确定政策制定主体与机构,并根据对政策后果的预测,制订解决特定社会问题的有限备选方案。

(3)政策合法化:在上述备选方案中择优作为政策方案,并谋求对该方案的政策支持,争取决策者、行政机关、立法机关的赞同,最终使方案产生效力。

(4)政策执行或实施:组织办事机构,提供必要的资源支持,推行所指定的政策方案。

(5)政策评估:研究政策方案,列出方案执行后产生的后果,包括其有效性和方案所涉及的目标群体和非目标群体的社会影响。最后,通过政策监控和反馈机制,对已经实施的政策进行修改、调整或提出针对性意见以决定该项政策的延续、改进或终止。

5. 精英决策模型:又称为杰出人物决策模型,是将公共政策看成是反映占统治地位的精英们的价值和偏好的一种决策理论。其基本点是,不是人民大众通过他们的需求与行动决定公共政策,而是占统治地位的精英们决定了公共政策,然后由政府官员和机构加以实施。托马斯·戴伊与哈蒙·齐格勒对精英决策模型的基本内容概括为以下 6 条：

（1）社会分化成掌权的少数人和无权的多数人，只有少部分人才有权为社会分配价值，而群众则不能决定公共政策。

（2）少数的统治者与杰出人物不是被统治的群众代表，他们主要来自社会中社会经济地位较高的那个阶层。

（3）非杰出人物向杰出人物的转化必须是一个缓慢而又持续的过程，从而保持社会的稳定并避免发生革命。在非杰出人物中，只有那些接受了杰出人物的一致意见者，才被允许进入统治集团。

（4）在社会制度的基本价值观和维护这一社会制度方面，杰出人物的看法是一致的。

（5）公共政策所反映的不是大众化的要求，而是杰出人物的主要价值观。公共政策的变化将是渐进性的，而非革命性的。

（6）活跃的杰出人物很少受群众的直接影响。相反，杰出人物影响群众远远超过群众对他的影响。

6. 集团决策模型：集团决策模型将公共政策看成是集团斗争的产物，模型的基本假设是：集团之间的相互作用和斗争是政治生活中的根本事实。在如美国的那样的多元化社会中，存在着大量的政治利益集团。尽管这些利益集团在利益、规模、结构和活动方式上是多样化的，但一般地说，某些利益集团对同一个政策，常存在着相互矛盾的理解与追求，因此政府就有必要在相互冲突中进行选择。

按照集团决策模型的理解，每一个法令都代表着妥协结果，因为调节集团间利益冲突的过程是审议和取得妥协的过程。这种模式把注意力集中到决策过程中集团的作用上，并以此去认识、分析和处理具有利益冲突的各种政治、经济和社会行为。

7. 系统决策模型：这是一种视公共政策为政治系统对来自环境需求的反应的决策模型。它将公共政策的制定放在政治、经济、社会与文化环境中进行考察和解释，强调政治系统的环境作用，将政策看成是环境对系统作用下的产出。依据戴维·伊斯顿的定义，政治系统是由社会中那些可识别，同时又相互关联的机构和活动组成，它作出对社会具有约束力的权威性决定（或价值分配）。这些价值的权威性分配构成了公共政策。

系统决策方法就是把研究对象放在系统的形式中，从整体和全局出发，从系统与要素、要素与要素、结构与功能以及系统与环境的对立统一关系中，对研究对象进行考察、分析和研究,以得到最优化的处理与解决问题的一种研究方法。

从一般系统论的观点看,系统的要素是相互联系的,因为政治系统的复杂性,人们视它为黑箱,一般不需要仔细研究清楚它的结构,只需了解输入(投入)、系统、输出(产出)之间的关系即可。公共政策制定系统与环境的作用,是个互为影响的动态过程,在反复循环中产生公共政策。利用系统决策模型,若能对下列问题作出圆满解答,会对政策分析提供有意义的成果:

(1)需求和支持(投入)会在什么样的政策环境下对系统发生影响?

(2)政治系统本身所具有的哪些重要特征,得以将需求和支持转化为公共政策,并使公共政策具有持久效用?

(3)环境的投入,如何影响政治系统的特征?

(4)政治系统的特征,如何影响公共政策的内容?

(5)环境的投入,如何影响公共政策的内容?

(6)公共政策如何作用于环境并反过来对政治系统发生作用?

系统决策模型虽然没有很好地说明一项决策中的决定是如何作出的,但它能很好地说明政治现象的复杂性和动态性,因而具有广泛的应用性。在稳定的环境里,需求和支持变化不大,政治系统只需渐进地修改公共政策的内容;在快速变迁的环境里,需求和支持变化很大,为适应变化获得自身生存的需要,政治系统必须彻底改革,使系统的产出,即公共政策符合新的需求和支持。

三、情报分析方法

情报分析方法主要基于信息资源,冷伏海认为:"情报研究方法既有以数据或文献及其构件为情报研究单元的方法,也有以文献中的知识以及人或组织所掌握的知识为情报研究单元的情报研究方法。"[1]在这种分类角度下,可以将情报分析方法分为基于数据、基于文献、基于人、基于组织、基于认知的方法。其中,基于数据的方法在大数据环境下呈现出更多的运用形式,数据挖掘法、多维尺度方法、主成分分析法等以数据作为主要分析对象的方法被广泛地运用在商业管理、医疗管理、政府治理等多个领域。表10列举了部分情报分析方法。[2]

---

① 冷伏海,冯璐.情报研究方法发展现状与趋势[M].图书情报工作,2009,53(2):29-33.

② 祝振媛,李广建.从情报学硕博士论文看情报问题与情报方法[J].情报理论与实践,2016(1):1-7.

表 10　主要情报分析方法举例

情报问题类型　任务解析　运用方法	发展策略研究				影响力评价研究			竞争力分析		
	产业（领域）现状的分析	产业优势与问题的分析	与国外同行业发展情况的比较分析	印证对策可行性	构建影响力的评价指标体系	利用指标体系对标行进影响力测评	分析评测结果	竞争环境分析	竞争对手分析	竞争力综合分析
文献调查法	▲									
问卷调查法	▲				▲	▲				
典型案例法			▲	▲		▲			▲	▲
比较分析法			▲				▲		▲	▲
文献计量法						▲				
网络计量法						▲				
统计分析法										
专利地图法	▲	▲							▲	
SWOT 分析法		▲						▲		
PEST 分析法	▲							▲		
五力分析法		▲						▲		
战略群体法								▲		
价值链分析法										▲
主成分分析法					▲					▲
数据包络分析法										▲

　　虽然对于情报分析方法的认识学界尚未达成统一，但几乎所有的学者都认为，内容分析法、文献计量法和引文分析法是情报学的专门研究方法。

　　（一）内容分析法

　　内容分析法是以各种文献为研究对象，在对文献资料重新整理分析的基础上，通过对文本内容系统、定量、客观的描述揭示社会现象之间的关系和变化趋势的一种研究方法。文本内容分析包括：对文字、语音、图片等定性材料，包括对记载下来的人类传播媒介的研究，如书籍、网站、绘画和法律文书，通过分类、编码等方法进行定量分析。

　　作为一种结构化的、非接触性的、半定量研究方法,它不以人为对象而以事物为对象,研究者与被研究事物之间没有任何互动,研究者主观态度不易干扰研究对象,这种非接触性研究相比于接触性研究而言,信度和效度都高。著名的《大趋势》一书就是 J. 奈斯比特运用内容分析法撰写成的。内容分析的种类可归纳为:实用语义分析、语义分析和符号载体分析。内容分析的研究模式有推理模式和比较模式两类。

　　举例而言,通过内容分析法,首先可以揭示文献的隐性内容,例如查明几年来某专题的客观事实和变化趋势,追溯学术发展的轨迹,描述学术发展的历程;依据标准鉴别文献内容的优劣。其次,揭示宣传的技巧、策略,衡量文献内容的可读性,发现作者的个人风格,分辨不同时期的文献体裁类型特征,反映个人与团体的态度、兴趣,获取政治、军事和经济情报。再次,揭示大众关注的焦点等。

　　内容分析法是以定性研究为前提,找出能反映文献内容的一定本质的量的特征,并将它转化为定量的数据。例如,运用统计学方法对文献内容的类目和分析单元出现的频数进行计量,用数字或图表的方式表述内容分析的结果。简单地说,定量数据是把定性分析已经确定的关系性质转化成数学语言。正是这一特点保证了对文献内容"本质"的理解和认识,从而能获得一般从定性分析中难以找到的联系和规律。因此,定量性是内容分析法最为显著的特征,是达到"精确"和"客观"的一种必要手段。但同时,"定量"并不排斥定性的解释。当研究者得出一组说明传播内容特征的数据后,需要对这组数据进行解释,即说明数据的意义。

　　内容分析法是一种以研究传播内容为主的社会科学研究方法,可以应用于研究任何文献或有记录的交流传播事件,目前在大众传播学、政治、军事、商业、心理学等领域应用十分广泛。而图书情报学是研究信息的整序、组织、交流和利用规律的科学,是社会科学的一门具体学科,对文献收集与对文献内容进行分析和加工是图书情报学的传统特长。因此,内容分析法可以作为图书情报学研究一种行之有效的专门研究方法。

　　(二) 文献计量法

　　文献计量学是以文献体系和文献相关媒介为研究对象,采用数学、统计学等计量方法,研究文献情报的分布、结构、数量、关系、规律和科学管理,并进而探讨和充实图书情报科学结构、特征和规律的一门学科。

1969年，英国著名情报学家阿伦·普里查德（Alan Britchard）正式提出"文献计量学"（bibliometrics）这一术语。其后，文献计量学获得了迅速发展，已经成为图书情报领域最活跃的一个分支学科。特别是在科学评价和科技管理方面的应用开始大规模地开展起来，取得了许多标志性的成果。文献计量学研究的范围也不断拓宽，既有理论、方法探讨，又有广泛的应用研究，远远超出了情报学、文献学、图书馆学的范围，涉及科学学、科技管理、科技史、人才学、预测学、未来学、历史学、社会学等许多学科领域。

但一般而言，文献计量法主要应用于对文献流的研究。著名的布拉德福定律、齐普夫定律、洛特卡定律，以及文献增长规律、文献老化规律等，对后来直至现在的图书馆学、情报学的发展产生了深远的影响。

随着现代信息技术的快速发展，文献计量学方法还在继续发展，逐步渗透到网络领域，形成了网络信息计量方法。网络信息计量方法得益于信息计量学、文献计量学和科学计量学方法，以及数字统计学方法、网络技术和软件技术，现已形成由理论研究方法、数据收集方法和结果展现方法构成的网络信息计量学研究方法的三维框架。在使用文献计量方法的过程中，需要明确2点：

1. 研究对象以文献（包括网络文献）本身直接与间接的特征为出发点

文献计量法就是对相关文献的特征进行统计分析，用数据来描述或解释文献的数据特征和变化规律，其最常见的研究对象主要是文献的作者群、期刊、发表年限等。

（1）出版物（图书、期刊、科技报告、专利文献、网页等）：出版物的数量反映这一领域研究和发展的状况。举例来说，通过引证文献和被引证文献的计量分析，可以揭示学科间、著者间、论著间的关系，还能在一定程度上间接反映论文和期刊的质量。

（2）术语或主题词：通过对术语和主题词的聚类或共现分析，可以帮助了解某一领域科学发展的态势以及水平。

（3）研究人员：可以揭示研究者包括作者、学者、研究机构等，与学术共同体（期刊、学者、研究机构、大学等）之间的关系。

2. 文献计量方法依据的是经验性定律

文献计量学总结和开发了一些定量描述文献的经验公式和定律，使得无序的文献集合变成了有序的定态结构，自然分布紊乱的文献流转化成有规则的动态系统。文献计量方法无疑是一种定量的客观的研究方法，但是计量研究所依据的定律和公式是经验定律,是在一定社会、历史和技术条件下测量、统计获得的。由此可见,计量研究获得的研究结果虽然具有科学性,但不等同于精确性和绝对性,只能是一种近似、随机和模糊的体现。影响文献计量的因素有客观的,也有社会的、人为控制的主观因素。

因此,计量研究的结果,需要适度应用,在某些情况下还需要予以修正和调整;要合理地看待文献计量方法的分析结果。信息计量方法在图书情报学领域的应用极为广泛,包括引文分析、链接分析、共现分析、共被引分析、共词分析、合著分析等。

随着网络环境的日益成熟和网络信息资源的日益增多,网络信息计量学成为信息计量学的一个新的发展和重要的研究领域。网络计量是一门研究互联网上数据相互引用的科学,基于 Web 和软件计量分析工具,对网络文献规律进行统计分析。网络计量学采用数学、统计学的各种定量方法,对网络信息的组织、存储分布传递、相互引证和开发利用进行定量描述和统计分析,借以揭示网络信息的数量特征和内在规律。

其中,链接分析法是网络信息计量学中的一个重要方法,它可以看成是文献计量学中引文分析法在网络环境中的应用。网络超文本通过链可以将结点链接起来,一般使用两种方法——索引链和结构链进行链接,它既可以表示信息之间的关系,又是构成网络的手段。链接分析法通过引文关系来分析链接网络信息资源,因而在网络信息组织、检索评价、服务等方面起着重要作用。链接分析法借鉴了引文分析法的方法和思路,是情报学研究方法在网络环境下的新应用。[①]

(三) 引文分析法

引文分析法,是利用各种数学及统计学的方法进行比较、归纳、抽象、概括等的逻辑方法,对科学期刊、论文、著者等分析对象的引用和被引用现象进行分析,以揭示其数量特征和内在规律的一种研究方法。

引文分析方法的出发点是引用与被引用文献。所谓引文分析就是对学术文献的引证或被引证现象和规律进行分析,以便揭示出它们所蕴含着的研究对象具有的特征或者对象之间的关系。尤金·加菲尔德博士(Eugene Garfield)创建的 SCI 就是文献计量学方法和引文分析法的一个研究结晶。

---

① 沙勇忠,欧阳霞.网络信息计量学研究方法的三维框架[J].中国图书馆学报,2006(2):30 - 32,41.

加菲尔德的成长履历从某种意义上恰恰体现了图书馆学研究方法论的一个发展历程。1954 年加菲尔德获得美国哥伦比亚大学图书馆学硕士学位，1961 年获宾夕法尼亚大学博士学位。1955 年提出了引文索引和引文技术的概念，从而打破了分类法和主题法在检索方法中的垄断地位，开创了从引文角度来研究文献及科学发展动态的新领域。利用引文索引可以跟踪科研发展趋势，评估研究成果。值得注意并需要特别指出的是，引文分析方法的主要研究对象是参考文献，它们是文献的外部特征，并不涉及文献的实质内容，是一种宏观的、表面的测度，受到许多限制因素的影响。因此对于引文分析的结果也需要理性对待，不能盲目应用。例如，孤立地使用影响因子这一指标，根据学者发表论文的期刊的影响因子大小来判定某位学者研究工作的重要性，此做法是不够科学的，也是不妥当的。

就具体方法而言，目前，传统的分析方法已不能满足时代的要求，专利分析、社会网络分析、竞争情报分析、共词分析等方法被逐渐应用于信息分析。技术路线图、知识图谱、信息可视化、本体论等技术也广受关注。

第四节　兰德公司德尔菲法

德尔菲法是在 20 世纪 40 年代由赫尔默（Helmer）和戈登（Gordon）首创。1946 年，美国兰德公司为避免集体讨论存在的屈从于权威或盲目服从多数的缺陷，首次用这种方法来进行定性预测，后来该方法被迅速广泛采用。20 世纪中期，当美国政府执意发动朝鲜战争的时候，兰德公司又提交了一份预测报告，预告这场战争必败。政府完全没有采纳，结果一败涂地。从此以后，德尔菲法得到广泛认可。

德尔菲法又称专家意见法或专家函询调查法，是采用背对背的通信方式征询专家小组成员的预测意见，经过几轮征询，使专家小组的预测意见趋于集中，最后作出符合市场未来发展趋势的预测结论。德尔菲法实施依据系统的程序，采用匿名发表意见的方式，即团队成员之间不得互相讨论，不发生横向联系，只能与调查人员发生关系，以反复的填写问卷，集结问卷填写人的共识及搜集各方意见，来构造团队沟通流程，应对复杂任务难题的管理技术。

德尔菲法本质上是一种反馈匿名函询法。其大致流程是：在对所要预测的问题征得专家的意见之后，进行整理、归纳、统计，再匿名反馈给各专家，再次征求意见，再集中，再反馈，直至得到一致的意见。

在德尔菲法的实施过程中,始终有两方面的人在活动:一是预测的组织者,二是被选出来的专家。首先应注意的是德尔菲法中的调查表与通常的调查表有所不同,它除了有通常调查表向被调查者提出问题并要求回答的内容外,还兼有向被调查者提供信息的责任,它是专家们交流思想的工具。德尔菲法的工作流程大致可以分为 4 个步骤,在每一步中,组织者与专家都有各自不同的任务。

一、开放式的首轮调研

(1)由组织者发给专家的第一轮调查表是开放式的,不带任何框框,只提出预测问题,请专家围绕预测问题提出预测事件。因为,如果限制太多,会漏掉一些重要事件。

(2)组织者汇总整理专家调查表,归并同类事件,排除次要事件,用准确术语提出一个预测事件一览表,并作为第二步的调查表发给专家。

二、评价式的第二轮调研

(1)专家对第二步调查表所列的每个事件作出评价。例如,说明事件发生的时间、争论问题和事件或迟或早发生的理由。

(2)组织者统计处理第二步专家意见,整理出第三张调查表。第三张调查表包括事件、事件发生的中位数和上下四分点,以及事件发生时间在四分点外侧的理由。

三、重审式的第三轮调研

(1)发放第三张调查表,请专家重审争论。

(2)对上下四分点外的对立意见作一个评价。

(3)给出自己新的评价(尤其是在上下四分点外的专家,应重述自己的理由)。

(4)如果修正自己的观点,也应叙述改变理由。

(5)组织者回收专家们的新评论和新争论,与第二步类似地统计中位数和上下四分点。

(6)总结专家观点,形成第四张调查表。其重点在争论双方的意见。

四、复核式的第四轮调研

(1)发放第四张调查表,专家再次评价和权衡,作出新的预测。是否要求作出新的论证与评价,取决于组织者的要求。

(2)回收第四张调查表,计算每个事件的中位数和上下四分点,归纳总结各种意见的理由以及争论点。

值得注意的是,并不是所有被预测的事件都要经过四步。有的事件可能在第二步就达到统一,而不必在第三步中出现;有的事件可能在第四步结束后,专家对其预测也不一定达到统一。不统一也可以用中位数与上下四分点来作结论。

除了德尔菲法,兰德公司还首创了许多独特的研究方法和模型,包括模型和预测、博弈论、路线图、系统分析法等预测方法,组合分析工具、探索性建模、离散选择模型、健全性决策、长期政策分析等预测方法与模型,以及连续性质量改进方法(用于项目评价)、多方式调查能力系统(用于调查研究)、半结构化调查与焦点组方法(用于数据收集)、行动热点方法(用于决策)、专家棱镜系统(用于专家调查)、基于假设的规划方法(帮助处理不确定性)等其他各种研究方法。

此外,国际一流智库均已逐步构建了自己的方法体系,如麦肯锡咨询公司的结构—行为—业绩模型、危机管理文本分析、定量战略计划矩阵、战略地位与行动评价矩阵、定价管理系统(Periscope)、Spotlight 等;高德纳咨询公司的 MarketScopes、魔力象限等;斯坦福国际咨询研究所的混合定性模拟/混合定量模型、通量平衡分析等。

第八章　智库运营模式

　　企业运营模式是指对企业经营过程的计划、组织、实施和控制,是与产品生产和服务创造密切相关的各项管理工作的总称。工商管理学认为企业运营模式最基本、最主要的职能是财务会计、技术、生产运营、市场营销和人力资源管理。作为公共政策研究咨询机构,智库既不是通常意义上的学术研究机构,也不是通常意义上的咨询顾问公司。智库运营模式是指智库如何运用资源和能力去实现战略定位的途径和方式,主要涉及"怎么做"的决策。智库资源包括资金来源(政府、企业、高校、社会个人、校友捐赠等途径)、核心资源(人力资源组织方式、数据资源、品牌建设等)、关键活动(智库影响力传播途径、研究方式、研究成果交流方式等)、合作伙伴(同领域学术研究机构、数据提供方、媒体等)和成本结构(成本驱动、价值驱动)等多方面。相应地,智库运营模式则涵盖管理运行机制、智库资金来源与管理、信息资源管理、产品生产、人员组织与架构、影响力输出。

第一节　管理运行机制

　　国外智库一般都采用理事会(或者董事会)化的治理机制。理事会制的特点是由重要捐助者组成理事会,成员大多是大企业家、捐助基金会负责人、前政府官员和著名学者等,他们有很雄厚的经济实力和人际网络。理事会是智库的最高决策机构,负责任命智库负责人、确定智库的发展框架和研究计划,筹集资金和拓展智库的影响力。智库的日常管理运行由智库负责人(总裁等)负责。

　　以布鲁金斯学会为例,其理事会旨在为学会提供商业和学术治理,批准学术研究的范围以确保学术独立性。布鲁金斯学会理事会有 83 名成员,任期 3 年,主要为著名的企业家、银行家、学者。

　　采用理事会治理方式,是由智库的机构属性、筹资方式和运行方式等决定的。国外智库较少是政府直接下属机构或政府智库,而多是非政府的、社会化运行、社会化筹资的非营利机构，因而智库的筹资能力直接决定着智库发展的好坏。智库的资金来源一般包括理事捐款、基金会捐助、会员捐款和机构的其他筹资等。

英国皇家国际事务研究所，又称查塔姆研究所（Chatham House）作为目前英国最大、世界知名的国际问题研究中心之一，在20世纪世界政治风云变幻的国际事务中占有重要席位。该研究所以公开的辩论、独立可信的分析以及创新的思维著称于世，它鼓励政府、私营部门、民间团体及其成员公开辩论和私下研讨国际事务的事态发展。其组织架构也是建立在董事会的形式基础上（图19、图20）。

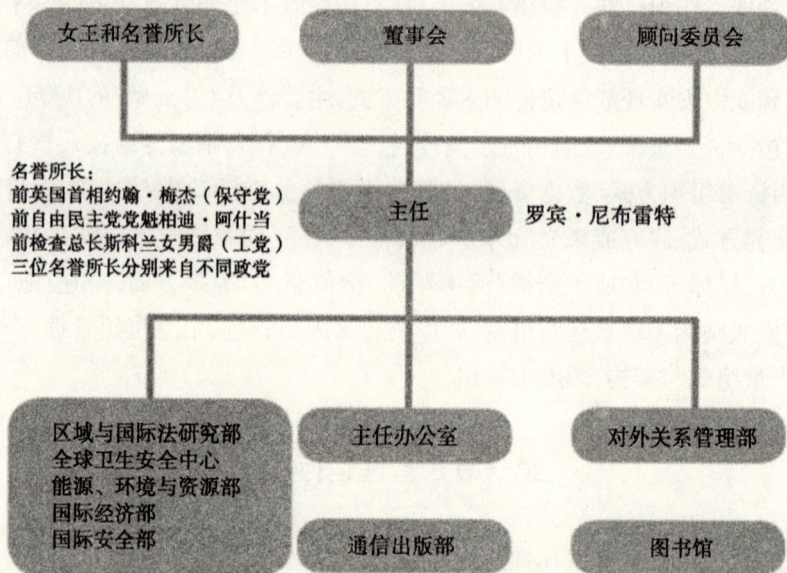

图19　英国皇家国际事务研究所组织架构

在东方，日本野村综合研究所（NRI）是最具知名度的社会智库，其以董事会的形式进行管理。NRI按照上市公司的管理运行模式进行组织管理，其内部管理层包括股东大会、董事会及董事、会计监察人、报酬咨询委员会、监事会及监事、监察部、经营会议、内部监察部和社长（图21）。

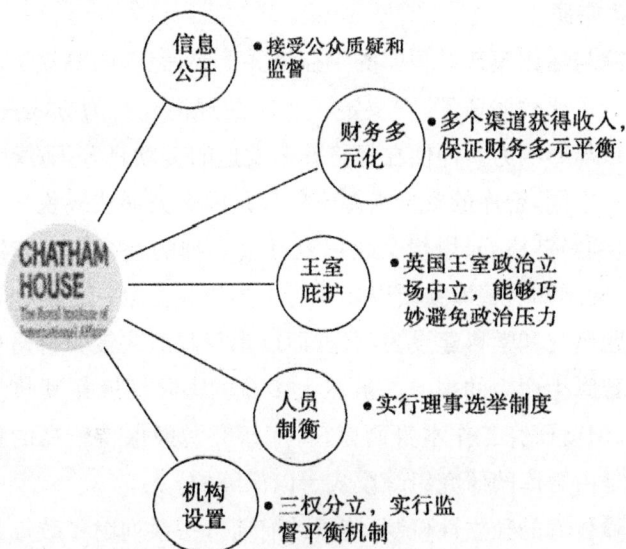

图 20　英国皇家国际事务研究所运营模式

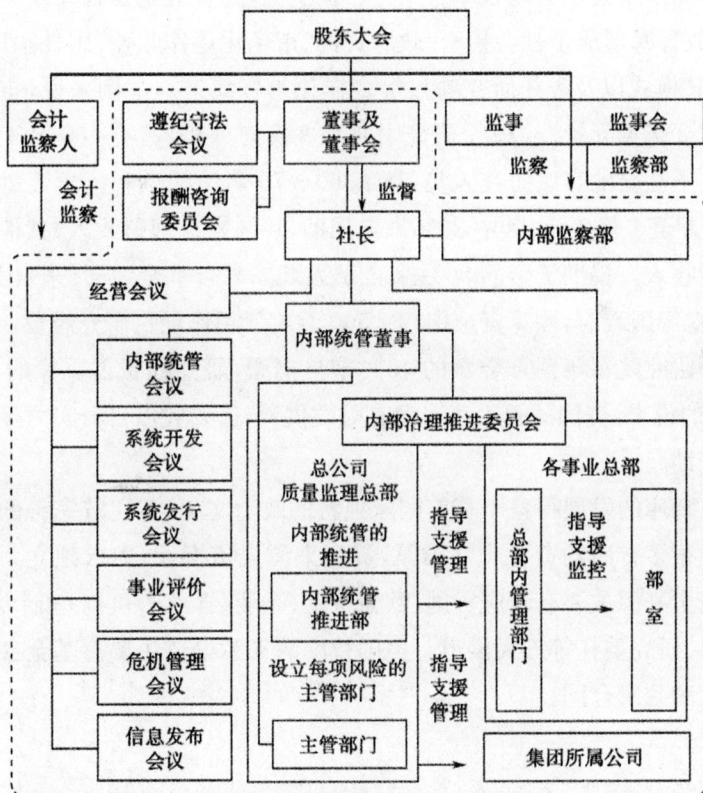

图 21　日本野村综合研究所组织架构

一、经费来源

资金来源与运作模式对智库的生存至关重要,完善的筹款机制是保障智库持续发展的重要物质条件,它决定了智库的规模和行为方式,也影响着智库的研究成果与影响力。即使在经济普遍发达的美欧日等国,智库资金的充盈情况也各有不同,智库的资金来源不仅仅是国家公司法或税法所能引导形成的,还会受到经济格局、思想文化以及社会心理的综合影响与制约。有别于国内智库,国际知名智库主要以非政府主导的独立第三方机构存在。一般不以学术问题研究和学科建设为己任,而以影响政府决策为科研目标。独立性被认为是智库生命力的根源。虽然大多数的国际智库在其政治立场上是有倾向性的,但就研究工作本身而言,智库研究一般保持较高的独立性。而这种独立性是由智库的研究组织模式予以保障的。

为了保障智库的独立性机制,美国政府通过一系列财税政策鼓励和支持智库活动,美国政府通常设置专门研究资助基金资助智库研究,主动邀请智库成员参加圆桌会议听取智库意见等。在美国,经费筹集是智库的一项重要工作,多数智库形成了社会捐赠、政府资助、市场化运作收益、国外捐助、个人捐助、PPP 模式以及委托研究项目等多样化筹资渠道。举例来说,布鲁金斯学会拥有 3 亿美元资产、20 个研究中心和 3 家海外机构,有 400 名工作人员和 200 名不驻会的客座研究人员,还有 60~70 名访问学者。学会每年预算为 9 100 万至 1 亿美元,其中 80% 来自捐助,10% 来自理财收入,其他来自培训和出版收入。捐助资金的 80% 来自私人,5% 来自基金,15% 来自美国、阿联酋、丹麦等国政府,预算资金中约 7 500 万美元用作项目研究经费。卡内基国际和平研究院每年预算金额的 45% 来自捐赠,研究经费占总额的 50% 以上。[①] 总的说来,美国的智库普遍没有财政供养,需要凭借自身实力赢得报酬和未来资助。

西方智库的发展得益于英美国家独特的政治文化,有比较完善的法律法规。美国很多智库的资金非常雄厚,资金来源渠道多元,力求独立。英国智库研究资金来源主要有政府资助、欧盟资助、企业(含慈善机构)和个人捐赠、信贷支持、研究委托等五大渠道。美国智库的来源渠道主要有基金会、企业、私人捐款和政府合同。

---

① 美国全球知名智库发展借鉴:设人才"旋转门"机制[EB/OL].(2016 - 08 - 10).http://www.cssn.cn/hqxx/yw/201608/t20160810_3156900.shtml.

目前,美国各大智库的资金较为充裕,在组织形式上大都是以非营利组织或慈善组织的名义注册的,在法律上属公司法规范的范围,在资金上受税法调控,形成了规范有效的"吸金"体系,而丰富的捐赠资源与普遍的慈善观念,也使得赞助智库成为更多人认同的选择。德、法等国为了保证智库的独立研究,由政府对部分智库予以资助。日本政府则推动一些智库进入市场竞争去自己"化缘",这也与日本的经济现状与文化传统背景相关。

美国智库的现状要强于其他地区,原因在于其资金获得方式多样,保障了其具有更强的独立性。另外,由于税法规定的免税待遇,向智库捐款在美国更具有吸引力,因此,众多的私人基金会出现于美国。免税地位对于获得捐赠非常重要,因为捐款人无需为此支付税金。在美国,能够享受到这种税收减免有利条件的机构称为"501c3"社团,即非营利和公益社团,包括所有的基金会、博物馆、乐团、芭蕾舞团以及大学和图书馆。

"501c3"享有特殊的税收身份,它们被免征大多数税项,同时那些给它们捐款的企业和个人也能因此得到大额的税收减免。美国智库之所以能源源不断地得到捐助,除了财务实力雄厚的公司和个人、公益捐赠的文化,跟这一税法有很大关联。

综合来看,目前全球智库运作的主要资金来源有:

(一)政府拨款资助

智库作为非营利组织,政府拨款是其收入的主要来源,大约占全部收入的三分之一。政府对智库的资助有两种方式:一是政府直接将部分税收收入划拨给智库;二是为智库收入免税并为向智库捐款的企业和个人减免税收。

日本智库资金主要源于主办机构,比如,经济产业研究所的官方或半官方智库的经费大部分源自政府。美国公共部门拨款占整个非营利组织收入的40%,中国各层次政府部门对非营利组织的资助占据其收入的30%。[①] 有些智库对政府拨款的依赖度很大,有些智库则完全不接受政府资助,如卡托研究所。兰德公司是有着深厚官方背景的智库,接受政府研究合同是其最重要的资

---

① 廖鸿,石国亮,朱晓红. 国外非营利组织管理创新与启示[M]. 北京:中国言实出版社,2011:35-39.

金来源之一,通常占到其总收入的 70%~80%(表 11)。布鲁金斯学会也是一家半官方智库,但其从政府部门得到的资助仅占其总收入的不到 20%。

就兰德公司来说,它通常与美国联邦政府部门签订合同,比如国防部、卫生部、人力资源部、教育部、国家科学基金、国家医学研究院、统计局等。兰德公司和上述许多客户有着 3~5 年或每年更新的服务合同,合同数额为数千万美元,每年约有 700 个项目同时开展。这种多元化的经费渠道强有力地保证了其研究的独立性,可以不用为经费来源而屈从于某一委托部门,保证其研究结果和观点的客观性,也保证了其独立性。

表 11　兰德公司预算资金来源(2008)

机　　构		比重(%)	
军队	美国空军	18	48
	美国陆军	11	
	国防部秘书办公室等国家机密部门	19	
政府	美国联邦健康与公共事业部门以及相关部门	15	28
	其他联邦部门	6	
	州政府、地方政府和其他政府部门	7	
非官方	捐赠	7	24
	基金会	6	
	大学	3	
	私人部门	3	
	其他	5	

欧洲国家智库更依赖于政府资金。英国政府即将直接财政拨款用于资助智库发展。如,除了通过研究合同项目资助外,英国政府设有"海外工程基金"以鼓励智库进行国外工程报价,政府还通过驻外使馆、联合国等机构取得有关国外业务的情报,再通过政府相关部门传递给国内的各大智库。英国皇家国际事务研究所是在英国注册的非营利慈善机构,和布鲁盖尔研究所等多数欧洲智库一样,实行会员制。但和布鲁盖尔研究所等欧洲智库主要靠会员费收入不同,英国皇家国际事务研究所主要通过研究项目、会员、慈善、会议等获得多元化收入,研究项目收入是研究所主要收入来源(图 22)。

Our Funding

Chatham House benefits from a wide range of philanthropic, research-related and membership support. This diversity of global support is critical to the independence of the institute.

View list of donors to Chatham House

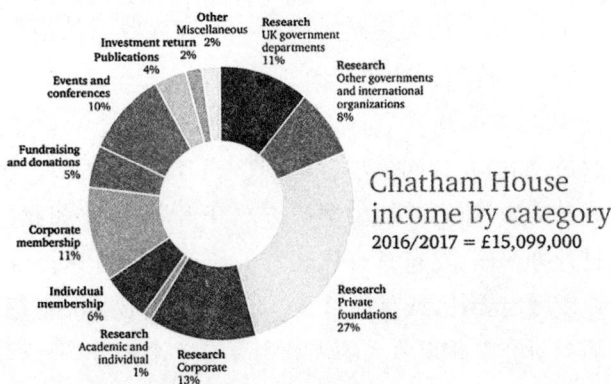

图 22 英国皇家国际事务研究所经费来源

德国社会高度期望智库能够与企业特殊利益划清界限,因此受政府财政资金资助的智库比例很高。据统计,德国有 75% 以上的智库接受政府公共资金的资助。德国联邦和州政府对各州学术型智库的资助一般按照 1：1 的比例均摊。德国政治基金会的资金同样绝大部分来自德国联邦和州的公共预算。但也不可否认,政治基金会与政党的关系更为密切,如罗莎·卢森堡联邦基金会就是 1998 年左翼党进入联邦议会后设立的,基金会获得资助的幅度也与政党在议会选举中所获议席数量挂钩。

法国智库中,官办智库的资金大部分来源于财政,独立型智库的资金主要来源于企业赞助与政府项目,其中来自政府的资金主要是用于对政府项目的研究而发生的劳务报酬。在获得捐助方面,影响大的研究机构往往处于有利地位。欧盟主要国家智库资金的构成情况说明欧洲智库的政治利益倾向性是较为清晰的。

(二)社会捐助或赞助

在美国,"拉赞助"是智库理事会每年最重要的任务之一,赞助资金来源也体现了智库试图影响的人群与事件。在各大智库的年度报告中,通常会列出提供赞助的机构和个人名单。

非营利组织特有的融资来源是社会捐款,主要包括个人、基金会和企业,这也是与公共部门和营利性组织相区别的标志之一。[①] 发达国家尤其是美国的富人对于捐赠热情很高：一是因为作为对社会有所回馈的富人，捐赠能使捐助者社会地位提高；二是其主流价值观崇尚个人奋斗而非世袭财富；三是税法规定，如果企业或个人捐款数额超过应缴税收的一定比例，可以减免或全额抵扣应交税款，所以社会捐赠占国际知名智库收入的很大部分。目前，中国公民和组织对智库的捐赠非常少。

（三）市场化运作收益

市场化收益，如研究合同款项、活动收入和出版收入等。主要指通过全方位了解顾客的需要，研究并提供解决方案获得溢价，比如我国零点咨询集团。也可通过开办讲座、发布具有代表性的研究报告迅速提升影响力，而后通过接受企业或政府委托，或是通过开办培训班、出版相关书籍等获得收入。例如我国的胡润研究院获得收入的来源主要有 4 个部分，分别是发布胡润富豪榜的《胡润百富》杂志；胡润百富的项目活动，例如慈善晚宴等；相关书籍，例如《我和"百富榜"》。

虽然智库不以盈利为首要目标，但智库的运营模式与企业类似，市场化运作收益包括企业或个人的会员费、智库出版物收入、会议活动费、会议场地租赁收入、投资收益等。通过缴纳会员费，企业或个人可以免费在智库官网上下载部分研究简报或论文，得到最新会议活动的通知等优惠条件。[②]

会员制也是重要的资金渠道。有些智库将会员划分为机构会员、个人会员，定期举办活动和提供服务。以企业为股东的社会智库的经费大部分由股东企业承担。一些非营利智库组织主要通过会费收益来筹措资金。

（四）基金会

美国有很大比例的智库都是个人投资创办的，这些智库在成立之初都是企业家或官员先期投入的，有的还创立了基金会以长久吸纳运营资金。如布鲁金斯学会最早是由慈善家罗伯特·S. 布鲁金斯创办的。他还资助成立了其他两个组织：经济研究所和圣路易斯市的罗伯特·布鲁金斯研究生院。这三个机构于 1927 年 12 月 8 日合并为布鲁金斯学会。而布鲁金斯学会的约翰·桑顿中心又是由前高盛集团的首席执政官约翰·桑顿捐巨资设立的。

---

① 郭娜. 政府？市场？谁更有效——中小企业融资难解决机制有效性研究 [J]. 金融研究，2013 (3)：194－206.

② 熊励，陆悦. 中国智库融资模式的研究——来自国际知名智库的启示[J]. 智库理论与实践，2016(1)：62－74.

案例参考：布鲁金斯学会拥有 3 亿美元资产、20 个研究中心和 3 家海外机构，有 400 名工作人员和 200 名不驻会的客座研究人员，还有 60～70 名访问学者。学会每年预算为 9 100 万至 1 亿美元，其中 80% 来自捐助，10% 来自理财收入，其他则来自培训和出版收入。捐助资金的 80% 来自私人，5% 来自基金，15% 来自美国、阿联酋、丹麦等国政府，预算资金中约 7 500 万美元用作项目研究经费。

卡内基国际和平研究院每年预算金额的 45% 来自捐赠，研究经费占总额的 50% 以上。

美国传统基金会现有 300 余人，其中研究人员 80 人左右，年预算 7 500 万美元。其经费来源既有专门的基金支持，又有广泛的社会捐款。传统基金会代表保守党政府，捐款者主要为共和党人，个人捐款者多达 60 万人，捐款额度从 20 美元到 100 万美元不等。

美国国际战略研究中心有专职研究人员 300 余人，还有建立了合作关系的网络化专家 250 余人。该中心每年经费达 4 400 万美元，其中公司资助占32%，基金会捐赠占 29%，政府捐赠占 19%，有相对固定的 70～80 家企业给予经费资助，劳斯莱斯汽车公司和盖茨基金会是捐资最多的两家企业。

皮尤研究中心以公众观点、态度和行为的调查著称，有 60 余名研究人员和 40 名负责报告数字整理、图表设计等的专门人员，年经费 2 800 万美元左右，主要来自社会捐助。

二、经费使用

为了保持研究的独立性，国际智库对经费的来源控制和使用规则十分注意。

（1）资金来源多样并保持收支平衡。美国智库在发展早期就意识到在政策制定研究过程中必须有相对的独立性，因此在资金来源上也就有相应的考虑。布鲁金斯学会每年的预算收入有 65% 左右是来自民间的捐款，而来自政府部门的资金只占 3%～4%，这有助于学会长期保持无党派的独立立场。

布鲁金斯学会还非常注重收支平衡，使资金状况能够适应当前及长期研究项目的经费需求，并通过高效的基金管理运作，以确保各个研究项目的正常进行。兰德公司努力通过拥有不同性质客户的形式来保持其独立性。

（2）经费支持者不能干预研究题目和研究结论。美国非官方或半官方智库的资金绝大部分来自基金会、公司和个人的捐款,以及一些出版物收入和其他投资收入。但是,当智库把筹到的资金用于研究和教育活动时,这些捐助者没有权力对研究项目和研究结论进行干预。

而且,许多智库也进行少量的非保密的与政府签合同的研究,但它保留发表这些成果的权利。资助者,无论是官方还是企业,理论上都无法干预项目的观点和最后结论。

(3) 智库依托于政府又独立于政府。美国智库始终坚守的信条是保持学术独立性,认为这是智库生命力的来源。智库人士认为,自身要得到政府的重视,正是要有在这个领域的权威与公信力,而公信力来自于独立思考和客观判断。因此,许多美国智库尽管为政府部门提供建议并一定程度上接受政府资助,但靠着严格的内部管理和行业自律管理机制,保持了相当大的独立性。

(4) 智库管理方面,经营与研究分开。美国智库的日常运行遵循企业管理的方法,由总裁负责。在总裁之下,学会的构成分为行政管理和学术研究两大部分。研究部门和经营部门分开,一是有利于各司其职,提高效率,二是在经费使用方面能够最大限度区分研究经费和行政费用等杂费,对资金使用进行严格管理,将主要的经费用在项目研究上。

第二节　人员组织与架构

"小核心、大网络""网络平行组织"是现代智库机构的基础"生产关系"。现代智库要能够充分体现团队精神,其内部的上下级界限需淡化,没有权威、没有绝对的指挥或服从,只有在特定目标下多重角色的分工与共同的分担;与外部形成和谐的知识与利益分享。因此,智库多采用扁平化的组织结构,一般分为研究部门和行政管理部门两部分。行政管理部门基本包括人力资源部门、财务部门、外事、宣传部门等。研究部门多以研究领域或研究主题(常称为"项目组")为研究组织单元。

研究的组织方式,一是常设的研究部(Research Program)、研究中心;一是根据项目需求设立的课题组。通常研究部和研究中心为常设单元,课题组则是因某些临时性的任务而成立,课题结束后自动解散。

不过,智库作为独立存在的实体,其运转具体形态又依赖于所在国家的法律规定,并受政治体制、文化因素的影响。

一、各国智库管理架构

美国智库管理架构完整。智库大多设理事会作为决策保障机构，组织机构倾向于扁平化设置，为研究留足宽松的空间。例如，兰德公司的信托基金委员会单列，组织管理架构为：总裁兼首席执行官办公室、研究分析部、国际部、研究生院、对外事务部、财务与行政部、总法律顾问、人力资源部。

除了研究和行政管理之外，美国智库还十分重视组织与宣传工作。例如，美国对外关系委员会和美国传统基金会都实行了会员制。对外关系委员会走的是高端会员路线，目前委员会有 4 500 多名会员，包括前总统尼克松、克林顿等；传统基金会走的则是广泛撒网式的会员路线，只要接受其意识形态理念并缴费者均可成为会员。

欧洲智库依仗多元委员会进行管理和指导。随着欧盟的成立与发展，欧洲形成新的政治机制，以此为契机，一批以欧盟发展为服务对象的智库群体也成长起来，这些智库的管理机制根据其宗旨而各有不同。如位于比利时的布鲁塞尔欧洲与全球经济实验室（Bruegel），成员包括欧盟成员国政府、跨国公司和机构。它是根据比利时法律及公司章程所管辖的非营利性国际组织，董事会由一些直接选举产生的会员组成。

而英国皇家国际事务研究所作为女王赞助的研究机构，按研究所章程治理：三位总裁分别来自三个政党，这也反映出该机构强调非党派性与独立性；理事会成员从研究所会员中选出，在主席与执委会的领导下与财务委员会共同管理行政事务；另外设有高级顾问小组。

德国外交政策协会（DGAP）是一个独立、超党派和公益性质的对外政策机构，下设研究所、理事会、图书文献中心和《国际政治》杂志。其中，理事会除负责重大决策外，还注重吸纳会员，目前已有会员 2 500 多人。

法国可持续发展与国际关系研究所（IDDRI）成立于 2001 年，董事会由创始成员、独立成员与合格成员组成，负责研究所的重要决策，并设执行局负责执行。与此同时，法国内务部还指定专员列席董事会，以确保研究所的活动符合公共利益；此外，在世界范围内遴选的 13 名学者组成了科学委员会掌握其科学研究的方向，来自社会各阶层的 24 名成员构成顾问委员会，目的则是保证社会科学研究与研究所宗旨的相关性。

日本智库一般也设有理事会来把握大政方针。如三菱综合研究所的理事会成员由政界、商界和学界的名流组成，管理上则实行高度分权和尊重研究员个人创造性的体制，管理部门只负责组织专题研究，实行"课题小组负责制",定期商讨工作。再如,亚洲经济研究所设有"参议会"审议重大业务,设有"评议会"审议事业计划、资金预算,还设有"调查协议会"讨论课题立项等。从管理方式上可以看出,日本智库运作过程中的重大决策能够通过体现民主的理事会机制予以制定,而在具体的业务管理中则充分重视分权以保证研究的质量和专业性。

布鲁金斯学会的日常运行遵循企业管理的方法,由总裁负责。总裁是制定政策和执行政策的首席执行官,负责推荐研究项目,批准出版,挑选研究员。有三个机构支持他的工作,它们是行政办公室、总顾问办公室和总经理办公室。行政管理部门由 5 个部门组成,即财务部、运营部、联络部、发展部和出版社,每一个部门由一名副总裁掌管,并兼任该部门的总监或主任,直接对总裁负责。研究部门根据研究领域划分为 5 个部门,分别是外交政策、全球经济与发展、经济政策、城市政策和治理研究。每一个部门也由一名副总裁主管,并下设若干个研究中心。

二、研究人员结构

智库型人才与学院型人才有所不同,既要有扎实的理论功底,更要有很强的调查研究和对策研究能力,更注重培养科研人员形成研究特色,关注热点、难点问题,勇于钻研、敢于直言,发表具有重大现实意义的研究成果。智库型人才不仅应有较大的学术成就和一定的学术威望,更应善于把实践成果与理论建树创造性地相互转化,应有强烈的事业心和责任感,既具有开拓精神,又具有实事求是的精神。可以看出,智库需要有物质资源,例如必要的经费,以及办公和研究条件,但一个成功的智库最重要的资源是人才。智库的人才不在人数而在质量。它必须有两类人才:一是领导人才,二是研究人才。一个杰出的领导往往是智库成功的前提条件,通过他,不仅可以网罗一批杰出的专家学者,而且能够合理地调配各种资源,使其发挥最大作用。人才是智库的核心资产。

大多数智库认为严肃的研究和科学方法论是其研究工作的必要的条件,没有真正独立地自由地进行思考,就不可能产生真正有价值的思想,也就不可能成为有实际意义的智库;智库的业务工作必须是自主的、独立的,研究人员的思想必须是自由的。

"问题导向型研究"是西方智库的主要研究方式,这种研究方式决定了智库研究队伍必然是围绕核心科研人员组建项目小组开展专题性研究。智库研究人员来源广泛、专业结构合理,尤其鼓励流动性。智库在资金来源上虽然依靠大财团的资助,但通常在管理上实行高度分权和尊重研究人员个人创造性的体制,管理部门只负责组织专题研究,实行"课题小组负责制",保持研究工作的独立进行。

国际知名智库的研究人员一般包括3类:一是以知名学者为主体的常驻研究人员,二是外部的客座研究员,三是多种类型的访问研究人员。比如,美国一流智库的专家团队既包括专职专家又包括针对课题聘请的专家顾问等,这些专家既有来自于知名大学、研究机构的学者,又有换届选举产生的暂离政府职位的政府官员,他们共同组成了一个跨学科的、学术特征与政策特征并存的专家团队,这些专家团队提供的专家知识构成了智库富有竞争力的强大资源。

一般来说高级研究人员是智库的主体。智库的高级研究人员要在某一专业领域浸淫多年,具有较高造诣,对该领域的国内外研究进展有清醒的认识和把握,对问题的发展趋势有较为准确的预测,并且能够对某一问题进行长期跟踪研究,以便为领导决策或者社会实践提供超前的思路。为了保证研究工作的效率,智库非常重视高级研究人员与研究助理的合理配置,即围绕某一专业研究课题或者研究领域组成一个专业化研究团队,由一两位资深专业人士作为团队核心,以数名科研骨干担任科研组织领导,并由多位科研助理或者科研辅助人员提供必要的科研或者技术支持。如在美国布鲁金斯学会,高级研究员与辅助人员(包括秘书和研究助手等)的比例为1∶2;在胡佛研究所,这一比例更高达1∶2.5。

美国的布鲁金斯学会的管理机构是一个理事会,负责布鲁金斯学会总的管理,理事会成员由非常优秀的商业领袖、学者、前政府官员和社团领袖组成,任期3年,每年例行会面3次,理事会负责认定学会的研究范围和确保本机构成员工作的独立性。布鲁金斯学会对研究人员的要求极高,一般要达到3个标准:是所在领域的"学术领头羊",具有前瞻性视野,在公共领域有影响力。其录用过程和学术标准与哈佛、耶鲁大学等顶尖高校极为接近。学会现有高级研究员100名,研究人员助手100名,普通研究员20名。

其他一些美国大型智库,无论是财团斥巨资建立的卡内基国际和平基金会,还是政府部门资助成立的兰德公司、国会研究部,抑或是社会名流倡议设立的传统基金会、卡特中心,其在体制上是独立于政府和财团权力控制之外的,"独善其身"仍是其自立的最后屏障。其在科研组织上,一般采取项目小组的方式开展研究,并注重与政府机构、大学以及其他社会组织建立密切的联系,常常通过引进访问学者、召开专题研讨会等方式为研究带来活力,拓展智库的研究视野,增强其自身研究实力。如美国兰德公司在人才管理方面采用学部与研究单元的矩阵模式(图 23)。

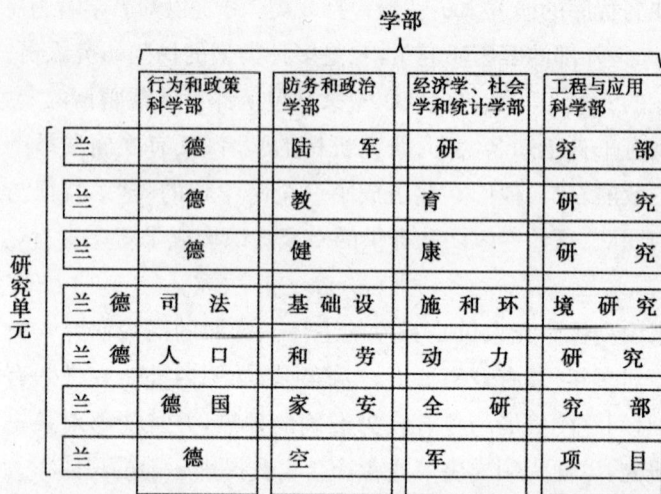

图 23　兰德公司矩阵式管理架构示意图

　　兰德公司的学部主要有以下几项职能:① 负责对研究者的行政管理,保证研究者的质量,如进行人员的招聘、考核、提拔等;② 参与对研究项目的审查和质量控制,如审查课题安排、研究进度和经费开支等;③ 负责本领域内的学科建设和人才培养;④ 在学部架构下设置跨学部的研究方法中心,促进跨学科的创新方法共享和应用。

　　矩阵的另一个维度是按照研究项目或应用领域分为不同的研究单元,每个研究单元可能来自不同的资助者,并有对应的研究内容,其下可能会再细分为不同的研究中心、研究部或子项目。研究项目的经费由研究单元内的项目负责人(Project Leader)负责。这种矩阵模式将"行政事务"和"研究工作"有效区分,将人力资源、财务管理和项目管理有效协调,让基础研究和应用研究有效互补。

　　再例如胡佛研究所,其主体人员基本上可以分为 3 类:一是以知名学者为主体的常驻研究人员,二是多类型的访问研究人员,三是以项目管理、技术支持、媒体联系、图书档案管理专业人士为主体的辅助人员。这 3 类人员的比例基本上为 1:1:1。

　　日本科学技术与学术政策研究所(NISTEP)自 2005 年以来定编研究人

员数量一直保持在 50 人左右(2005 年至 2013 年,研究人员在 47 和 54 人之间变化)。虽然 NISTEP 是一个小型智库,但通过与其他机构的合作,聘用客座研究人员数量较多,保持在 100 名左右(变化在 96 和 122 人之间,其中,国际客座研究人员为 2~6 人)。定编人员与聘用人员的比例约为 1∶2。

在人才组织上,欧美智库基本上都是吸引熟悉或者了解政府政策制定过程、具有高水平研究能力的成熟人才,一般很少直接接收刚毕业的研究生等"青椒"人才作为固定研究人员,研究生等只是作为短期实习人员使用。

第三节　智库影响力输出

影响力是指行动主体通过自己与其他主体的交互活动过程影响和改变他人的思想和行动的能力。智库研究的目的就是"为决策者提供政策建议和决策咨询,通过各种研究成果和公共媒体影响公共政策的制定和社会舆论"。因此,智库的影响力就是智库在其社会交往过程中影响和改变其他主体思考、判断、决策和行动的能力。

埃布尔森(Abelson)指出,智库的所有行为都围绕着推广其知识产品从而实现影响力的最大化而展开[①]。在智库的各种行为过程中,核心就是通过各种途径向政策的制定者、决策者、资助者、媒体、精英阶层和社会公众宣传自己的观点、主张和制度设计等。

总的说来,智库的影响力输出大致有 3 种路径:

一是高端国际品牌打造——国际活动、国会听证、国会简报、国际话语,"查塔姆原则";

二是创新的研究组织机制——严格把控招募人员的质量,善于使用非正式人员,与世界名校建立紧密的合作关系;

三是强大的生态塑造能力——与政界、商界、媒体、学术界、非政府组织等机构建立密切的合作关系,以出版物和新媒体的形式,通过短期间接、短期直接、长期直接、长期间接的宣传,建立广泛的国际影响力,并吸引大量的人才。

以英国皇家国际事务研究所为例,其具有创新的人才培养机制,大量活动的举办、会议的召开、知名学术期刊的发行,为研究所的人才培育提供了沃

---

① 唐纳德·E.埃布尔森.智库能发挥作用吗?[M].扈喜林,译.上海:上海社会科学院出版社,2010.

土。女王伊丽莎白二世学院的创立,及各种不同层次、适用于不同人才的培训课程的开展,夯实了研究所成为国际知名的智库人才培育基地的基础。

再如罗马俱乐部的影响力扩散政策有着极为清晰的逻辑路径,见图 24。2013 年罗马俱乐部获批的年度预算总额为 140 万~190 万,其中用于拓展交流的资金相当可观。对资金使用的详细解释见表 12。

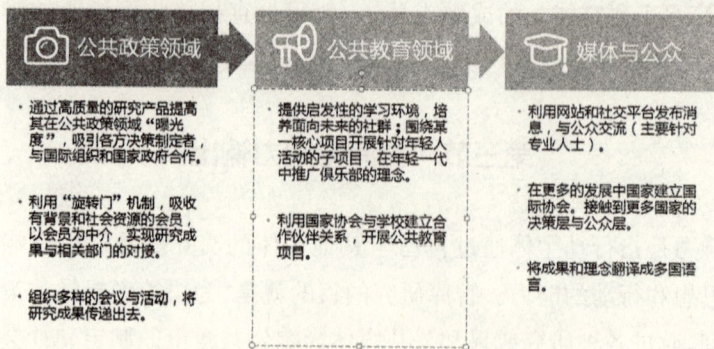

图 24   罗马俱乐部的影响力扩散政策

表 12   2013 年罗马俱乐部用于拓展交流的资金项目

拓展交流活动	项　　　目
改变进程计划	"新经济"
年度大会(渥太华 2013)	MAVA 化境项目
青年活动	能源"脱钩"(decoupling)项目
政策讨论	未来农业和食品政策
拓展活动	其他(机动)

当然,智库的直接影响力,体现在智库产品在被决策机构采纳的程度以及对政策形成的影响程度上;智库的间接影响力,表现在智库影响的政策所产生的后续政治、经济、社会效应上。智库影响力的大小取决于其产品中的观点、判断、方法、理论、策略等要素在实践检验中所表现出来的前瞻性、准确性、客观性、合理性、可行性等优秀品质。国外知名智库通过各种途径将其大量研究成果、对策和建议转变成为国家战略、政策甚至是立法,引导公众选择自己的政策倡议,凸显其影响力。表面上看,智库的影响力是其产品或成果被政府机构、其他公私组织以及社会公众的认可和接纳程度,但在本质上来说,是智库各种能力的综合体现。

以罗马俱乐部为例,作为一个没有政府背景的非政府组织(NGO),其俱乐部成员都是由前任成员选拔的,特别重视选拔对象的中立性。一旦某会员成为某国政府的高级官员,其会员资格将自动进入休眠状态,以保证会员不受政治经济利益以及意识形态影响。其明确规定资助人不得干预资金使用,资金的筹集和使用均公开。会员大会不能够对具体题目作出规定,只提供议题框架。会员与国家协会可根据兴趣和需求提出申请。因此,其影响力的产生和扩散主要来自其学术成果。通过高质量的研究成果,传递价值理念,促使政府和国际社会制定决策,由此产生社会影响和舆论导向。1972年的《增长的极限》产生了国际性的影响,1992年出版了《超越极限》,2004年出版《增长的极限:30年后的更新》,2011年出版《增长的极限之修正》,2012年出版《2052:未来40年全球预测新报告》。从中可以清晰地看出罗马俱乐部采取跟踪式研究,结合每一时期调整更新结论,锁定读者,深入发掘研究价值及其可能产生的社会价值和历史价值(图25)。

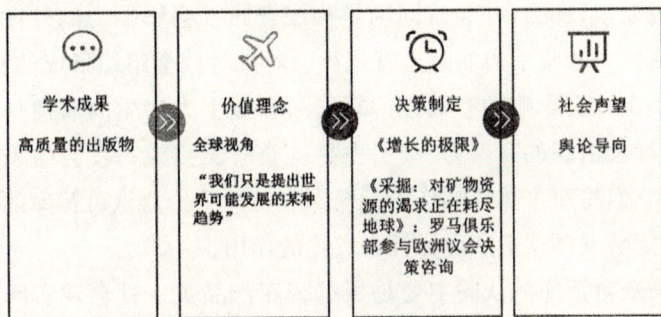

图25　罗马俱乐部的发展理念

美国的兰德公司更多地利用出版物和媒体宣传思想主张,提高社会影响力。兰德擅用多种渠道宣传舆论,影响公众认知。如定期邀请民众赴总部参观,近距离了解兰德;利用脸谱、推特等新媒体推销理念;每年向社会各界作数百次报告,扩大社会影响;通过出版物、网站等,为公众提供了解复杂议项机会;宣传获得诺贝尔奖的"明星"研究人员,提高声望。通过为政府决策层输送人才,提高决策影响力。兰德通过"旋转门"机制,直接将自己的研究人员"送入政府",达到影响决策的目的。

智库社会影响力的内在基础是智库的理论产品。智库主要是通过其政策方案和理论观点的社会吸引力和社会认同实现其对社会生活的影响。智库在对重大社会现实问题进行深入系统调查研究的基础上,提出相应的理论观点和政策方案,并通过智库一系列理论产品的传播,影响社会公众对社会现实问题的认知和态度,从而塑造和引导社会舆论的发展方向。换言之,智库对社会重大现实问题的理论反应,在得到社会公众的认同和支持的基础上,能够获得相应的社会资源并影响这些社会资源及其配置格局,进而广泛、深刻地影响社会生活。

从深层次上看,智库社会影响力的内在基础就在于智库政策方案、思想主张和理论观点的公益性、前瞻性和独立性,在于智库通过其理论产品所体现的价值理念和社会责任意识。智库社会影响力的大小,在根本上取决于智库自身所选择和维护的价值理念和政策方案及其所代表的社会公共利益的吸引力。智库理论产品所坚持的价值理念和社会公益能在多大范围及多大程度上整合社会公众群体,决定了智库所具有的社会民意基础,从而决定了智库的社会影响力的广泛程度。

如果说智库理论产品的理论性和专业性,构成了智库社会影响力的内在基础和主观要素,那么,社会认同则是构成智库社会影响力的外在依据。社会组织的凝聚力和吸引力实际上就是社会对象对社会组织形成的社会认同,它们直接决定社会影响的有效性。凝聚力和吸引力产生的前提是客体对主体的认同,社会组织的凝聚力、吸引力是社会对象完成对社会组织评价后的产物,意味它们将对主体影响作出积极回应。社会公众认可智库的观点和主张,智库就能够发挥塑造和引导社会舆论的作用。

社会公众对智库的认同主要是根据智库产品关于社会现实问题的理论产品。社会公众对智库提出的思想观点、政策主张、规划方案等理论产品的认同程度,是智库发挥社会影响力的主要社会基础。而且,社会公众对智库的认同程度也是智库社会知名度和社会声誉的基础。智库社会影响力与智库的社会知名度和社会声誉密切相关,社会公众信任和认同智库的观点主张,智库就能够引导社会舆论的发展方向。因此,智库的社会声誉一旦受损,失去社会公众的尊重和信任,智库的社会影响力就将大大削弱。

塑造和引导社会舆论是智库社会影响力最直观的表现形式,反映了智库对社会思想引导和动员整合能力,与智库话题设置能力和话语权的大小密切相关。智库作为现代社会的重要社会组织,凭借其专业权威和价值中立的特质,直接或间接地参与社会公共政策的形成和决策过程,对国家和社会的长远发展具有深远的意义。因此,智库在重大社会现实问题上的立场和见解,不仅对政府决策具有重要影响,而且对社会公众在有关问题上的认识具有特殊的作用。

智库对社会重大现实问题的理论反应,作为一种政策思路和选择方案,实际上成为政府部门和利益集团之外对社会公众舆论的理性回应。智库立场和社会舆论交流沟通的互动过程,一方面有利于社会民意的表达和传递,同时也有助于纠正社会公众舆论中存在的短视性和片面性。智库基于专业性、独立性和前瞻性之上的立场和观点,相对容易获得社会公众的信任和认同,从而实现智库塑造和引导社会舆论的作用。

根据传播学理论,理论产品的社会影响力大小,不仅取决于产品的内容和质量,而且还与理论产品的传播方式和能力密切相关。传播渠道和机制是智库发挥和实现社会影响力的重要手段和方式,发达顺畅的传播渠道和传导机制能够为智库发挥社会影响力提供宽广的平台,从而有效地扩大智库理论产品的传播规模和宣传效应。因此,智库的传播机制和能力是构成智库社会影响力的重要因素。

智库除了有效利用自身主办的专业性、学术性的期刊的社会传播作用,还应该积极利用现代社会为智库理论产品的传播推广所提供的一系列重要平台和机制,其中包括报纸、电视、互联网等大众传媒工具。智库应该将大众传播工具作为自己宣传和推广智库产品的宣传平台,让这些现代传媒工具参与智库的理论产品的传播和宣传。而且,智库在立足提升理论产品的质量基础上,必须注重对自己的智库理论产品进行必要和有效的包装,通过一定的形式向社会进行宣传推广,否则一些有价值的理论产品就有可能淹没在信息爆炸时代。

简而言之,智库社会影响力是智库内在能力和品质在社会层面的运用和表现。智库社会影响力的主要载体是智库在对有关社会现实问题进行深入系统研究基础上形成的思想主张、政策方案等智力产品,通过一定的传播渠道和机制作用于其他社会行为体。其他社会行为体在与智库的社会互动中,形成对智库功能、角色和作用的一种社会建构,进而形成对智库的评价与认识。智库社会形象在这种社会评价和认知建构过程中得以确立,智库社会形象是智库社会影响力的外在表现,也反映了其他社会行为体对智库及其智力产品的社会认同程度①。

一、创新成果和思想的学术传播

智库是由专家学者和知识分子组成的研究机构,其创新能力的高低直接决定着智库成果的质量及其影响力。智库成功的基础是要持续不断地生产出符合社会发展趋势、能够解决经济社会中重大战略问题的新思想、新观点、新理论和新知识。智库的学术影响力主要是通过成果发表、人才培养等途径培育而成。美国兰德公司以高水平的研究成果和独创的见解著称于世,被称为"兰德学派"。

兰德公司自成立以来已发表研究报告 20 000 多篇,在期刊上发表论文 3 100 篇,出版书籍近 200 部。在每年 300 多篇的研究报告中,95％是公开的,其余 5％的保密报告也会随着时间推移而不断解密。这些研究成果是其成为一流智库学术影响力的根基和重要载体。兰德公司为美国政府、军队及企业界提供了广泛的决策咨询服务,并以问题诊断的准确性、权威性而享誉全球。同时,兰德公司还为美国政府和学术界培养了大量开拓性的创新型人才。

英国查塔姆研究所认为,一流的报告、论文、书籍和其他研究产品是政府领导者和决策者、私有部门和公民组织的重要资源,因此其每年通过出版图书、专题小册子、研究论文、政策简报和国际研究刊物为会员和政策决策部门服务。查塔姆研究所出版 2 种期刊:*International Affairs*,*The World Today*。*International Affairs* 是英国国际关系研究方面的顶级期刊。

二、面向决策机构的靶向输出

靶向传播是智库影响力输出的直接渠道,意味着思想产品是按照从智库到决策者的路径进行传播,表现形式诸如通过内参的途径向决策者直接建言、通过参加"两会"提交议案、吸收决策者参加课题的研究、参加决策者组织召开的咨询会议等。

英国皇家国际事务研究所通过发布政府简报、举办高级别圆桌会议、在议会委员会提供证词、建立"媒体每日报送"制度及时发布研究成果等方式,为全球决策者提供决策意见。

三、大众传播与新媒体舆论传播

随着智库的新思想、新观点、新理论和新知识逐步被学术圈所认可和接受,智库和学术界还会通过各路媒体和网络把这些创新成果介绍给社会普通民众和政府官员。20 世纪 90 年代以来,随着信息传播的全球化、网络化发展和智库之间竞争的日趋激烈,欧美智库逐渐加强传播其研究成果的力度,采取多种方式和渠道影响社会舆论,从而引导社会思潮,以此对政府部门的公共决策施加影响。

美国思想库采取的主要传播方式有人际传播、组织传播和大众传播 3 种,其中人际传播有助于智库的研究成果直接影响决策者,组织传播和大众传播担负着议程设置和塑造公共舆论的作用,从而间接影响决策者。这 3 种传播方式大都同时采用,相互补充,相互促进。

借助议题设置充分利用新闻传媒来引导社会舆论是欧美智库发挥社会影响力的重要途径。议题设置是指新闻传媒经过精心策划,突出报道某些包含深意的事实、事件,使之成为公众议论的焦点。1972 年,麦库姆斯和唐纳德·肖最早提出了议题设置理论。议题设置理论认为:通过反复播出某类新闻报道,强化该议题在公众心目中的重要程度。大众传媒只要对某些问题予以重视,为公众安排议事日程,那么就能影响公众舆论。传媒的新闻报道和信息传达活动以赋予各种议题不同程度的显著性的方式,影响着人们的对周围世界的大事及其重要性的判断。虽然大众传播媒介不能直接决定人们怎样思考,也不能决定人们对某一事件或意见的具体看法,但可以通过提供信息和安排相关的议题来有效地左右人们关注某些事实和意见以及他们议论的先后顺序,帮助人们确定哪些问题是最重要的。当大众传播媒介大量、集中报道某个问题或事件,受众也就会关注、谈论这些问题或事件。

智库基于自己的专业权威和价值中立的特质,就社会发展的重大现实问题或战略问题提出自己的立场和见解,其政策思路或选择方案就成为媒体和社会关注的重点议题。智库学者通过媒体发表见解、文章,解读自己对重点议题的看法,回应社会公众的质疑。同时欧美智库还及时召开例行新闻发布会和定期的媒体吹风会。在智库观点、见解和社会舆论交流沟通的互动过程中,实现了社会民意的利益表达和传递,纠正了社会舆论中存在的短视、片面或偏激的观点,经过进一步修正的政策方案会更容易得到社会一致的认同,形成有利于其政策被决策者采纳的社会舆论,从而间接影响政府的公共决策。

此外,召开各种形式的会议、讲座和举办研究班也是欧美智库发挥社会影响力的重要渠道。欧美智库会经常召开大大小小的各种讨论会、专题研讨会、纪念会、报告会、培训班、讲座和答谢午宴等活动,邀请相关专家、政府官员、新闻记者、工商界人士、社会公众等参加。例如布鲁金斯学会每年在各地召开 100 多次研讨会,加强与各界、各领域专家的联系。美国对外关系委员会每年不定期举办全国性的大型研讨会,开展全国读书俱乐部系列活动,并积极邀请地方媒体宣传报道。英国国际战略研究所(IISS)比较注重举办各种论坛,目前其举办的 IISS 安全峰会已成为众多国家首脑、外交部长、国防部长和高层官员讨论政策的平台,香格里拉对话自从 2002 年在新加坡推出后已经获得了"军事达沃斯"的美誉,"麦纳麦对话"则在中东地区发挥着类似的影响力。

第四节　卡内基国际和平基金会的运营

卡内基国际和平基金会(又称卡内基国际和平研究院)创立于 1910 年,是美国历史最悠久的国际事务智库,以卓越的学识、积极应对不断变化的全球环境以及致力于改进公共政策而闻名于世。2016 年,卡内基基金会在全球智库排名中居第五位,且近年来排序始终保持稳定(图 26)。

Top Think Tanks Worldwide (U.S. and non-U.S.) Table 3
1. Brookings Institution (United States)
2. Chatham House (United Kingdom)
3. French Institute of International Relations (IFRI) (France)
4. Center for Strategic and International Studies (CSIS) (United States)
5. Carnegie Endowment for International Peace (United States)
6. Bruegel (Belgium)
7. RAND Corporation (United States)
8. Woodrow Wilson International Center for Scholars (United States)
9. Fundacao Getulio Vargas (FGV)
10. Council on Foreign Relations (CFR) (United States)
11. Cato Institute (United States)
12. Heritage Foundation (United States)
13. International Institute for Strategic Studies (IISS) (United Kingdom)
14. Center for American Progress (CAP) (United States)
15. Japan Institute of International Affairs (JIIA) (Japan)
16. Konrad Adenauer Foundation (KAS) (Germany)
17. Friedrich Ebert Foundation (FES) (Germany)
18. German Institute for International and Security Affairs (SWP) (Germany)
19. Fraser Institute (Canada)
20. Peterson Institute for International Economics (PIIE) (United States)

图 26　2016 年全球智库排名

一、发展历史

1910 年,安德鲁·卡内基捐赠个人财富中的 1 000 万美元创立卡内基国际和平基金会,并赋予其使命:"加速废止战争,这个强加在我们文明之上最肮脏的污点。"美国第一个国际事务智库就此诞生。[①]

1910 年 12 月,卡内基邀请政商界的领袖组成理事会,赋予理事会成员最广泛的自由裁定权来决定基金会采取何种措施和政策促进世界和平事业发展。基金会总部位于华盛顿特区,成立之初主要关注国际仲裁。1923 年 7 月,基金会的项目之一海牙国际法学院在海牙和平宫正式成立。1925 年,尼古拉斯·默里·巴特勒接任伊莱休成为基金会总裁。他曾参与《白里安·凯洛格非战公约》,并于 1931 年获得诺贝尔和平奖。1945 年 4 月,基金会经济和历史部主任詹姆斯·绍特维尔担任旧金山会议美国代表团的半官方顾问团团长,参与起草《联合国宪章》。作为团长,绍特维尔敦促建立联合国人权委员会,此后联合国人权委员会成立发展至今。

1963 年,基金会重新调整国际法项目,旨在解决新出现的国际问题:国际组织逐渐凸显重要性和影响力;促进生产新战争武器的技术革命兴起;共产主义不断传播;新成立的独立国家不断增加;经济活动新形势带来挑战,包括全球合作和政府间协作。该项目最终促成了关注联合国的纽约研究组和日内瓦欧洲中心的国际组织研究组的成立。

1978 年春天,基金会获得《外交政策》期刊的拥有权。此后的 30 年间,基金会将该期刊从季刊发展为半月刊,内容涵盖全球化和国际政策。2008 年,该期刊被《华盛顿邮报》收购。基金会在 20 世纪 80 年代见证了国际事务的蓬勃发展,同时培养、扶持众多新生力量,其中包括美国的德国马歇尔基金会、武器控制协会、史汀生中心、国际危机组织、移民政策研究所。1991 年,基金会的研究重点放在后苏联时期的俄罗斯上。1994 年基金会设立卡内基莫斯科中心。1997 年,杰西卡·马修斯加入基金会成为第八任总裁。在她的领导下,卡内基的目标是成为第一个多国/全球智库。2000 年,杰西卡宣布创立由德米特里领导的移民政策研究所,这是第一个关注国际移民问题的独立智库。

二、管理架构

基金会的领导机构是理事会,目前共有 29 名理事,由政治界、商界、学界等各领域杰出人士组成,理事会的职责是支持基金会在全球开展各种项目并保障基金会的独立性。理事会现任主席由戈登和贝蒂·摩尔基金会总裁哈维·芬伯格担任。基金会的执行机构实行总裁责任制,总裁领导基金会管理

[①]　栾瑞英. 卡内基国际和平基金会的运行机制与发展动态[J]. 智库理论与实践,2016(3).

团队开展工作。基金会现任总裁是威廉·伯恩斯。他是美国历史上第二位最后成为副国务卿的外交官。

在总裁责任制的管理架构下,基金会建立了高效的管理团队。目前,设有一位执行副总裁兼秘书长以及7位副总裁,各自负责相应部门。这些部门主要分为研究部、交流和战略部以及行政部。

具体而言,研究部根据基金会研究领域的实际需求设立亚洲、民主和法治、能源和气候、欧洲、中东、核政策、俄罗斯和欧亚大陆、南亚研究项目,在每个项目中设有数量不等的研究人员。副总裁道格拉斯·帕尔负责亚洲项目,副总裁托马斯·卡罗瑟斯负责民主和法治、能源和气候、欧洲项目,副总裁马尔旺·马沙尔负责中东项目,副总裁乔治·佩尔科维奇负责核政策和南亚项目,副总裁安德鲁·维斯负责俄罗斯和欧亚大陆项目。交流和战略部由副总裁汤姆·卡弗负责。行政部则由执行副总裁兼秘书长保罗·巴拉德兰负责。行政部具体包括财政部门、人力资源和行政管理部门、发展部门、交流部门、信息技术部门和图书馆。这些行政部门为研究部、交流和战略部提供支持和服务。

三、组织结构

创立之初,基金会设立3个部门。它们的目标分别是:研究战争起因和后果;促进国际间相互理解和合作;协助制定国际法和解决国际争端。这些研究部门设置与基金会的研究领域——国际事务高度统一。随着国际形势的变化,国内外出现各种新问题和新挑战,基金会根据新的形势调整布局,逐渐形成如今全球化的发展模式。2006年,基金会制订了革命性计划——建立第一个全球智库。此后,它从一个具有百年历史的美国机构转型为充分准备应对全球挑战的全球智库。

如今,基金会已在华盛顿、北京、贝鲁特、布鲁塞尔、莫斯科、新德里设立研究中心(表13)。这个全球网络由基金会国际理事会监管,而它的研究活动则受基金会全球管理组监督。在这种全球化发展模式的驱动下,基金会在全球20个国家拥有超过100位专家。每个中心的专家都来自本地,同时用本地语言写作,基金会通过各种措施保障全球各地的专家展开研究时具有最大的独立性和自由。此外,各中心专家与全球同事紧密合作,旨在深入理解影响全球政策选择的环境以及为解决政策性问题提供一系列新方法。

表 13　六个研究中心

研究中心名称	简　　介
华盛顿总部	研究涉及的国家和地区包括美洲、东南亚、高加索、俄罗斯、北非、中亚、西欧、东欧、中东、撒哈拉非洲、东亚、南亚 关注主题有气候和能源;民主和治理;核武器;防御和安全;经济;政治改革;外交政策;社会和文化;全球治理;技术等 根据这些主题,总部创立 8 大项目,由基金会 7 位副总裁负责;2015年,基金会还增设了由访问学者大卫·罗斯科夫负责的"美国在世界中的作用"项目。在这 9 大项目之下,基金会华盛顿总部根据近几年国内外形势变化,创建了 16 个研究计划
北京—卡内基清华全球政策中心	卡内基清华全球政策中心吸纳来自中国和世界各地的主要政策专家和实践者参与合作对话和研究。该中心下设咨询委员会,由来自中国政界、商界和学界的精英组成,中心也是卡内基国际和平基金会亚洲项目的一部分,该项目就亚太地区经济、安全和政治发展问题为政策制定者提供清晰准确的分析 该中心关注主题包括国际经济和贸易、能源和环境变化、防扩散与军备控制、朝鲜安全威胁、伊朗、南亚和中东。基于这些主题,该中心创建 10 个研究项目,包括中国新外交、中国和南亚、中国和发展中国家、中国军备控制和战略稳定、中国—欧盟关系、中国—北约对话系列、能源和气候变化、全球商业和经济、中国崛起的启示、美中关系
贝鲁特—卡内基中东中心	卡内基中东中心是设立于黎巴嫩贝鲁特的独立政策研究中心,也是卡内基国际和平基金会的一部分。该中心针对中东和北非所面对的政治、社会经济和安全问题提供深入分析。下设的咨询委员会,由来自中东国家的政界、商界、专家和公民社会领域的国内外杰出领导者构成 卡内基中东中心研究所覆盖的国家和地区包括埃及、海湾地区、地中海东部地区、马格利布、非阿拉伯国家(伊朗、以色列、土耳其),关注主题包括教育改革、中东经济、中东政治(阿拉伯政治、伊朗政治、土耳其政治)、安全部门
布鲁塞尔—卡内基欧洲中心	成立于 2007 年,已经成为布鲁塞尔欧洲外交政策分析的可靠来源,话题范围包括土耳其、中东、东部邻国、安全和防御。卡内基欧洲中心就欧盟及其成员国所面临的战略问题提出独具深度的分析以及全面、严谨的政策建议 该中心研究所覆盖的国家和地区包括美国、亚洲、欧洲(白俄罗斯、法国、德国、摩尔多瓦、波兰、土耳其、乌克兰、英国)、俄罗斯和高加索地区、中东和北非。关注主题包括欧盟政治(欧盟一体化、经济和贸易、能源、移民)、欧洲东部邻国、欧洲外交政策、欧洲安全和防御(网络安全、跨大西洋安全)、欧洲南部邻国、土耳其改革

研究中心名称	简　介
莫斯科—卡内基莫斯科中心	卡内基莫斯科中心是分析俄罗斯和原苏联其他各国的主要阵地,以俄语和英语发表研究成果。该中心关注主题包括亚太安全、腐败、经济危机、能源安全、伊朗核问题、韩国难题、中东和中亚、新冷战、新东欧、普京执政理念、俄罗斯意识形态、为乌克兰而斗争、高加索地区的战争与和平、尤科斯事件。基于这些主题,卡内基莫斯科中心创建7大项目,包括经济政策、外交和安全政策、防扩散、宗教社会和安全、亚太地区的俄罗斯、俄罗斯国内政治和政治机构、社会和地区。该中心的学者拥有多元化的学科背景
新德里—卡内基印度中心	卡内基印度中心对国家、地区和全球关键问题展开高质量公共政策研究。该中心于2016年4月在新德里建立。像卡内基位于北京、贝鲁特、布鲁塞尔、莫斯科和华盛顿中心一样,卡内基印度中心的职员和领导全部是本地专家,与世界各地同事展开广泛合作该中心的研究和项目重点包括政治经济改革、外交和安全政策、印度内部转型和国际关系方面创新和技术所发挥的作用。研究覆盖的国家和地区主要包括南亚(阿富汗、印度、巴基斯坦)、美国。关注主题包括国内政治、经济、外交政策、技术。此外,该中心重视培养青年领导者和未来的印度学者

四、财务状况

基金会的财政收入呈现多元化特点,其中,投资收入占基金会总收入的47%,捐赠占基金会总收入的43%,而其余的10%收入由租金收入、项目收入、会议中心租赁收入、出版收入和其他收入组成。这种主次分明的多元化收入结构为基金会运营提供了坚实的经济基础和可靠的物质保障。

基金会财政支出也呈现多元化特点,其中,工资支出占总支出的43%,薪资税和员工福利占总支出的14%,换言之,与员工福利相关的支出占总支出的一半以上,可见基金会对员工的重视。而比较完善的福利待遇可以让员工,尤其是研究人员,更加专注于研究,从而提高工作效率,促进研究成果的产出。

五、基金会的相关作为

(一)建立全球化视角

纵观基金会107年的历史,它一直追求安德鲁·卡内基的高尚目标,不断通过独立、无党派和与政策相关的研究为减少世界冲突寻找解决方案。随着全球不断呈现无序化趋势,基金会将目标设定为了解世界上正在推进的发展,同时为解决最重要的国际挑战提供方案。基于这样的目标,基金会致力于建立全球化视角：在全球拥有 6 个政策中心，以 4 种主要语言发行出版物。

（二）关注影响，重视质量

基金会不仅仅通过推特等社交工具、媒体点击或网上点击率测量报告的影响力，更重视想法的质量、反响和生命周期。其目标是持续关注长期趋势及其影响，而不是记录政治舞台上每天上演的权谋斗争中的胜负。基金会 6 大全球政策研究中心根据各自地区的局势变化和现实需求设立研究项目，同时对与项目相关的信息进行长期跟踪扫描和监测。此外，本地相关专家会定期发表高质量报告，汇报项目最新进展。

（三）辅助政治决策

基金会采用各种措施分享学术成果并辅助政治决策。一些项目通过不同的媒体公开运作，一些则需要通过非公开的咨询和会议运作。此外，基金会成功说服世界核电公司推行相关行为准则，进而减少民用核项目用于军事目的的风险。同时，基金会与国际专家合作设计防火墙以帮助政府区分核技术的和平与非和平用途。在亚太地区，基金会制定危机管理方案并提出五角大楼和中国人民解放军之间的信任建设措施。

第九章   智库保障体系

近年来,我国政府决策更加科学化和民主化,基本建立了决策咨询制度。国务院各部委及各级地方政府大多成立专家咨询委员会,建立相应决策领域的专家库,并制定专家咨询委员会工作制度(条例),规范了决策咨询的适用范围、工作程序、咨询形式、激励机制等。智库专家在一些公共政策制定中的作用也日益明显,但社会对智库的重视更多还是领导人的重视,相应的制度化安排不够健全,智库发展保障体系仍然存在很多问题,亟待进行统一布局、完善,为我国智库健康、可持续发展提供全方位体制机制保障。

第一节   制度保障

在欧美等西方国家,咨询已成为公共决策过程的法定程序,政府项目的论证、运作等各阶段都必须有不同的咨询报告。德国在其联邦行政程序法中明确规定政府公共决策中的一切公开项目都必须公之于众,以招标形式委托咨询机构进行预测和评估,咨询的结果在由政府部门组成的专家顾问委员会审核通过后方能实施。该法还设专节对咨询委员会作了相应的规定,从法律上为决策咨询提供了制度保障。在一些国家法律对官方智库的设立也制定了相关条款,这种法定的身份使得智库的咨询功能既是权利也是义务,从而大大提高了智库研究和提供咨询的积极性。

在美国,咨询是政府决策过程中的法定程序,政府项目的运作与论证等各个阶段都必须要有不同的咨询报告为参考;日本自从 20 世纪 50 年代以来,先后制定了《中小企业指导法》《中小企业诊断实施纲要》《企业合理化》《综合研究开发机构法》等一系列的法律、法规,为智库协调、有序的发展提供法律支持。

一、知情权与政府信息的公开

随着知识经济与数字信息时代的到来,知情权日益成为公民的基本权利或首要人权。公民的知情权及相应的政府说明义务,构成了政府信息公开政策的法理基础。毫无疑问,政府是巨大的信息情报源之一。如果政府不承担信息公开义务,那么普通公民显然无法真正享有与充分利用由全体公民创造并提供,且属于全民与社会所有的信息情报资源。只有政府实行数据信息开放,切实承担起信息情报公开义务,才能使公民的知情权得以实现。

在 1946 年联合国大会通过的第 59 号决议中,知情权被宣布为基本人权之一。知情权有广义和狭义之分。广义的知情权是指寻求、接受和传递信息的自由,对象既包括官方的消息、情报和信息,也包括非官方的消息、情报或信息。狭义的知情权主要指获取官方的信息、数据的权利。尔后,知情权又在 1948 年的《世界人权宣言》中得到确认。该宣言第 19 条规定:人人享有通过任何媒介寻求、接受和传递信息的自由。各国法律及国际人权组织对知情权的规定有不同程度的差别,但是,知情权作为一项基本人权已经得到当代世界法律界的普遍认可。目前,知情权至少包括以下三方面:一是知政权,即公民依法享有知道国家活动、了解国家事务的权利,国家机关及其工作人员有依法向公民和社会公开自己活动的义务。二是社会知情权,公众有权了解社会的发展和变化。三是对个人信息的知情权,即公民有权获悉有关自己各方面的情况。知情权是公民行使宪法所规定的一项基本权利,它肯定了公民和其他组织对政府决策、管理活动的广泛参与,从某种意义上讲,是公民诸多权利的核心。

所谓政府信息的公开,是指政府机构通过多种方式公开其政务活动,公开有利于公民实现其权利的信息资源,允许用户通过查询、阅览、复制、下载、摘录、收听、观看等形式,依法利用各级政府部门所控制的信息。众多发达国家、地区和国际组织在政府信息公开方面进行相关立法,其中最具有代表性的法律是美国的《阳光下的政府法》(*Government in the Sunshine Act of 1976*)。该法"赋予公众取得关于联邦政府决策过程中的最充分的可以使用的信息的权利",同时"保护个人的权利和政府履行职责的能力"。依据该法,公众可以观察政府会议的进程,取得会议的文件和信息。其实,在此之前美国已经制定了《联邦咨询委员会法》(*The Federal Advisory Committee Act*, 1972),规定行政咨询是政府行政决定过程中的法定程序,并且制定了完善的法律规范,以明确行政咨询制度在美国的行政立法与制定政策方面的重要作用。

由此,智库的发展获得了制度的保障,不仅数量剧增,研究也越来越专业化,研究重心开始从国际战略为主转向内政、外交并重,并以此影响决策者。

就美国而言,其公共政策研究的最大特色,就是独立智库在公共政策制定中所发挥的巨大作用。美国的法律对政府管制思想市场进行严格限制,使得智库思想市场相对开放自由,这也在一定程度上保障了智库活动的独立自主性。自由开放的思想市场环境,促进了美国智库的兴盛。传统基金会会长爱德温·福尔纳公开宣称:"我们的作用是努力影响华盛顿的公共政策圈子……首先是国会,其次是行政部门,第三是全国性媒体。"①据有关统计,美国的智库有1 000多个,仅华盛顿就有100多个综合类或专业性的智库。以智库为代表的政策规划和研究机构,在美国的政治决策过程中起到了决定性的作用。美国华盛顿有一条著名的K街,集中了大批政策游说集团和公关公司,K街其实就是美国智库的集中地,被誉为美国除行政、立法和司法之外的"第四权力中心"。究其根本,智库产生和发展的原因在于"决策的民主化"与"权力的知识化"。在传统的国家政治结构中,政策决策往往集中于国家的核心政治圈层内,政策制定是少数政治家与政府行政部门的专有权力。但是随着政治民主化进程的推进,以及决策的日益复杂性,智库的政治经济影响越来越大,日益成为世界各国政府决策不可或缺的重要力量。

二、民主决策法律法规

2007年我国开始实施《中华人民共和国政府信息公开条例》,规定了各级政府必须履行的信息披露职责。我国应加快建立起有效的信息、数据发布和披露制度,推进政务信息公开。

我国"十二五"规划纲要专门就完善科学民主决策机制进行了论述,指出"完善重大事项决策机制,建立健全公众参与、专家咨询、风险评估、合法性审查和集体讨论决定的决策程序,实行科学决策、民主决策、依法决策";并特别指出对专业性、技术性较强的重大事项,要认真进行专家论证、技术咨询、决策评估;对同群众利益密切相关的重大事项,要实行公示、听证等制度。

然而,当前的公共决策过程中,还没有明确的法律、法规来规范政府决策中的咨询环节和程序,从而使我国智库产品的需求不足,成为影响智库发展的主要障碍。例如对政府决策是否经过咨询,哪些领域的决策向什么样的咨询机构咨询,采取何种方式咨询,如何评估咨询方案,咨询机构和政策方案能在多大程度上影响决策等问题,没有建立相应的法律法规。

我国应尽快建立健全有关公共决策智库咨询的专门性法律法规,把智库

---

① 林芯竹. 为谁而谋:美国思想库与公共政策制定[M]. 北京:知识产权出版社,2007:47.

咨询纳入我国决策机制,使之制度化、法制化。[①]

第一,通过具体的法律条款重新对政府公共决策特别是重大决策过程进行严密的、科学而理性的规范化设计,构建智库和政府合理的分工决策平台,使智库咨询成为重大决策程序的必备环节。探索建立决策部门对社会智库咨询意见的回应和反馈机制,促进政府决策与社会智库建议之间良性互动。鼓励社会智库共享发展成果。

第二,建立完善公共决策咨询招标和采纳制度。规范政府公共决策智库咨询招标的流程和采纳标准,建立决策机构对智库咨询意见的回应机制,形成智库参与权与政府决策权之间的制衡结构。尤其是建立社会智库向党政机关提供咨询报告、政策方案、规划设计、调研数据、意见建议的制度化渠道。涉及公共利益的立法、规划、政策的制定和修订,涉及人民群众切身利益的决策事项,可以通过举行听证会、座谈会、论证会等多种形式,听取社会智库的意见和建议。

第三,健全咨询服务保障机制,畅通智库成果转化应用渠道。当前我国智库成果进决策、进实践的渠道总体上是畅通的,但也存在不容忽视的问题,应进一步优化推送机制,从制度上赋予智库更大的决策知情权、决策介入权、政策评估权与智力报偿权,建好智库成果推介平台,更好地把智库的理论力转化为实践力。

第四,要加强智库与政府的联系,发展社会智库。政府部门要尽可能的开放政策研究空间,鼓励创新性研究,鼓励不同学术观点。社会智库作为咨询服务市场主体,可以依法获取政府发布的决策需求信息,可以独立或与其他智库合作,依法参与政府部门以政府采购、直接委托、课题合作等形式开展的政策研究、决策评估、政策解读等活动。

第二节　物　质　保　障

得到准确、全面的信息是智库产出高质量创新成果的基础。美国宾夕法尼亚大学教授詹姆斯·麦甘在谈到中国智库时说:"如果要成为有效的、有益的智库,比获得资金更重要的是获得数据。"

---

① 朱瑞博,刘芸.智库影响力的国际经验与我国智库运行机制[J].重庆社会科学,2012(3):110-116.

　　智库针对社会重大问题提出可行的决策咨询备选方案实质就是对各种相关信息的分析筛选后,作出的客观、中立的判断和政策设计,因此丰富的信息和第一手资料是至关重要的。国际著名智库大多有自己的图书馆和情报网络。作为政府决策信息的重要来源之一,政府也给予著名智库以扶助。同时,发达国家公共信息网络的完善程度和开发度都远远优于发展中国家。美国仅公用信息数据库就有 4 000 多个,约占全球公用信息数据库总量的近 80%。

一、财税支持与资金保障

　　欧美国家历来重视智库产业发展,政府在财政政策上给予研究活动有力的扶持。如美国政府专门设置一个国家科学基金会,每年掌握着十几亿美元的资金,专门用于资助各种智库;英国政府是英国智库 1/3 业务的雇主,并设有"海外工程基金"以鼓励智库向国外工程报价,政府可垫付报价费的 50%,若不中标,垫款可不归还;德国政府资助建立了几十家技术咨询机构,并对中小企业进行咨询所需的费用实行部分贴补。

　　西方发达国家向来重视智库产业的发展,除了在财政政策上给予相应的扶持外,还在税收方面给予一定的支持。如智库享有免征所得税和财产税,公司和个人对智库的捐赠可从应纳的税额中扣除,如加拿大规定小企业凭咨询专家证明,可以到税务局退现款;日本政府从税制上,对本国企业在外承接咨询业务,以及使用外币的交易可以给予一定的优惠。

　　据统计,目前我国的智库约有 2 000 多家,但大部分智库是作为党政职能部门或事业单位设置的,具有较强的行政依附性,属于官方或半官方的智库,主要包括社科院、政策研究室、经济研究所、大学的研究中心等。这些官方和半官方的智库占我国智库总数的 95% 左右,研究经费多来源于政府,研究者属于政府终身公务员或参照公务员管理编制,工资和职位由上级政府决定,研究课题由政府相关部门立项、指派,研究结果由政府部门来组织审核、评议等。因此这些智库往往缺乏主动探索战略性、前瞻性课题的动力。

　　2009 年《瞭望》杂志一个关于中国智库发展的调研发现:"一家半官方研究机构,其经费来源中来自主管单位的资金只占 2%,委托课题费用占 27%,一家美国慈善基金和一家德国跨国企业的资助共占 63%。"反映出中国智库经费来源双重不足的现状。

　　资金筹措机制不健全,是社会智库难以发展壮大的最大障碍。资金独立性是影响智库独立性、竞争力和影响力的重要因素。多元化的资金来源渠道和社会投入机制是欧美智库发展的根基。这些智库的资金来源既包括政府的委托、拨款和补贴,也包括企业和基金会的资助,此外还有个人的捐赠或其他经营费用等。为了鼓励社会捐赠,美国等西方国家都制定了公司和个人对智库的捐赠可从应纳税额中扣除的激励政策。在我国,政府咨询方面的财政拨款大部分流向体制内的官方、半官方智库,社会智库的筹资渠道非常少,有利于捐赠的社会环境远未形成,导致其生存异常困难,发展举步维艰。

当前,我国智库的资金主要来源于政府投入,来源渠道单一,应该加大对智库的资金支持,拓宽智库筹资渠道,出台社会资助智库研究的免税、减税等优惠政策。如鼓励基金会等组织依法捐资兴办或资助社会智库。支持社会智库通过平等参与承接政府购买服务开展研究咨询活动。鼓励企事业单位、其他社会组织、个人捐赠资助社会智库建设,对符合条件的公益性捐赠,依法落实公益性捐赠税前扣除政策。符合条件的社会智库接受用于公益事业的社会捐赠时,可以申领和使用公益事业捐赠票据等。

二、信息技术与设施保障

智库的基础设施建设是进一步拓展现有智库机构发展空间,改善智库科研条件,促进科研设施共享、信息交流、合作研究和集成创新的重要举措。智库技术设施的建设,包括完善智库办公场地的交通、给排水、供电等基础设施条件,创造良好的配套支撑条件。

智库的日常工作中需要面对大量的信息处理问题,如何提高信息的处理水平,提高信息管理质量,确保信息的有效传递,这成为智库发展中的一个需要解决的科技问题。新一代信息技术飞速发展时代,除了以上基础条件外,智库对信息基础设施和信息技术的需求愈发增加。

当前信息技术发展的总趋势是以互联网技术的发展和应用为中心,从典型的技术驱动发展模式向技术驱动与应用驱动相结合的模式转变,因此,与智库日常工作相关的云存储技术、Web2.0技术、信息高速公路、保密技术等信息技术及相应的物理设施,成为新时期智库运作的重要保障。

三、数据与信息资源保障

美国在国家信息资源保障体系建设方面,鼓励信息机构以市场需求为导向,各自调整经营策略,同时在政府层面通过制定一系列信息政策法规,使处于分散状况的信息机构形成基本完善配套的体系,以满足社会对信息资源需求的体系。美国在推进国家信息服务保障层面力度巨大,2001年美国国家科学基金会(NSF)、国家技术与标准研究所与国会图书馆等组织联合召开了

"加强科学公共信息基础设施"研讨会,确立了"面向科研发展的信息服务平台共建模式",之后,NSF 资助了各项大型科研项目。2005 年,NSF 启动了"国家科学技术、工程、数学和教育数字图书馆"计划,通过多个机构共同参与,构建除了包括科学、技术、工程和数学在内的"学习环境与资源网络"。目前,欧洲国家正建立起一套面向企业自主知识创新的信息保障制度。在构建面向企业创新的信息服务体系时,大部分以国家信息服务机构、图书馆为核心,以一定数量的具有个性化特色的行业信息服务中心为纽带,对多层资源进行组织,从而构建全方位公共信息服务平台。如英国所建立的国家信息服务系统(NISS),欧盟所启动的欧洲高效电子科学网络工程、"第七框架(FP7)"具体计划等。

从世界范围看,目前占世界人口 20%的发达国家拥有 80%的信息量,而占世界人口 80%的发展中国家却只有 20%的信息量。在因特网中,中文信息的输出输入量也不高。从全国范围来看,图书情报协调委员会文献资源专业组对全国不同类型的 514 个图书情报单位文献资源的调查表明,在 266 个学科和主题领域里,只有 27.4%达到文献完备水平,基本完备的 47.4%,尚有 25.2%不能支持科研。从国际联机检索终端获得的文献线索约有 50%在国内信息机构查不到原始文献。人均信息资源开发利用程度比发达国家低 2~3 个数量级。

另一方面我国的信息分布极不平衡。我国信息资源从东部向西部、从城市到乡村梯度递减,并主要集中在北京、上海、广东、山东、江苏等少数省区和城市文化圈。我国目前提供信息知识服务的机构主要包括为数众多的图书馆、情报研究所和提供各种信息咨询的中介服务机构等。而这些机构多集中在大中城市,分布不均匀,且专业化水平低,彼此独立,协同程度低,服务功能单一。如何在信息资源保障体系的研究中调整视角,改变以往仅仅局限于图书馆系统内部的资源共享的惯性思维模式,根据智库研究的需要,统筹规划,精心布局,有效地整合全社会的信息资源,以及如何充分利用这些资源,提升智库研究和发展水平,是需要解决的问题。

针对上述问题,国家已经出台了一些措施试图加以弥补和改善。2014年 9 月 10 日,国务院办公厅转发科技部《关于加快建立国家科技报告制度的指导意见》,明确提出到 2020 年建成全国统一的科技报告呈交、收藏、管理、共享体系,形成科学、规范、高效的科技报告管理模式和运行机制。2014 年 3月 1 日"国家科技报告服务系统"正式开通运行,标志着我国科技报告制度建设取得实质性进展(图 27),实现了科技报告与相关论文、专利等其他成果产出形式的知识关联。目前,系统已开通了针对社会公众、专业人员和管理人员三类用户的共享服务。

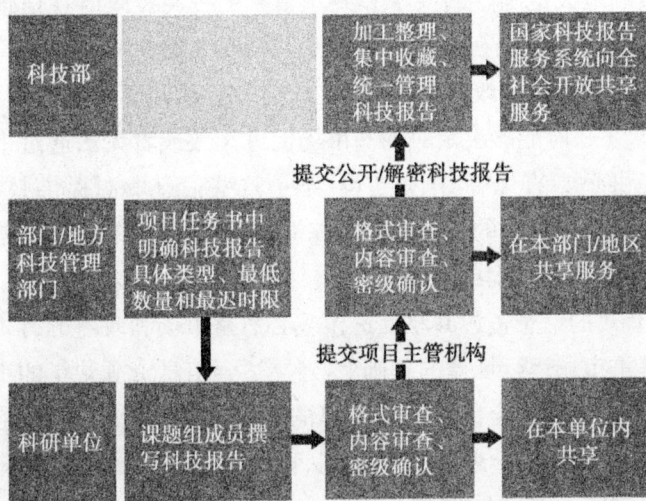

图 27　科技报告管理工作流程

自 2010 年起高校图书馆成立了数字资源采购联盟(Digital Resource Acquisition Alliance of Chinese Academic Libraries,缩写为 DRAA),联盟的宗旨是合作开展引进数字资源的采购工作,规范引进资源集团采购行为。中国高等教育文献保障系统(CALIS)也整合了高校丰富的信息资源,在 CALIS 中可以找到较完整和权威的信息资源。中国高等教育文献保障系统的子项目之一是全国高校专题特色数据库的建设,该项目是要构建一批具有统一标准的,具有中国特色、地方特色、高等教育和资源特色的,为高校教学科研和国民经济建设服务的先进的数字化特色文献资源数据库平台。

信息资源保障机制的实现主要集中于市场促进和政府促进,这两种促进方式对于信息资源共享效率的提高、成本的降低均具有深刻影响。

信息资源共享的市场促进模式是指在信息资源共享的过程中,基于信息资源的价值和使用价值,根据市场的规则,通过交易方式实现信息资源共享。通过市场的途径完成信息资源的获取行为可以把信息资源需求方、信息资源提供方、中介彼此联系起来。在信息资源共享的促进过程中,市场的促进作用是举足轻重的,但同时市场也是自利的、毫无顾忌的,单纯通过市场调节会不可避免地出现很多缺陷,因此需要政府对信息资源的共享过程进行宏观管理,以纠正某些由市场促进带来的弊端。

而政府促进模式是指在信息资源共享的过程中,政府处于信息资源共享效率的控制主导地位。政府建设信息资源共享平台,向社会开放信息资源以实现信息资源最大范围内的共享和共享效率的提高。政府在信息资源共享过程中的职能主要体现在:① 依靠政府立法的力量进行共享法律、法规、政策和体制方面的调整和改革,使得建立的信息资源共享机制能够可持续、健康地发展。② 政府能够决定对那些市场促进无效或者无法通过市场促进的信息资源提供必要的支持,并为建设、维护这些信息资源提供必要的资金。但政府对信息资源共享的促进也存在弊端,例如政府对建设共享信息资源的决策失误、共享促进过度或不足等。

因此,有效的信息资源共享促进模式必然是市场和政府的有机结合。一方面要在尊重市场运行规律的基础上,建立适合信息资源共享的市场运行模式,另一方面国家要健全信息资源共享的市场管理制度和立法,培育良好的信息资源共享市场规则,使得价格机制、竞争机制、供求机制、风险机制等具体的市场机制在运行时能够相互制约、相互促进,呈现良性循环发展态势。因此,对于信息资源共享的有效实现来说,两种促进方式必然同时存在。目前我国还没有出台关于信息资源共享的综合性法典,只是建立了针对不同信息资源类型的分散性法律,尚不完备,有待健全。

第三节　人力资源与管理体系保障

一、"旋转门"机制

美国是世界各国中智库起源最早、数量最多、影响力最大的国家,其中"旋转门"的人才交流机制是美国智库成熟、发达的关键因素。

所谓"旋转门"是指智库成员的身份在政要与学者之间变换,有人甚至"旋转"两三次。智库的学者到政府担任要职,从研究者转变为决策者和执政者,同时,卸任的许多官员也会到智库从事政策研究。这种学者和官员之间的旋转机制使智库的影响力渗透到公共政策决策、制定和执行的方方面面。"旋转门"机制的重要功能体现在3个方面。一是构建人际关系网络,如在政府中直接任职、给政府官员直接打电话、保持与国会议员的密切关系等。二是搭建知识与权力的桥梁。智库为学者们提供了与政策决策者进行紧密接触的舞台,使他们不但了解政策研究,还了解政治现实。三是推进"二轨外交",这是介于官方外交"第一轨道"与纯民间交流"第三轨道"之间的一种特殊渠道。

美国有一些年轻人把智库视为通往权力场的"旋转门",美国智库也为这些年轻人提供各种机会,如传统基金会的"青年领袖计划"和对外关系委员会"面向年轻精英"的会员项目都致力于培养未来的政治人才。美国智库还十分重视高素质研究人员的培养,将"出人才"与"出成果"列为同等重要的地位。如兰德公司早在1970年就成立了兰德研究院,给研究人员提供外出兼职、当访问学者和进政府临时工作的便利。兰德公司现有1700名员工,其中约800名为专业研究人员,约600名为特约顾问和特约研究员。国外知名智库一般都规模不大,除兰德公司外,一般常驻研究人员的规模都在300人以下,大部分都不到100人。兰德公司采用"旋转门"机制,通过这种方式,学界和政界、思想和权力之间得到很通畅的交流,也可以有效地保证兰德对政策施加影响,更明确地了解决策需求。与此同时,也执行淘汰制。艾伯特·沃尔斯泰是兰德公司最负盛名的顶级智囊人物,他不仅是顶级的核战略分析师和逻辑数学专家,还是一位美学家,但工作十二年后仍被撤销了所有职权。兰德公司对人才的去留有着自己极其冷静的标准。可见,美国智库灵活的人才"旋转门"保证了智库与智库服务对象两方面的人才成长与互动。

欧洲国家智库的人员不像美国"旋转门"制度那么明显,但也有不少人员具有政府背景。如布鲁塞尔欧洲与全球经济实验室董事会主席让-克德·特里谢及其下属11名成员中有不少具有政府部门工作经验。斯德哥尔摩国际和平研究所定期接待议会和政府的代表团及接受客座研究员,理事会主任彼得松(Petersson)曾在瑞典外交部任部长办公室主任及瑞典驻欧盟大使。

在英国,与政党建立有效的联系渠道成为智库实现影响力的理性选择。青年费边社被《泰晤士报》描述为"新工党的未来知识分子之星"。皇家国际事务学会不仅向官方决策层敞开,也向财经、法律、传媒等领域开放,形成更大的"旋转门"通道。英国智库鼓励人才流动,海外发展研究所(ODI)的研究人员在职平均工作时间约5年,人才流动率达20%,很多研究人员离职后去了国际组织或政府部门。

德国法律规定在一个政党中担任领导职位的政治家不允许在基金会中出任类似领导职位,所以政治基金会的领导层大多来自所亲近政党的退职要员,理事会主席通常由该政党的知名代表担任。同时,一些基金会成员也在政党的外交事务部门兼职。

法国官办智库对新进人员要求相对严格,以国家科学研究中心为例,只有获得博士学位的人,才有可能被招为研究人员,享受国家公务员待遇。而独立智库硬性规定则少些。如,法国国际与战略关系研究所"向公众开放",有针对全球学生的培训项目,正式研究人员欢迎政府背景人员或对公共政策感兴趣的人。

一般欧美智库都会在聘用知名学者或卸任政府官员为常驻研究人员外,大量以合同的形式聘用项目临时研究人员,项目结束后这些研究人员自动流出。

日本智库和政府部门间不存在类似美国的那种"旋转门"式人员交流。政府公务员相对来说是一个比较封闭的群体。例如,日本的外交智库中目前有不少退职外交官挑大梁甚至担任一把手,而逆向的流动就比较罕见。智库作用受限的根本原因是日本"二战"后在外交和安保问题上追随依附美国,没有多少自由发挥的余地。

二、跨学科整合机制

智库研究不是一种单一的政策研究或纯粹的理论研究,而是直接面向现实问题的研究,因此其研究的重点必须要放在无所不包的社会层面,才能看清楚其纷繁复杂现象背后的真相。国外的智库研究历来主张提倡对政治学、历史学、国际关系研究、区域研究放到跨学科的背景下进行综合研究,广泛应用历史学方法以外的社会学方法、心理学方法、计量方法和比较方法等,强调政治学、社会学、历史学与现实的联系。多元集成的"跨界"研究模式使智库的研究规范从单一学科研究为主导,诸如国际关系、国际政治、经济学等阶段发展至跨学科整合研究层次,面向研究问题和现实存在,建立和拓展出新的研究领域,相应地,对于研究人员的需求也趋向跨学科化。

举例来说,1955 年成立的哈佛东亚研究中心是美国中国问题研究的大本营,这个研究中心不仅是东亚问题的研究中心,更是中国研究的智库。费正清认为,中国研究应该是一项综合性、跨学科的研究,仅仅依靠历史学知识是没有充分说服力的。因此他极力促成不同学科、不同领域的学者到东亚研究中心讲学、工作,并成立了"国际与区域性研究委员会",由此,中国研究发展成为一种综合研究。有关中国文化演变、社会流动、经济体制、税收政策、政治制度以及共产主义运动等方面的课题开始融入到历史学中,跨学科的区域研究模式逐渐在哈佛确立起来。

美国企业研究所目前就与世界上 300 多所大学保持合作关系。一些国际智库还通过与政府机构和大学之间的人员交流,聘请在大学、政府机构等工作的兼职研究员(教职研究员、顾问研究员、客座研究员)。他们有着不同的工作经历、学术背景、政治观点、种族、性别,这种多样性激发了创造力,加深了对政策制定的理解力,确保了不同观点的共存。人员涉及数学、运筹学、统计学、物理学、计算机科学、政治学、国际关系、经济、法律等不同学科背景。其多元化的学科背景可以让研究人员视角开阔,辩证地看问题,从而确保结论的科学性和客观性。

目前,我国智库仍然以官方智库为主,尚未建立起与智库发展内在要求相适应的管理体制,亟待进行人才、经费和内外部管理等方面的改革。这一点集中体现在智库人员的分配激励机制上。智库科研人员的主要工作是生产"思想",其工作强度和难度往往超过一般的公务员岗位。然而,现有的智库人员收入分配机制主要采用了公务员体系的财政拨款方式,智库人员的收入按照职称级别和资历分配而不与其科研贡献挂钩,干多干少差别不大。这种做法的结果是地方智库的科研活动开展缺乏活力,难以调动科研人员的积极性和创造性。同时,在课题研究过程中,由于干好干坏差别不大,"搭便车"的现象较为普遍,任务往往压在少数几个科研人员身上。然而,优秀科研人员在现有的分配激励机制下往往难以获得与其付出相匹配的收入,这与整个咨询行业的高收入状况(包括麦肯锡等企业科研人员的收入都非常高)形成鲜明的对比,导致官方智库对于优秀人才的吸引力非常有限。

因此,我国迫切需要针对智库的特点,研究制定更加符合智库发展规律的人才、经费管理办法。在人才领域,应按照开放、竞争、流动的原则,探索建立围绕任务和项目要求的人才柔性流动运行机制,建立吸引和集聚国内外一流人才的政策环境和管理模式,吸引高层次的专家"驻会"研究。一是完善人员"双向派出"制度。推荐智库专家到行业各类机构任职和调研。同时,高校还可以聘任和借用各领域具有实践经验的专家参与研究,促进实践与理论人才的互动和经验分享,形成高校智库与政府、企业之间的人员"双向派出",这会提高政策建议的操作性。二是探索形成"旋转门"制度,推行中国的"旋转门"机制。一方面智库的研究人员作为政府决策的后备力量,参与到决策过程中;另一方面,许多退休的领导、专家,经过长期理论学习和实践经验积累,具有很强的思维能力和研究能力,也可聘请他们成为智库的专家。总之,当前迫切需要针对智库的特点,参考国际惯例,研究制定符合智库运行规律的人才管理制度,以吸引和激励智库研究人员。

第四节　胡佛研究所人员管理①

胡佛研究所(Hoover Institution)是斯坦福大学的校级研究机构之一,也是一个历史悠久的保守主义智库。胡佛研究所的主任和斯坦福大学其他学院的院长一样属于斯坦福大学内阁成员;同时,斯坦福大学校长是胡佛研究所监事会的成员,而且胡佛研究所监事会绝大多数成员都与斯坦福大学之间有一定的联系。胡佛研究所的所有人员均隶属于斯坦福大学,通过斯坦福大学进行聘任,大多数胡佛研究所的研究人员是和其他院系联合聘任的,其工资由胡佛研究所和相应学院各自支付,联合任命使研究人员的工资相对较高,这也是胡佛研究所留住人才的一个重要因素。

一、胡佛研究所的内部管理模式

胡佛研究所的内部管理模式主要采用监事会领导下的主任负责制,监事会的成员主要有斯坦福大学校长、斯坦福大学的高层管理人员、捐赠公司或机构的高层管理人员、政府官员和胡佛研究所的著名研究人员等。监事会下设项目开发与研究、行政、财务、资源开发、外联、图书馆管理等委员会。胡佛研究所主任由监事会提名,斯坦福大学校长任命。现任主任为约翰·雷西亚,他于1986年加入胡佛研究所,从1989年担任主任至今。他的具体职责包括:负责指导和监督胡佛研究所的研究和出版项目,指导研究所的图书馆和档案,并负责规划、协调及管理研究所的筹款活动和年度预算。

目前,胡佛研究所有146名常驻研究人员,包括杰出学者1人、高级学者80人、高级研究员4人、研究员61人。这些常驻研究人员是胡佛研究所的研究主力,这些学者基本上都是各个领域拥有很高知名度、得到社会广泛认可的学者。在这些学者中,有105人是美国各类院士和各类奖章的获得者(见表14)。

这些学者的学科背景多样,具体研究人员的学术背景分布如图28。

(一)注重高层次人才的常驻研究人员聘任模式

在常驻研究人员的聘任及管理上,胡佛研究所执行斯坦福大学的统一规定。根据斯坦福大学的规定,胡佛研究所可以自行任命高级学者、高级研究

---

① 陈英霞,刘昊.美国一流高校智库人员配置与管理模式研究——以斯坦福大学胡佛研究所为例.比较教育研究,2014(2):66-71.

表 14 胡佛研究所常驻研究员中院士和各类奖项的获奖情况一览表

院士和奖项	人数	院士和奖项	人数
美国艺术和科学学院院士	25	美国国防部杰出服务奖章	3
美国政治和社会科学学院院士	1	美国财政部杰出服务奖章	1
美国哲学协会会员	4	国家情报杰出服务	1
美国科学院院士	6	丹-大卫奖	1
美国教育学院院士	5	亨利·基辛格和平奖	1
美国工程院院士	1	法兰西共和国荣誉军团勋章	1
美国经济协会会员	12	波兰十字骑士荣誉勋章	2
诺贝尔奖	4	麦克阿瑟奖	3
总统自由勋章	4	美国经济学会约翰·贝茨·克拉克奖章	3
美国国家科学奖章	1	布拉德利奖	12
美国国家人文科学奖章	6	本杰明·富兰克林公共服务奖	2
美国国务卿杰出服务奖章	2	艾森豪威尔领导和服务奖章	1
乔治·华盛顿自由基金会荣誉勋章	3		

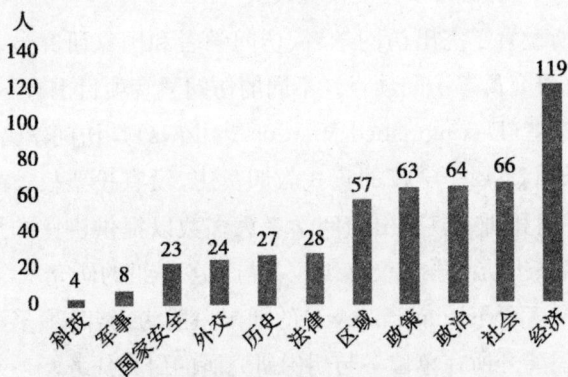

图 28 研究人员的学术背景分布

员和研究员。不同类别研究人员的聘任规定不同。胡佛研究所的主体人员基本上可以分为 3 类：一是以知名学者为主体的常驻研究人员；二是多类型的访问研究人员；三是以项目管理、技术支持、媒体联系、图书档案管理专业人士为主体的辅助人员。胡佛研究所这三类人员的比例基本上为 1：1：1，按照斯坦福大学的规定，三类人员的聘任与管理模式也各不相同。

高级学者（Senior Fellows）是斯坦福大学相关政策研究所聘用学者的一种头衔，这类学者可以是研究所和斯坦福大学其他院系联合聘用的正式教职人员，也可以是研究所直接聘用的校外人员，这些人员均可以成为斯坦福大学教授会和学术委员会的成员。胡佛研究所根据研究需要和资金能力聘用高级学者，斯坦福大学教务长和学术咨询委员会可对任命提出咨询意见。高级学者完成合同聘期后，需要经过再任命流程，完成合同的续签，即可根据双方情况商定是否继续下一个聘期。斯坦福大学还为高级学者设计了连续聘用合同，签订此类合同的高级学者不需要经过再任命流程，合同续签过程简便。但是，这种连续聘期仍不同于学校的终身教职。

高级研究员（Senior Research Fellows）和研究员（Research Fellows）是胡佛研究所自己任命的学者，属于中心学者（Center Fellows）。他们的职位是胡佛研究所根据特殊的研究需要或学术项目设定，由研究所主任和高级学者商议后任命的。这类学者也可以是联合聘用或直接聘用，但仅是斯坦福大学教授会的成员，而不是学术委员会的成员。

中心学者一般是固定聘期，根据聘期表现、项目需要和资金情况，研究所可以考虑续聘中心学者，但是他们不能签订连续聘用合同，每次合同期满后必须经过正式的考核手续决定是否续签合同。

（二）灵活多样的访问研究员设置模式

胡佛研究所设置了杰出访问学者、访问学者和国家研究员、国家安全事务研究员、媒体研究员等访问项目。不同的访问学者项目也有不同的规定。

杰出访问学者（Distinguished Visiting Fellows）是访问学者中具有荣誉头衔的一类。他们不属于学校的正式教职员工，没有投票权，在受邀时来学校进行访问、讲座和研究。杰出访问学者大多数以提供讲座的形式出现，胡佛研究所 14 名杰出访问学者仅有 4 位参与任务小组的研究。

一般访问学者（Visiting Fellows）的期限一般为 1 年，最多不超过 6 年，需要在访问期间离开所在单位参与胡佛研究所的研究任务。

国家研究员访问项目的目的是为了让优秀的学者把精力投入到胡佛研究所的研究中。通常，候选人由胡佛研究所的高级学者提名，他们（候选人）需要拥有博士学位（或相当的学位），并有论文发表的记录，在经济、教育、国际关系、法律、当代历史、政治哲学、政治学、社会学等重要的公共政策领域有实证研究的候选人优先，每年大约有 20 名左右的国家研究员参与胡佛研究所的研究。

国家安全事务研究员访问项目是专门为美国军方和政府机构人员开展的项目,研究人员由军方和各政府部门推荐,进行专门的独立研究,该项目自从 1969 年成立以来,共有 130 多人参加。

媒体研究员项目允许平面媒体和广播媒体人员短期在胡佛研究所访问,媒体研究员可以通过研讨会和非正式会议与胡佛研究所的学者交流信息和观点,可以运用胡佛研究所提供的一切研究工具。每年有 50～100 名的专业媒体人员到胡佛研究所做媒体研究员。

(三) 专业化的辅助人员聘任模式

胡佛研究所目前共有 100 多位辅助人员,涉及行政管理、数据支持、媒体沟通、档案图书管理等工作。胡佛研究所辅助人员的聘任由研究所直接负责,通过各种媒体招聘的形式进行。胡佛研究所对辅助人员的专业素养提出了很高的要求。

数据经理是胡佛研究所用捐赠资金支付的一年期合同工作人员,有续约的可能。数据经理向研究经理汇报工作,负责研究活动中的数据采集、数据管理和数据分析环节。数据经理 80% 的职责是数据管理,包括维护纵向数据库、实施严格的质量控制措施,以保证准确的数据收集和处理、保持系统的库存数据和数据集的详细文档及数据管理程序、培训和监督实习生的数据收集和输入任务;20% 的职责是研究分析,包括跟踪现有研究的热点、收集和整理能够支持研究问题的数据。应聘数据经理必须愿意通过联邦政府的审查过程,以便于使用限制性数据;必须精通 MS Access、STATA 、电子表格和大型数据集,拥有数据管理和组织知识,能够实施质量控制措施;拥有独立工作和领导团队的能力;拥有在社会科学研究领域 2～3 年的工作经历;拥有硕士学位。

二、胡佛研究所的人员组织方式

胡佛研究所的研究人员主要采用工作小组和个人研究两种方式展开研究工作,胡佛研究所近年来主要鼓励研究人员以工作小组的形式进行研究。工作小组是针对特定的研究和传播目标,召集学者自愿组成,一般由 1 名胡佛研究所的高级学者领导。通过工作小组,胡佛研究所将研究所内常驻研究人员和外部聘用的专家结合起来,形成专门研究某一问题(或项目)的学术团队。目前,参加工作小组的有 100 名左右的学者,其中一半是胡佛研究所的学者,一半是所外专家。这种形式将专家组织起来可以共同研究一些确定和综合的题目,共同完成研究计划和日程安排。

胡佛研究所的工作小组多为常设性项目小组,通常以 5 年为一个研究周期。胡佛研究所会对每个工作小组 5 年周期内的成效进行评估,以决定是否继续资助,少部分工作小组会随着资助的减少或研究成果不够突出而逐渐予以取消。胡佛研究所的第一个工作小组始于 1999 年的 K-12 教育工作小组,初步拟定的研究期限为 5 年。该工作小组的目标是识别和评判美国教育的现状,并提出一些能增加儿童受教育机会的对策。因为这次任务很成功,这个工作小组又增加了 5 年工作时间,它的组织运行方式也为胡佛研究所其他工作小组的成立奠定了基础。2008 年至今,胡佛研究所已经设有 8 个工作小组,包括经济政策工作小组,能源政策工作小组,医疗政策工作小组,伊斯兰和国际秩序工作小组,K-12 教育工作小组,国家安全和法律工作小组,财产权、自由和繁荣工作小组,以及自由社会价值工作小组。不同小组根据研究内容与性质的不同,人员的配置也会不同,如经济政策工作小组的研究人员多为来自大学的知名学者,而国家安全与法律工作小组的研究人员则主要为军方人员、律师和驻外使馆能够进行政策研究的官员等。

以经济政策工作小组为例,经济政策工作小组对当下的财务状况和政治经济问题进行研究,包括国内和国际的货币、财政和监管政策,其目标要求提高国家和全球繁荣的深度及广度,该小组要提供市场和政府层面的行动方案。经济政策工作小组由 12 名学者组成,其中 5 名是胡佛研究所的高级学者,1 名是胡佛研究所监事会成员。学者现在或曾经在学界、政界、商界等多个领域工作或兼职(图 29)。学者的学术背景主要集中在经济、法律、政治、政策、国家安全、管理等领域(图 30)。

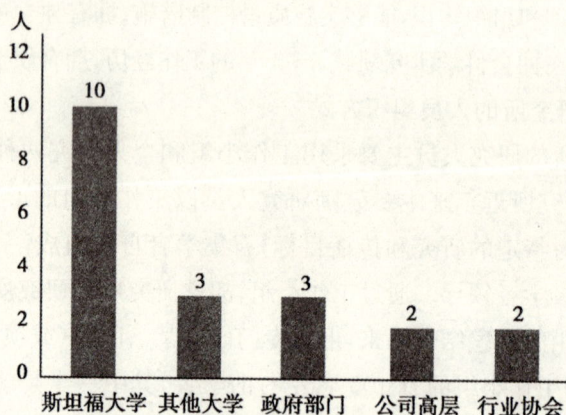

图 29　经济政策工作小组成员职业背景

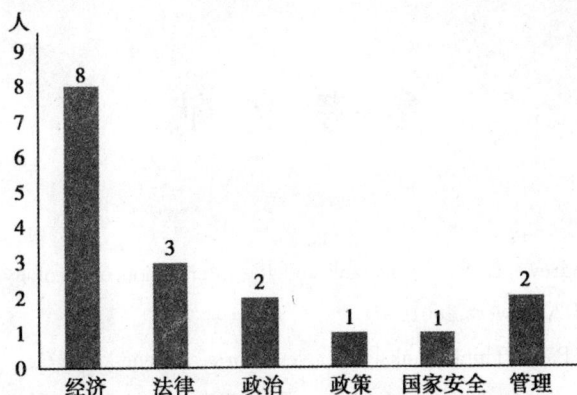

图 30　经济政策工作小组成员专业背景

　　斯坦福大学胡佛研究所作为智库取得的成功，一方面源于美国整体的政治体制背景，特别是决策体系对智库这一组织角色的重视和依赖，另一方面与胡佛研究所对高级研究人员和研究质量的把控程度有着密切的联系。在胡佛研究所常驻的 100 多位研究人员中，80％以上为高级研究人员，有 105 人次是美国各类院士和各类奖章的获得者。这些研究人员中又有 80％以上由胡佛研究所和斯坦福大学其他院系联合聘任，由胡佛研究所和其他院系分别支付相应的聘任费用，使这些研究人员可以在胡佛研究所和斯坦福大学其他院系之间相互转换。胡佛研究所的研究组织模式在传统的个人研究、优先主题研究的基础上，设计了工作小组的研究组织模式，对研究所长期关心的领域设立工作小组。通过工作小组，研究所聚集了相关领域内外不同学科背景的专家共同研究，所内外专家的比例接近 1∶1，大大增强了研究所的实际研究能力。

　　胡佛研究所虽然没有直接的研究生培养项目，但其高级研究人员中 80％以上在斯坦福大学的其他院系担任不同职称的教师，给不同院系的学生讲授课程，指导研究生。同时，胡佛研究所的每一个研究项目都设有研究实习生的职位，特别是在辅助人员系列中特设实习生项目，招纳斯坦福大学的学生担任实习生，为项目研究提供最为基础的研究资料和数据。通过这些途径，胡佛研究所成功地将研究项目的成果和大学的人才培养融合在一起。

参 考 文 献

［1］ Rich Andrew. U. S. Think tank and the intersection of ideology, advocacy and influence［J］. NIRA Review,2001(08).

［2］ Dickson Paul. Think Tanks［M］. New York：Atheneum,1971.

［3］ Smith James A. The Idea Brokers：Think Tanks and the Rise of the New Policy Elite［M］. New York：The Free Press,1993.

［4］ Ricci David M. The Transformation of American Politics：The New Washington and the Rise of Think Tanks［M］. New York：Yale University Press,1994.

［5］ McGann James G. The Think Tanks and Civil Societies Program 2011［R］. Philadelphia：University of Pennsylvania,2012.

［6］ Bast Joseph L. A guide to classical-liberal think tanks［J］. Heartland Institute,2005(106).

［7］ McGann James G. The Think Tanks and Civil Societies Program 2016［R］. Philadelphia：University of Pennsylvania,2017.

［8］ Struyk Raymond J. U. S. Think Tanks Under Pressure：Politics, Governance and Quality Advice［C］.南京：2016 中国智库治理论坛主旨发言,2016.

［9］ Wolf Aaron T. Hydropolitics along the Jordan River：Scarce Water and Its Impact on the Arab-Israeli Conflict［M］. United Nations University Press,1995.

［10］ Biswas A K,Wolf Aaron,Waterbury John. Core and Periphery：A Comprehensive Approach to Middle Eastern Water［M］. Delhi：Oxford University Press,1997.

［11］ Priscoli J Delli,Wolf A T. Managing and Transforming Water Conflicts［M］. Cambridge University Press,2010.

［12］ Wolf Aaron T. Conflict Prevention and Resolution in Water Systems［M］. Cheltenham：Edward Elgar Publishing Ltd. ,2002.

［13］ Program in Water Conflict Management and Transformation［C/OL］.［2016 - 12 -26］. http：//opensiuc. lib. siu. edu/cgi/viewcontent. cgi？ article ＝ 1038&context ＝ ucowrconfs_2008

［14］ Dye Thomas. Understanding Public Policy［M］. 6th ed. Endlewood Cliffs：

Prentice-Hall Inc. ,1987.

　　[15] 陈永杰. 八大措施促新型智库体系建设[J]. 党政视野,2015(2)：54.

　　[16] [美]福尔索姆. 朋友・客人・同事：晚清的幕府制度[M]. 刘悦斌,刘兰芝,译. 北京：中国社会科学出版社,2002.

　　[17] [美]威廉・多姆霍夫. 谁统治美国：权力、政治和社会变迁[M]. 吕鹏,闻翔,译. 南京：译林出版社,2009.

　　[18] 中国现代国际关系研究院. 欧洲思想库及其对华研究[M]. 北京：时事出版社,2004.

　　[19] 林芯竹. 为谁而谋：美国思想库与公共政策制定[M]. 北京：知识产权出版社,2007.

　　[20] 彭希哲. 中国社会转型的复杂性[N]. 文汇报,2010 - 01 - 16.

　　[21] 李安方,王晓娟,张屹峰,等. 中国智库竞争力建设方略[M]. 上海：上海社会科学院出版社,2010.

　　[22] 唐纳德・E. 埃布尔森. 智库能发挥作用吗？[M]. 扈喜林,译. 上海：上海社会科学院出版社,2010.

　　[23] 沈国麟. 新型智库研究要有全球视野中国关怀[N]. 解放日报,2016 - 05 - 24：013.

　　[24] 周仲高. 智库的科学分类与准确定位[J]. 重庆社会科学,2013(3)：116 - 120.

　　[25] 朱旭峰. 中国思想库：政策过程中的影响力研究[M]. 北京：清华大学出版社,2009.

　　[26] 安德鲁・里奇,杨敏. 安德鲁・里奇：美国智库专业知识与意识形态的政治[EB/OL]. (2016 - 11 - 28). http://www. hnzk. gov. cn/zhikuqianyan/5658. html.

　　[27] 朱旭峰. 美国思想库对社会思潮的影响[J]. 现代国际关系,2002(8).

　　[28] 强世功. 从"知识/权力"的角度看政治学的重建[J]. 国际政治研究,2013(1)：15 - 19.

　　[29] 唐庆鹏. 论现代智库的成长逻辑及其对我国的启示[J]. 社会主义研究,2015(1)：139 - 147.

　　[30] 李建军,崔树义. 世界各国智库研究[M]. 北京：人民出版社,2010.

　　[31] 汤姆・伯内特,亚历克斯・盖姆斯. 谁在真正统治世界[M]. 曾贤明,译. 北京：中信出版社,2010.

　　[32] 刘宁. 智库的历史演进、基本特征及走向[J]. 重庆社会科学,2013(3)：103 - 109.

　　[33] 徐晓虎,陈圻. 智库研究的历史演进及其趋势[J]. 重庆社会科学,2011(8)：105 - 108.

　　[34] 张计龙,朱勤,殷沈琴. 美国社会科学数据的共享与服务[J]. 大学图书馆学报,

2013(5)：13-17.

　[35] 刘助仁.国际智库的现状及发展趋势[J].组织人事学研究,2007(7)：40-43.

　[36] 张志强,苏娜.国际智库发展趋势特点与我国新型智库建设[J].智库理论与实践,2016(1).

　[37] [德]M.蒂纳特.德国的思想库[J].国外社会科学,2005(1)：99-100.

　[38] 纪忠慧.美国思想库的舆论扩散[J].国际关系学院学报,2008(2).

　[39] 王志.美国思想库及运作机制[J].中国社会导刊,2007(2).

　[40] 王莉丽.思想库是如何影响公共政策和舆论的[N].南方周末,2009-04-16：14.

　[41] 冯叔君.智库谋略——重大事件与智库贡献[M].北京：生活·读书·新知三联书店,2012.

　[42] 罗立东.中国谋略文化探析[J].重庆理工大学学报(自然科学),2005,19(10)：96-99.

　[43] 戚志芬.中国的类书、政书和丛书[M].北京：商务印书馆,1996.

　[44] 王辉耀,苗绿.大国智库[M].北京：人民出版社,2014.

　[45] 刘佳骏.中国特色新型智库[M].北京：社会科学文献出版社,2014.

　[46] 周小毛,黄海,周湘智."智库学"范畴、规律与框架[EB/OL].(2015-02-04)[2016-09-14].http://www.china.com.cn/opinion/think/2015-02/04/content_34730125.htm.

　[47] 高莉.基于不完全信息理论的商业银行信贷风险管理[J].现代企业教育,2009(6).

　[48] 杨欣.博弈论在不完全信息条件下的应用[J].中国信息导报,2006(12)：16-17.

　[49] 迈克尔·波特.国家竞争优势[M].李明轩,邱如美,译.北京：华夏出版社,2002.

　[50] 李平.国际竞争力理论的产生与发展[J].黑龙江社会科学,2003(5)：25-29.

　[51] 如何让"第三方评估"发挥威力[EB/OL].(2015-03-06)[2016-09-19].http://finance.ifeng.com/a/20150306/13533580_0.shtml.

　[52] 何华兵,万玲.发展中的政策过程理论——我国政策过程理论发展回顾与展望[J].云南行政学院学报,2006(6)：71-73.

　[53] 刘旸辉.美国新闻界对社会舆论的报道与研究[J].中国记者,2010(2)：96-97.

　[54] 李兴."国际政治"与"国际关系"概念辨析[J].现代国际关系,2002(2)：58-60.

　[55] 黄凤琳.两极世界理论：在世界历史的进化结构中发现通往共产主义之路[M].北京：中央编译出版社,2014.

　[56] 柏必成.政策变迁动力的理论分析[J].学习论坛,2010(9).

[57] 查尔斯·赖特·米尔斯.权力精英[M].王崑,许荣,译.南京:南京大学出版社,2004.

[58] 吕鹏."权力精英"五十年:缘起、争论及再出发——兼论"权力精英"的中国叙事[J].开放时代,2006(3).

[59] 王辉耀.中国智库国际化的实践与思考[J].中国行政管理,2014(5).

[60] 朱旭峰."思想库"研究——西方研究综述[J].国外社会科学,2007(1):60-63.

[61] 新亮点　新态势　新思考——2015中国智库年度发展报告(下)[EB/OL].(2016-01-15)[2016-09-25]. http://www. cnta. gov. cn/xxfb/xwlb/201601/t20160114_758100. shtml.

[62] 王文涛,刘燕华.智库运行和智库产品的评价要点[J].智库理论与实践,2016(2):14-19.

[63] 张心源,赵蓉英,邱均平.面向决策的美国一流智库智慧产品生产流程研究[J].重庆大学学报(社会科学版),2016,22(2):132-138.

[64] 刘岩,刘宝瑞,刘伟东.面向科技创新智库的信息资源保障体系建设研究[J].现代情报,2017(2):78-82.

[65] 王健.智库转型:理论创新与实践探索[M].北京:生活·读书·新知三联书店,2012:5.

[66] 国务院发展研究中心公共管理与人力资源研究所"国外智库管理体系研究"课题组.需要一流智库提供一流思想产品[J].中国发展观察,2013(3):31-32.

[67] 朱瑞博,刘芸.智库影响力的国际经验与我国智库运行机制[J].重庆社会科学,2012(3):110-116.

[68] 李志业.两微一端(微信、微博、新闻客户端)传播模式浅析[J].科技经济市场,2016(4):14-15.

[69] 李羃.推动媒体与智库融合发展[J].现代国企研究,2015(15):46-53.

[70] 何绍辉.智库研究成果评价要做好"三个结合"[N].中国社会科学报,2014-12-17.

[71] [美]劳伦斯·纽曼.社会研究方法[M].郝大海,译.北京:中国人民大学出版社,2007.

[72] 安楠,祝忠明.智库信息组织策略及其在大数据环境下的挑战[J].智库理论与实践,2017(3):25-35,50.

[73] 王忠红.知识组织工具的发展和趋势[J].图书情报知识,2009(6):97-102.

[74] 李娜,任瑞娟.叙词表、分类法与分布式本体[J].现代情报,2007(12):122-127.

[75] 李景,钱平.叙词表与本体的区别与联系[J].中国图书馆学报,2004(1):36-39.

［76］赵蓉英,魏明坤.基于 CiteSpace 的智库建设研究可视化分析［J］.重庆大学学报(社会科学版),2016(3)：122－128.

［77］余波.现代信息分析与预测［M］.北京：北京理工大学出版社,2011.

［78］卢小宾,郭亚军.信息分析理论与实践［M］.北京：清华大学出版社,2013.

［79］郭宝,卓翔芝.智库产品的属性及独特性研究［J］.智库理论与实践,2016(2)：20－26.

［80］孙亚男.调查研究常用九大方法［J］.新湘评论,2016(2)：31－32.

［81］威廉·N.邓恩.公共政策分析导论［M］.谢明,等译.北京：中国人民大学出版社,2002：169－175.

［82］朱志宏.公共政策概论［M］.台北：三民书局,1995：27－62.

［83］张金马.政策科学导论［M］.北京：中国人民大学出版社,1992：95－123.

［84］冷伏海,冯璐.情报研究方法发展现状与趋势［M］.图书情报工作,2009,53(2)：29－33.

［85］祝振媛,李广建.从情报学硕博士论文看情报问题与情报方法［J］.情报理论与实践,2016(1)：1－7.

［86］沙勇忠,欧阳霞.网络信息计量学研究方法的三维框架［J］.中国图书馆学报,2006(2)：30－32,41.

［87］美国全球知名智库发展借鉴：设人才“旋转门”机制［EB/OL］.(2016－08－10).http://www.cssn.cn/hqxx/yw/201608/t20160810_3156900.shtml.

［88］廖鸿,石国亮,朱晓红.国外非营利组织管理创新与启示［M］.北京：中国言实出版社,2011.

［89］郭娜.政府？市场？谁更有效——中小企业融资难解决机制有效性研究［J］.金融研究,2013(3)：194－206.

［90］熊励,陆悦.中国智库融资模式的研究——来自国际知名智库的启示［J］.智库理论与实践,2016(1)：62－74.

［91］栾瑞英.卡内基国际和平基金会的运行机制与发展动态［J］.智库理论与实践,2016(3).

［92］陈英霞,刘昊.美国一流高校智库人员配置与管理模式研究——以斯坦福大学胡佛研究所为例［J］.比较教育研究,2014(2)：66－71.